WESTEND

WOLFGANG HETZER

IST DIE DEUTSCHE BANK EINE KRIMINELLE VEREINIGUNG?

WESTEND

Mehr über unsere Autoren und Bücher:
www.westendverlag.de

Die Deutsche Nationalbibliothek verzeichnet diese Publikation in der Deutschen Nationalbibliografie; detaillierte bibliografische Daten sind im Internet über http://dnb.d-nb.de abrufbar.

MIX
Papier aus verantwortungsvollen Quellen
FSC® C083411
FSC www.fsc.org

ISBN 978-3-86489-118-2

Umschlaggestaltung: pleasant_net, Büro für strategische Beeinflussung
Satz: Publikations Atelier, Dreieich
Druck und Bindung: CPI – Clausen & Bosse, Leck
Printed in Germany

Inhalt

Vorwort

»Gewohnheitsverbrecher« oder »Triebtäter« waren bislang keine Begriffe, die Assoziationen mit dem Beruf des Bankers ausgelöst haben. Im Gegenteil: Der fast schon sprichwörtliche »Bankbeamte hinter dem Schalter« war zumindest in Deutschland über viele Jahrzehnte der Inbegriff der Genauigkeit, der Kompetenz und der Vertrauenswürdigkeit. Und wer konnte seriöser sein als der »Bankdirektor«, der uns alle, Sparer und Unternehmer, fast schon fürsorglich durch alle Lebenslagen begleitet hat?

Heute zählt der Berufsstand der »Banker«, der mit dem »Bankier« alter Art schon lange nichts mehr gemein hat, zu denjenigen, denen – völlig zu Recht – größtes Misstrauen, wenn nicht Verachtung entgegenschlägt. Das liegt nicht daran, dass sich alle Banker in Gewohnheitsverbrecher oder Triebtäter verwandelt hätten. Die ganz überwiegende Anzahl der in der Finanzbranche Beschäftigten ist hochqualifiziert und rechtstreu – aber keineswegs alle.

Eine Reihe von ehemaligen und aktiven renommierten Finanzexperten, die über große Erfahrung im internationalen Bankwesen verfügen (»Group of Thirty«, G30), haben sich in einem im Juli 2015 veröffentlichten umfangreichen Bericht mit dem Verhalten in der Bankenwelt in jüngerer Zeit und mit dem Begriff der »Kultur« auseinandergesetzt. Ihre wichtigste Erkenntnis steht ganz am Anfang: Banken und das Bankgeschäft beruhen auf Vertrauen. Sie wissen, dass man Jahre braucht, um es aufzubauen, dass es aber innerhalb eines Moments verloren gehen kann, wenn Fehler und Versagen auftreten, die auf mangelhafte Ethik, Werte und Verhaltensweisen zurückzuführen sind.

Die Ereignisse vor Ausbruch der Finanzkrise haben eine Vielzahl solcher kultureller Fehlleistungen enthüllt. In großen Banken haben sich regelrechte »Subkulturen« gebildet, die für einen weitverbreiteten Reputationsschaden und den Verlust öffentlichen Vertrauens verantwortlich sind. Mittlerweile ahnt man, welche wirtschaftlichen Kosten damit verbunden sind. Es wird aber noch einige Zeit vergehen, bis man wirklich weiß, wie gigantisch hoch der eingetretene Schaden tatsächlich ist. Er wird jedenfalls von der Allgemeinheit zu tragen sein, in manchen Fällen direkt und in anderen durch die Beeinträchtigung der Fähigkeit der Banken zur Kreditgewährung. Banken spielen bekanntlich gleichwohl überall auf der Welt eine entscheidende wirtschaftliche Rolle, weil sie Wachstum, Beschäftigung und unser aller Wohlstand in der Zukunft unterstützen (sollen). Die Mitglieder der G30 bescheinigen ihren Kollegen zwar, dass sie schon erhebliche Anstrengungen unternommen haben, um Führung und Verhalten zu ändern, sie erkennen aber auch, dass es noch wichtige Lücken bei der Verwirklichung gibt. Es bestehe auch die Notwendigkeit, diese Bemühungen fortzusetzen und zu verstärken, um nachhaltig wirksame Ergebnisse zu erzielen.

Der G30-Bericht macht unmissverständlich klar, dass Kulturdefizite durch fragwürdiges Benehmen bei Teilen des Personals und kriminelles Vorgehen in bestimmten Fällen verstärkt wurden. Darunter leide die Gesellschaft nicht nur wirtschaftlich. Die ganze Öffentlichkeit sei »verletzt« worden. Die Mitglieder des höheren Managements und der Aufsichtsgremien seien dadurch auch von der Erfüllung ihrer eigentlichen Pflichten abgehalten worden. Im Hinblick auf Kundenvertrauen, Ansehen und wirtschaftlichen Erfolg befinde sich das Bankgeschäft nach dem Urteil der Verfasser des Berichts im Jahre 2015 auf einem Tiefpunkt. Sie halten die Wiederherstellung des Vertrauens für einen ökonomischen Imperativ und erklären dies für unverzichtbar, um ein sicheres und effektives Finanzsystem zu betreiben. Die Banken sollten sich daran erinnern, dass der Dienst am Kunden höchste Priorität habe, damit diese ihre finanziellen Ziele erreichen könnten. Banken hätten auch den Gesellschaften und den Wirtschaftsordnungen zu dienen, in denen sie operieren.

Der G30-Bericht enthält eine Reihe von Empfehlungen im Hinblick auf die Änderung der kulturellen Grundlagen des Bankgeschäfts. Sie sind schon wegen ihres grundsätzlichen Charakters und ihrer politisierenden Abstraktionen kein Gegenstand der Analysen dieses Buches, das sich nicht mit der wenig hilfreichen These beschäftigen soll, dass alles gut wird, wenn es alle gut machen. Die Vorstellung, dass ausgerechnet die Bankergeneration, die eine wichtige Rolle beim Zustandekommen der größten Wirtschafts- und Finanzkrise der neueren Weltgeschichte gespielt hat, mit solchen »Weisheiten« zu beeindrucken wäre, siedelt im Grenzbereich von Naivität und Dummheit.

Das kaum noch erträgliche Gerede vom »Kulturwandel « unter ehemaligen und aktiven Führungsfiguren der Deutschen Bank repräsentiert indessen einen besonders beeindruckenden Gipfelpunkt der Heilkunst, weil doch allgemein bekannt ist, dass weiße Salbe nicht dadurch wirksamer wird, dass man sie nicht zweimal, sondern dreimal am Tag aufträgt. Aber gelegentlich lindert sich die (selbst-)therapeutische Verwirrung durch manche Pressemeldung dann doch:

> »In Großbritannien ist der erste Banker wegen Manipulationen des Libor-Zinses für schuldig gesprochen worden. Eine Geschworenen-Jury verurteilte den einstigen Star-Händler Tom Hayes zu 14 Jahren Haft. Er sei in acht Fällen an einer Verschwörung zum Betrug beteiligt gewesen.
>
> Was dieser Fall gezeigt hat, ist die Abwesenheit jener Integrität, die das Bankwesen charakterisieren sollte‹, sagte Richter Jeremy Cooke bei der Urteilsverkündung.
>
> Der Libor ist der Zinssatz, zu dem sich Banken in London untereinander Geld leihen. Er dient zudem vielen Banken weltweit als Referenz, wenn sie die Zinsen für ihre Kunden festlegen. Mehrere

Großbanken hatten den Libor jahrelang zu ihrem Vorteil manipuliert, der Skandal war 2012 bekannt geworden. (...)

Hayes hatte auf nicht schuldig plädiert. (...) Seine Verteidigung argumentierte, Hayes Vorgesetzte hätten von den Manipulationen gewusst, das gesamte System sei unlauter gewesen. Die Anklage dagegen machte Gier als Tatmotiv aus und erklärte, Hayes sei für seine missliche Lage selbst verantwortlich.«[1]

Die Deutsche Bank wäre natürlich nicht zu kritisieren, wenn sie in ernsthafter und erfolgversprechender Weise einen »Kulturwandel« initiiert hätte. Es könnte allerdings auch etwas motivierend wirken, wenn der eine oder andere leitende Angestellte dieses Geldhauses ebenso wie Mr. Hayes zur Verantwortung gezogen würde. Das ist bis dato jedoch nicht absehbar, ändert aber auch nichts daran, dass die Deutsche Bank insgesamt für die Beteiligung etlicher der bei ihr beschäftigten Händler an den Manipulationen wichtiger Referenzzinssätze durch Sanktionen, die insgesamt schon jetzt weit über eine Milliarde Euro hinausreichen, zur Ader gelassen wurde.

Das genügt nicht. Wie bei jeder Bank dürften sich zwar auch bei der Deutschen Bank Lerneffekte zumeist über das Geld (Gewinn und Verlust) einstellen. Davon scheint die Deutsche Bank – trotz wechselhafter Nachrichten über ihre Kapitalausstattung und ihre Geschäftserfolge – aber immer noch genug zu haben. Betrachtet man die Gesamthöhe der bisherigen Sanktionen, Vergleiche, et cetera, die sich bereits jetzt nach den letzten Jahren in einer Höhe von zirka zehn Milliarden Euro bewegen, dann mag man darüber fantasieren, in welcher Höhe sich die inkriminierbaren Geschäfte bewegt haben müssen, deren Verlauf und Ergebnis doch nur in vergleichsweise winziger Höhe (Straf-)Zahlungen nach sich gezogen haben, die durch Aufsichtsbehörden und Gerichte verfügt wurden oder auf die man sich im Vergleichswege geeinigt hat.

Die Deutsche Bank ist nicht nur in ihrem Selbstverständnis eine Bank. Die allermeisten ihrer Mitarbeiter können und sollen stolz darauf sein, dass sie in der größten deutschen Bank gute Arbeit leisten. Sie dürften nicht zuletzt deshalb ein ureigenes Interesse daran haben, dass die Kollegen, die aus ihrer beruflichen Heimat partiell ein Geldbordell gemacht haben, zur Verantwortung gezogen werden. Aber es wird nicht genügen, ein paar »schwarze Schafe« zu identifizieren und sich ihrer als »Bauernopfer« zu entledigen.

In den vergangen Jahren haben die Führungen der Deutschen Bank ein Strafbedürfnis geschaffen, das die gesamte Institution erfasst. In Deutschland wird dieses Bedürfnis in absehbarer Zeit nicht zu befriedigen sein, weil dort im Hinblick auf die Unternehmensstrafe – von einer einzigen Initiative aus Nordrhein-Westfalen abgesehen – das rechtspolitische Mittelalter, vielleicht auch die Steinzeit, noch nicht beendet ist. Das ist nicht länger hinnehmbar, weil besonders das Verhalten der Deutschen Bank in den letzten Jahren die Frage aufgeworfen hat, ob die größte deutsche Bank eine kriminelle Vereinigung geworden ist oder sich in ein gemeingefährliches Hochleistungszentrum verwandelt hat, in dem eine deliktische Kultur herrscht, die jeder bekannten Mafia-Organisation nicht zuletzt wegen ihrer Schadenträchtigkeit haushoch überlegen ist.

Die Titelfrage dieses Buchs wurde bereits zu Beginn des Jahrs 2014 in einem Beitrag für die Zeitschrift *Die Kriminalpolizei* gestellt. An ihrer Dringlichkeit hat sich nichts geändert – die damaligen Feststellungen gelten fort und verdienen daher eine Erinnerung. Schlimmer noch: Es hat sich auch in neuerer Zeit offensichtlich nichts geändert, sodass auch auf jüngere Erwägungen über »Banker zwischen Bestrafung und Bewährung « zurückzugreifen war. Dies gilt übrigens auch für die Geldwäschebekämpfung, deren »Sinn und Unsinn« Gegenstand einer aktuellen Untersuchung in der Fachzeitschrift *Kriminalistik* war. Angesichts der neuesten Geldwäschevorwürfe gegen die Deutsche Bank scheint man daraus aber immer noch nicht überall die gebotenen Konsequenzen gezogen zu haben. Es bleibt daher nur zu hoffen, dass eine erneute Veröffentlichung endlich einige Lerneffekte auszulösen vermag.

Das Gleiche gilt im Hinblick auf ein Unternehmensstrafrecht. Der Gesetzgeber hat sich durch klare Ausführungen, die teilweise schon vor mehr als fünfzehn Jahren an verschiedenen Stellen nachzulesen waren, nicht beeindrucken lassen und verharrt immer noch in einer skandalösen Duldungsstarre. Vielleicht eröffnen sich mit der konzentrierten Darstellung mancher Einsichten in diesem Buch doch noch Auswege aus einem anscheinend hermetisch geschlossenen Zirkel der Ignoranz und des Unwillens.

Wie auch immer: Die Deutsche Bank wurde vom Autor mehrfach um ein Gespräch gebeten, erfolglos. Dies passt zu der auch sonst von der Deutschen Bank gegenüber der Justiz und Aufsichtsbehörden geübten »Kooperation«, die zumindest phasenweise nicht immer von »Obstruktion« zu unterscheiden ist.

Wenn einem Vorstandsvorsitzenden (Fitschen) nichts anderes einfällt, als beim Ministerpräsidenten des Landes Hessen anzurufen, um ihm sein Missvergnügen über die Durchführung einer richterlich angeordneten Hausdurchsuchung beim Hauptsitz der Deutschen Bank in Frankfurt am Main mittzuteilen, so als ob ein »Potentat« darüber zu entscheiden hätte, ob die Justiz ihre Pflicht tut, muss man sich im Übrigen weder über Rechtsbewusstsein noch über Manieren in der Deutschen Bank Gedanken machen.

Auch die folgenden Ausführungen können die angedeuteten Fragen trotz mancher vorausgegangener Versuche nicht mit letzter Sicherheit beantworten. Es wäre daher wohl nicht zulässig gewesen, sie unter folgenden Titel zu stellen:

»Die Deutsche Bank ist eine kriminelle Vereinigung!«

Das ändert nichts daran, dass in manch einem Presseartikel genau diese Frage gestellt wird. Solange der Gesetzgeber nicht die Voraussetzungen schafft, die für ein strafrechtliches Vorgehen gegen die Deutsche Bank als Unternehmen notwendig sind, geht die Frage nach einer Bestrafung des gesamten Instituts allerdings ins Leere.

Dieses Buch wäre ohne die ambitionierte Idee und das gnadenlose Insistieren des Geschäftsführers des Westend Verlags Markus Karsten nicht entstanden. Es ist nicht sicher, ob »Dankbarkeit« hierfür die richtige Reaktion ist. Dank gebührt dagegen meinem geplagten Lektor Michael Schickerling, dem wachsamen Henning Kniesche und vor allem der geduldigen Susanne.

Wolfgang Hetzer
Wien im August 2015

Vorgeschichte

Die Deutsche Bank muss liquidiert werden! Diese Forderung besteht schon lange. Bereits 1946/47 äußerte sich eine Dienststelle der Militärregierung der Vereinigten Staaten von Amerika für Deutschland in aller Deutlichkeit:

> »Es wird empfohlen, dass:
> 1. die Deutsche Bank liquidiert wird,
> 2. die verantwortlichen Mitarbeiter der Deutschen Bank angeklagt und als Kriegsverbrecher vor Gericht gestellt werden,
> 3. die leitenden Mitarbeiter der Deutschen Bank von der Übernahme wichtiger oder verantwortlicher Positionen im wirtschaftlichen und politischen Leben Deutschlands ausgeschlossen werden.«[1]

Mit diesen Empfehlungen schloss das Office of Military Government for Germany (»OMGUS«), vertreten durch die Finance Division, Financial Investigation Section, seinerzeit einen Bericht über ihre Ermittlungen gegen die Deutsche Bank ab (*OMGUS-Report*). Die Dokumentationsstelle zur NS-Politik in Hamburg hat den Bericht übersetzt und bearbeitet, Hans Magnus Enzensberger hat ihn im Jahr 1985 herausgegeben.

Die Empfehlungen wurden bekanntlich nicht umgesetzt. Aber das gilt nur als Fazit nach vier Jahrzehnten westdeutscher Bankengeschichte, nicht für die Jahre, in denen sich die »Adenauer-Restauration« erst einmal durchsetzen musste. Als der ehemalige amerikanische Militärgouverneur für Deutschland Lucius D. Clay sich veranlasst sah, dem seinerzeit von einem Journalisten aus der DDR bedrängten prominenten »Deutsch-Banker« Hermann Josef Abs schriftlich zur Hilfe zu eilen, ließ er den zeitweiligen Erfolg des *OMGUS-Reports* unerwähnt, möglicherweise um das sofortige juristische Scheitern des Vorstoßes seiner Finanzabteilung besonders wirken zu lassen. In einem Brief vom 19. April 1971 an Abs teilte Clay mit, dass der Bericht über die Deutsche Bank von einer Sondergruppe innerhalb der Finanzabteilung der Militärregierung verfasst worden sei. Diese Abteilung habe die deutschen Kreditinstitute grundsätzlich im Hinblick auf eine gesetzliche Neuordnung des Bankwesens überprüft, und der Bericht habe genau diesem Zweck gedient. Clay erklärte auch, dass die Finanzabteilung für die Einleitung von Verfahren gegen deutsche Unternehmen oder Personen nicht zuständig sei, sondern die Rechtsabteilung. Ihr könne die Finanzabteilung Empfehlungen unterbreiten. Man hätte Clay diese nur vorgelegt, wenn die Rechtsabteilung sie gebilligt hätte. Ihm sei aber keine von der Rechtsabteilung ausgegangene oder gebilligte Empfehlung zur Einleitung eines Verfahrens gegen die Deutsche Bank oder irgendein Mitglied ihrer Verwaltung vorgelegt worden. Clay hat auch keine entsprechende Anordnung getroffen.

Im Hinblick auf die Bankenpolitik der US-Militärregierung verhielt es sich etwas anders: Mit Hilfe des *OMGUS-Reports* und weiterer Untersuchungen über die Rolle der Großbanken im Nationalsozialismus gelang es der Finanzabteilung, das Gesetz Nr. 57 durchzubringen, das die Großbanken von ihren Zentralen abtrennte, regionalisierte und unter Aufsicht stellte. Der erste Schritt zur Wiederherstellung des alten Zustands gelang den Großbanken allerdings schon wieder im Jahre 1952.[2]

Inzwischen wissen die meisten Deutschen, dass in der Politik selbst tausend Jahre nur einen Wimpernschlag lang sein können. Kurz vor Beginn der letzten tausend Jahre war die Situation der Banken in Deutschland entscheidend von der seinerzeitigen Bankenkrise bestimmt, der größten Katastrophe der deutschen

Bankgeschichte im Juli 1931. Das Sozialprestige der »Bankiers« – die gab es damals noch, während man heute nur noch »Banker« findet – war damals tief gesunken. Zudem mangelte es auch an Kapital und Unternehmungsgeist. Der Auftritt des Kanzlers des Reichs und Führers der deutschen Nation, Adolf Hitler, brachte in vielerlei Hinsicht »Bewegung« in die Sache: Nicht nur die jüdischen Bankiers schieden sofort aus oder zogen sich langsam aus dem Bankgeschäft zurück. Anders als für die Industrie bewirkte die »Machtergreifung« – die wohl eher eine »Machtübergabe« der sogenannten Eliten an Adolf Hitler war –, zum Beginn des Jahrs 1933 auch eine allgemeine Gefährdung der Banken in Deutschland. Die rabiaten Mittelstandsideologen der Nationalsozialistischen Deutschen Arbeiterpartei (NSDAP) verfolgten die Banken – unabhängig von jüdischen Anteilen – hasserfüllt als »raffendes Kapital«. Es gelang dem damaligen Präsidenten der Reichsbank Hjalmar Schacht, gewalttätige Übergriffe zunächst zu verhindern. Er schützte gleichzeitig Hitler vor seinen »alten Kämpfern« und sicherte dessen kreditpolitische Ambitionen ab. So trug er entscheidend zur Finanzierung der Aufrüstung bei.

Nur noch die Reichsbank verfügte seinerzeit über Möglichkeiten der Kreditgewährung, da kein Auslandskapital verfügbar war und die Banken ansonsten darniederlagen. Sie nutzte ihre Möglichkeiten nicht nur zur Finanzierung der Arbeitsbeschaffung, sondern auch für finanztechnische Kriegsvorbereitungen (»Mefo-Wechsel«) und brachte bis 1938 insgesamt zwölf Milliarden Reichsmark in Umlauf. Als Schacht in der unter Karrieristen verbreiteten Mischung aus Naivität, Gemeinheit, Feigheit und rechtzeitiger »Reue« im Jahre 1939 auf die mit dieser Politik verbundene Inflationsgefahr hinwies und die Einlösung der Mefo-Wechsel forderte, war seine Karriere zu Ende. Sein Führer hatte sich zwischenzeitlich anscheinend selbst einige Kenntnisse in Finanzfragen zugelegt und ließ die Reichsbank kurz nach der Entlassung von Schacht gesetzlich verpflichten, jederzeit die finanziellen Bedürfnisse des Reichs zu befriedigen – es begann eine ungehemmte Schuldenwirtschaft. Die Inflation griff zwar um sich, wurde aber während des Zweiten Weltkriegs durch drakonische Preis- und Lohnkontrollen zurückgestaut.

Das Dritte Reich hatte keine Kreditprobleme. Dafür sorgte an zentraler Stelle die Reichsbank, in deren Windschatten die Banken eher vorsichtig segelten. Dieser Sichtweise scheint der *OMGUS-Report* völlig konträr gegenüber zu stehen.[3] Darin wurde der Deutschen Bank eine Schlüsselstellung zugewiesen. Sie habe das Reich mit riesigen Fonds für Wiederaufrüstungszwecke versorgt und, noch schlimmer, der deutschen Regierung mehr als einmal als institutionelle Speerspitze bei der wirtschaftlichen Durchdringung der annektierten, okkupierten und völlig abhängig gemachten Länder Europas gedient.

Dem Bericht wird ein »eigenartig zwitterhafter« Charakter attestiert. Ungeachtet seiner harschen Empfehlungen war er keine Anklageschrift. Man unterstellt seinen Autoren, dass sie vielleicht deutsche Sprachkenntnisse, aber nur wenig Ahnung von der deutschen Wirtschaft hatten. An ihrer politischen Einstellung besteht bei manch einem Kritiker kein Zweifel, entstammten sie doch dem Finanzministerium in Washington, an dessen Spitze damals Henry Morgenthau stand – ein Zeitgenosse, der Deutschland in einen Agrarstaat verwandeln wollte.

Als Stein des Anstoßes galt das deutsche Universalbankensystem, also die enge Verbindung von Kreditgeschäft, Emission und Handel von Wertpapieren sowie die direkte Einflussnahme auf die Industrie. Diese Kombination war aus amerikanischer Sicht von vorneherein verdächtig. Bei der Deutschen Bank bestand zudem eine entsprechende Konzentration, die im (damals) modernen amerikanischen Bankenwesen unbekannt war. Den Verfassern des *OMGUS-Reports* war die angeblich verderbliche Zielsetzung der Bank schon im Gründungsjahr 1870 ersichtlich, gilt es ihnen doch als »ein Jahr von historischer Bedeutung für die großdeutsche Bewegung, weil es das Jahr der deutschen Einigung unter Bismarck war und die Ära des deutschen Imperialismus einleitete«. Für die Zeit nach 1933 erkennen sie ein »spektakuläres Wachstum«, das sie als eigenen Beitrag der Deutschen Bank zur Vorbereitung des Zweiten Weltkriegs einstufen. Es gibt jedoch Zweifel daran, dass die Deutsche Bank aus freien Stücken die Schuldtitel eines der Katastrophe entgegentaumelnden Staats entgegengenommen hat. Im Jahr 1933 betrugen ihre Aktiva rund drei Milliarden, im Jahr des Vorkriegsbooms 1938 waren es erst 3,7 Milliarden, 1944 aber 11,3 Milliarden Reichsmark. 80 Prozent davon bestanden in Schatzwechseln und anderen Schuldverschreibungen der öffentlichen Hand und der Reichsbank.

Der *OMGUS-Report* geht von folgender Alternative aus: Entweder die Deutsche Bank hätte in dieser Zeit ihre Geschäfte in herkömmlicher Weise fortführen können, ohne sich dabei besonders um Hilfe für die Reichsregierung zu bemühen, oder sie hätte das ganze Gewicht ihrer Organisation für die Unterstützung von Partei und Staat aufbieten können. Wegen ihrer angeblichen »nationalistisch-militaristischen Einstellung« wird ihr Letzteres unterstellt. Aus der Konstruktion dieser »schiefen Alternative« leitet ein Analytiker ab, dass man die Verhältnisse in Deutschland konsequent missverstanden hätte. Eine Fortsetzung der herkömmlichen Geschäfte erscheint ihm damals als unmöglich, die Verweigerung der Annahme eines Mefo-Wechsels als praktisch undenkbar. Die Alternative dazu gilt ihm als »leere Behauptung«, zumal man gar nicht erst den Versuch gemacht habe, das besondere Engagement der Deutschen Bank im Vergleich mit anderen Bankinstituten – der Dresdner Bank wurde der Beiname »SS-Bank« gegeben – herauszuarbeiten.

Dem Bericht wird Widersprüchlichkeit sowie eine schwache und eher zufällige Quellenbasis vorgeworfen. Das erkannten die Autoren allerdings selbst, etwa im Hinblick auf die Auslandstätigkeit der Deutschen Bank. Sie sahen sich allerdings nicht daran gehindert, umso entschiedenere Verdammungsurteile zu fällen. Dabei stützen sie sich vor allem auf Zeugenvernehmungen, die jedoch ihre eigenen Schwächen hatten. Im Hinblick auf die im

OMGUS-Report heftig kritisierten Auslandsgeschäfte der Deutschen Bank und die Rolle, die Hermann Josef Abs, der 1938 als Vorstandsmitglied in die Bank eintrat und Leiter der Auslandsabteilung wurde, spielte, ist zu bemerken, dass sich ein großer Teil der entsprechenden Aktivitäten auf Österreich und das Sudetenland nach dem jeweiligen »Anschluss« bezog. Das wirft die Frage auf, ob die Deutsche Bank ihre Geschäfte nur in den Grenzen von 1937 hätte betreiben sollen?

Gleichwohl wird der Deutschen Bank zum Beispiel vorgeworfen, dass sie mit zwanzig Mann in Wien angekommen sei, um zu »rauben«, indem sie die Creditanstalt (CA), die überwiegend der (dann nicht mehr existenten) Republik Österreich gehörte, übernehmen wollte. Tatsächlich war das aber nicht möglich, weil die Aktien auf das Reich übergingen. Das vom ihm übernommene Paket in Höhe von 78 Prozent des Aktienkapitals blieb nicht bei der immer stärker nazifizierten Reichsverwaltung, sondern kam zur reichseigenen VIAG (Vereinigte Industrieunternehmungen AG), die davon 25 Prozent an die Deutsche Bank abgab, nachdem auch noch eine gemeinsame Stimmrechtsausübung beschlossen worden war. Diesen Sachverhalt will nicht jeder als »Raub« qualifizieren.

Darüber hinaus ging es bei der Auslandstätigkeit der Deutschen Bank vor allem um das Verhältnis zu einigen westeuropäischen Banken, vor allem zu der damals mächtigen Brüsseler Banque de la Société Générale, sowie um die Interessen, die diese westeuropäischen Institute in Ostmitteleuropa hatten – Industriebeteiligungen in der Tschechoslowakei, in Polen und Jugoslawien. Es gibt die Auffassung, dass es sich bei diesen Transaktionen nicht um Raub und Plünderung handelte, sondern um »faire, der Situation angemessene Regelungen«. Zur Begründung wird folgende Überlegung herangezogen: Wenn nämlich die westlichen, insbesondere die französischen, Besitzer und Anteilseigner überzeugt gewesen wären, von Abs in dieser Weise behandelt worden zu sein, wie ihm im *OMGUS-Report* vorgeworfen wird –

einschließlich der als »absurd« empfundenen Arisierungsvorwürfe –, bedürfte es keiner besonders starken Fantasie, um sich das traurige Ende der Karriere von Abs im Jahre 1945 auszumalen.

Wie auch immer: Am 15. Februar 1938 fand im Berliner Hotel Esplanade ein Fest statt, an das sich viele der Eingeladenen, führende Vertreter der Berliner Finanzwelt, noch jahrzehntelang erinnern sollten. Gastgeber war der bis dahin notorisch sparsame Bankier Hermann Josef Abs, der hier seine Berufung in den Vorstand der Deutschen Bank angemessen feiern wollte. Abs (»A wie Abs, B wie Abs, S wie Abs«) verglich seine vorherige Tätigkeit als Privatbankier mit einer Tätigkeit als Organist an einer Zweimanual-Orgel mit 36 Registern. Den schlechter bezahlten Posten bei der Deutschen Bank verglich er hingegen mit einer Stelle als Domorganist mit einer wundervollen Orgel mit fünf Manualen und 72 lebenden Registern. Mit der Sehnsucht eines Orgelspielers nahm Abs seine Berufung an – das größere Instrument schien ihm angemessener.

In der Tat gehörte das Auslandsgeschäft traditionell zum Kernbereich der Aktivitäten der Deutschen Bank; die Finanzierung des deutschen Außenhandels war nach ihrem Gründungsstatut sogar ihr Hauptbetätigungsfeld. Die »Deutsche« war als erste Aktienbank in Berlin und zweite in Preußen überhaupt im Jahr 1870 vornehmlich von Berliner Privatbankiers gegründet worden. Initiator war Adelbert Delbrück, der Chef des Bankhauses Delbrück, Leo & Co. Unter der Leitung des ersten Vorstandssprechers Georg von Siemens hatte sich die Deutsche Bank rasch von den Intentionen ihrer Gründer befreit und begann ihren Weg zur »Universalbank«. Als solche nahm sie bald eine führende Position im deutschen Bankwesen ein. Nach der Fusion mit der Disconto-Gesellschaft rückte sie 1929 sogar an die erste Stelle und blieb seither die größte der deutschen Universalbanken.

Für lange Zeit war fortan die enge Verbindung ökonomischer und nationaler Zielsetzungen maßgeblich, so wie sich dies schon in der Namensgebung widerspiegelt. Im beginnenden Zeitalter der Hochindustrialisierung und der sich entfaltenden Weltwirtschaft übernahm die Deutsche Bank eine tragende Rolle bei der außerordentlichen Expansion der deutschen Wirtschaft. Sie kam durch die Verbindung des Außenhandelsgeschäfts mit dem Einlagengeschäft und einer dynamischen in- und ausländischen Emissions- und Gründungstätigkeit zustande. Die Deutsche Bank sicherte seit dem letzten Drittel des 19. Jahrhunderts nicht nur die Finanzierung einiger weltweit tätiger deutscher Großunternehmen, sie hatte auch eine bedeutende Stellung im internationalen Finanzierungsgeschäft inne mit umfangreichen Engagements in Nord- und Südamerika, in Mittel- und Südosteuropa sowie im Vorderen Orient. Kurz vor dem Ersten Weltkrieg wurde sie anlässlich einer Kapitalerhöhung auf 250 Millionen Mark bereits als die »größte Bank der Welt« gerühmt. Natürlich war dieser rasante Aufstieg nur in enger Verbindung mit der imperialen Politik des deutschen Kaiserreichs möglich, auch wenn die Führung der Bank immer wieder betonte, dass sie sich bei der Verfolgung ihrer Geschäfte stets gegen Versuche unmittelbarer politischer Einflussnahme zur Wehr gesetzt hätte.

Der Zusammenbruch des Kaiserreichs nach dem Ersten Weltkrieg ließ die Beziehungen der Deutschen Bank in alle Welt natürlich nicht unberührt. Die Fusion mit der Disconto-Gesellschaft diente unter anderem dem Ausgleich der Verluste, die durch die tiefe Krise der Nachkriegswirtschaft entstanden waren. Insgesamt entsprach die geschäftliche Situation der Deutschen Bank der damaligen prekären Stellung Deutschlands in der Weltwirtschaft. Im Jahre 1932 zeichnete sich zwar eine gewisse wirtschaftliche Erholung ab; die Konsolidierung des Bankgeschäfts verlief aber immer noch sehr zögerlich. Das lag zum Teil daran, dass der deutsche Kapitalmarkt mit der steigenden Liquidität der Unternehmen und der wachsenden Bedeutung öffentlicher Kreditgeber in der Lenkungswirtschaft des Dritten Reichs an Volumen einbüßte. Die Außenhandelsfinanzierung entwickelte sich ebenfalls stark rückläufig. Die Deutsche Bank hatte bis dahin den Großteil ihrer ehemaligen ausländischen Filialen und Affiliationen verloren. Sie war durch die Mark-Entwertung und den anhaltenden Liquiditätsmangel zum Rückzug aus ihren Auslandsinvestitionen genötigt, die ohnehin schon in erheblichem Umfang im Zuge der Geltendmachung von Reparationsansprüchen beschlagnahmt worden waren.

Die Rückkehr zum Auslandsgeschäft auf dem Niveau vor dem Ersten Weltkrieg war durch die seit der Bankenkrise anhaltende Beeinträchtigung der deutschen Kreditfähigkeit im Ausland sehr schwierig geworden. Die Manövrierfähigkeit der Banken wurde außerdem durch die politische Entwicklung zunehmend eingeschränkt. Es war auch der Handlungsspielraum bei den Stillhalteverhandlungen betroffen, in denen um die Offenhaltung der alten Kreditlinien und eine sukzessive Tilgung der Auslandsschulden gerungen wurde. Dabei ging es um Perspektiven für die Wiedergewinnung der früheren Rolle Deutschlands und des deutschen Kapitalmarkts in der sich langsam erholenden Weltwirtschaft.

Aus der Perspektive der nationalsozialistischen Wirtschaftsideologie war die damalige Wirtschaftskrise die Folge des Scheiterns der privaten Marktwirtschaft und ein Beleg für die Schuld des Kreditgewerbes. In der Bankenwelt war man dagegen davon überzeugt, dass es sich um einen vorübergehenden anormalen Zustand handelte, der aus dem Zusammenbruch des internationalen Kreditverkehrs resultierte. Die von der Deutschen Bank intendierte Wiederbelebung der globalen Geschäftsbeziehungen war allerdings mit einem System schwer vereinbar, das eine starke europäische Großraumwirtschaft unter deutscher Vorherrschaft anstrebte und mit zunehmender Gewalt durchzusetzen versuchte.

Doch zunächst noch einmal zurück zum *OMGUS-Report*: Im Jahr 1970 war der Bericht in einer Publikation des DDR-Schriftstellers Eberhard Czichon über Abs und die Deutsche Bank verwandt worden. Gegen das Buch *Der Bankier und die Macht* war Abs gerichtlich vorgegangen, hatte obsiegt und die Einziehung des Werks erreicht. Seitdem waren aus der DDR keine weiteren nennenswerten Attacken erfolgt. Im Gerichtsverfahren kam es im Hinblick auf die Arisierungsvorwürfe zu klaren gegenteiligen Aussagen. Darauf weist der Herausgeber des *OMGUS-Reports* zwar hin, es bleibt aber die Frage, was das für eine Haltung ist, die widerlegten Anschuldigungen wieder abzudrucken und sie nur am Ende des Berichts mit einer kleinen Anmerkung zu versehen. Ein derartiges Verfahren könnte man in der Tat nicht als Zufall, sondern als Methode empfinden. Der *OMGUS-Report* wird daher nicht als erstrangige historische Quelle anerkannt. Er habe lediglich für die Beurteilung der frühen US-Besatzungspolitik Quellenwert. Henning Köhler behauptet, dass weder die Banken im Allgemeinen noch die Deutsche Bank im Besonderen im Dritten Reich herausragende Positionen innegehabt hätten. Doch musste er schon 1986 einräumen, dass Banken eine immer wichtigere Rolle im Wirtschaftsleben spielen. Sie üben viel Macht aus, werden aber selbst nur unvollkommen kontrolliert. Die kritische Beobachtung der Banken »und ihrer Politik« sei daher eine Notwendigkeit. Dieser Aufgabe werde der *OMGUS-Report* aber in keiner Weise gerecht.

Die zuletzt zitierten Gedanken mögen einen Übergang bilden, um sich mit der Rolle der Deutschen Bank in einer Welt zu beschäftigen, die sich in vielerlei Hinsicht von den Verhältnissen vor, während und unmittelbar nach dem Zweiten Weltkrieg unterscheidet. Es geht im Folgenden nicht um die Klärung zeitgeschichtlicher Kontroversen, schon gar nicht um »Vergangenheitsbewältigung«. Dennoch erfordert die Analyse der gegenwärtigen Lage der Deutschen Bank zunächst einen Blick zurück, wenn auch mit einem ganz anderen Zeithorizont. Zum Anliegen dieses Buchs gehört unter anderem der Versuch herauszufinden, ob die Deutsche Bank eine kriminelle Vereinigung ist oder sich mit ihrer Geschäftspraxis der Muster Organisierter Kriminalität (OK) bedient und sich in einem erweitertem Sinn in eine der wirkungsmächtigsten Mafia-Organisationen der neueren Geschichte verwandelt hat. Neben dem Gebaren der Deutschen Bank auf den Finanzmärkten gilt dabei den jüngsten Vorwürfen der Geldwäsche und der schon lange überfälligen Einführung einer Unternehmensstrafe in Deutschland besondere Aufmerksamkeit.

Das Verhalten der Deutschen Bank zeigt in besonders eindrucksvoller Weise, welche Versäumnisse der deutschen Rechtspolitik (nicht nur) auf diesen Gebieten anzulasten sind. Die geltende Rechtslage und der Unwille verantwortlicher Politiker zu sachgerechten Änderungen sowie die Unfähigkeit von Strafverfolgungs- und Aufsichtsbehörden zur nachhaltigen Unterbindung und Verfolgung gemeinschädlicher und höchst schadensträchtiger koordinierter, also organisierter Rechtsbrüche durch sehr qualifizierte Tätercliquen in der Finanzbranche und ihrer Handlanger in der Politik zeigen, vor welch existenziell bedrohlichen Herausforderungen die Wirtschaftsordnung und die Gesellschaft insgesamt stehen. Ausmaß und Qualität der Verrottungsprozesse lassen sich an den »Eliten« in Wirtschaft und Politik ablesen. Besonders unangenehm könnte allerdings die Einsicht sein, dass wir alle nur das bekommen, was wir verdienen. Es ist indessen nicht auszuschließen, dass Verblödungsprozesse, die von bildkonzentrierten Massenmedien und Sprechblasen absondernden Politikern befördert werden, und eine flächendeckende geistige Korrumpierung durch eine »Geiz-ist-geil-Mentalität« die Einsicht in die eigene Verantwortung und die Folgen systemischen Versagens schon unmöglich gemacht haben.

Durch die fortschreitende Erosion des Rechtsbewusstseins auf den höchsten Ebenen des Finanzmanagements wird eine allgemeine gesellschaftliche Dekadenz befördert, in der jeder sich so lange als »cool« empfindet, wie er bei der Verwirklichung seiner egoistischen Erfolgsstrategie reüssiert und sich mit hedonistischem Schwachsinn seinen mehr oder minder anspruchsvollen Freizeitvergnügungen widmen kann. Die Forderung des ehemaligen Vorstandsvorsitzenden der Deutschen Bank, des Eidgenossen Josef Ackermann, dass die Deutsche Bank eine Eigenkapitalrendite von 25 Prozent erreichen müsse, hatte immerhin eine öffentliche Diskussion ausgelöst. Der damalige Vorsitzende der Evangelischen Kirche Deutschlands, Bischof Wolfgang Huber, sprach in diesem Zusammenhang von einem »Götzendienst des Geldes« und forderte von Ackermann »mehr Bescheidenheit«.[4] Wenig später entschuldigte sich dieser Geistliche aber für die Nennung von Ackermanns Namen: Es gehe nicht darum, einen einzelnen Menschen zu kritisieren.[5]

Ackermann hatte wohl eine (eher zu erreichende) Eigenkapitalverzinsung vor Steuern gemeint, während die Öffentlichkeit diese Kennzahl hingegen teils ähnlich wie die Umsatzrendite eines Industrieunternehmens interpretierte, die in der Tat regelmäßig deutlich unter 5 Prozent liegt. Bischof Huber hätte sich jedoch auch noch aus einem anderen Grund mit der Person Ackermann beschäftigen können: Der wollte nämlich die Ertragskraft seines Hauses auf ein nach seinen Angaben international übliches Niveau bringen und kündigte im Jahr 2005 auf einer Pressekonferenz weiteren Personalabbau an, obwohl er auf der gleichen Veranstaltung von einer außerordentlich positiven Ertragsentwicklung berichtete.

Wie auch immer: Es zeigt sich, dass Deutschland von seinen Führungseliten alles erwarten kann – nur nicht immer eine halbwegs realistische und sachkundige Einschätzung der Lage und die hinreichende Beachtung der Erfordernisse des Gemeinwohls. Bedauerlicherweise gibt es hierzulande aber weder das Interesse noch die Fähigkeit, sich der Zumutungen zu erwehren, die nicht nur aus dem Bankenbereich an sie herangetragen werden.

Die folgenden Ausführungen sollen zeigen, dass ein derartiger Zynismus vielleicht doch nicht das letzte Wort sein muss. Aus gegebenem Anlass sei betont, dass bei allen genannten (und noch nicht genannten strafrechtlichen) Untersuchungen gegen Mitarbeiter der Deutschen Bank stets die Unschuldsvermutung gilt.

Soweit konkrete Vorwürfe, beispielweise, aber nicht allein im Bereich der Geldwäsche, zitiert werden, geben sie den Inhalt öffentlich zugänglicher Quellen wieder, deren Inanspruchnahme die ordnungsgemäße Klärung bestimmter Vorwürfe durch die zuständigen Behörden selbstverständlich nicht ersetzen kann, ein Hinweis der ebenfalls mehr als selbstverständlich ist, aber wegen der Möglichkeiten, die die Rechtsprechung zur »Verdachtsberichterstattung« der Deutschen Bank eröffnet, geboten ist.

Schuld und Schande

Im Finanzwesen gibt es Entwicklungen, die immer wieder auch in der Politik zu beobachten sind, wenn es um die Frage der Verantwortung für schädliche Ereignisse geht. Die Entlastungsmechanismen scheinen immer wieder die gleichen zu sein: Schuld sind vornehmlich die anderen. Unglückliche Zufälle haben die besten Absichten zunichte gemacht. Die Globalisierung erzeugt unbeeinflussbare Sachzwänge. Schicksalhafte Mächte treiben ihr Unwesen. Letztlich erscheint auch die weiter anhaltende Finanzkrise in Europa und dem Rest der Welt als unabwendbares Naturereignis und nicht als Folge menschlichen Versagens oder gar als Konsequenz krimineller Energie. Unter diesem Blickwinkel mag die Finanzindustrie am Ende sogar Mitleid auslösen. Banken sind möglicherweise karitative Einrichtungen, geführt von Menschen, die ihre Hände dreimal täglich in Unschuld waschen. Dennoch wurde in der Deutschen Bank ein »Kulturwandel« ausgerufen, um zu neuen Ufern aufzubrechen, unter dem Stichwort »Strategie 2020«. Aber haben die maßgeblichen Finanzmager – nicht nur in der Deutschen Bank – wirklich verstanden, in welcher Weise sie sich an der Beschädigung des Allgemeinwohls beteiligt haben?

Es gibt genügend Erkenntnisse insbesondere in den USA, die auch eine verantwortliche Orientierung der »Deutschbanker« ermöglichen sollten: Die Finanzkrise wäre vermeidbar gewesen, da sie auf menschliches Handeln und Unterlassen, nicht auf eine Naturkatastrophe oder entgleiste Computermodelle, zurückzuführen ist. Die führenden Köpfe der Finanzbranche und die staatlichen Aufseher haben trotz Warnungen die sich aufbauenden Risiken für das Gemeinwohl nicht verstanden, geschweige denn gemanagt, und so kapitale Fehler begangen.

Unter der vornehmlichen Verantwortung des damaligen Präsidenten der amerikanischen Notenbank (Federal Reserve, Fed), Alan Greenspan, wurden im Zuge der Deregulierung wesentliche Schutzmechanismen abgeschafft, die das Unheil hätten abwenden können. Die Finanzwirtschaft hat die politisch gewollte Selbstregulierung zur vielfältigen Freiheitserweiterung so ausgenutzt, dass an entscheidenden Stellen Aufsichtslücken entstanden, zum Beispiel bei den Schattenbanken und dem außerbörslichen Derivatehandel. Zahlreiche Finanzunternehmen missbrauchten die von der Regierung eingeräumte Wahlfreiheit im Hinblick auf ihre Regulierungsinstanz zur Bestimmung möglichst nachlässiger Aufseher. Und die Aufsichtsbehörden nutzten in vielen Bereichen ihre umfassenden Befugnisse nicht, zum Beispiel die Forderung höheren Eigenkapitals, die Unterbindung riskanter Geschäftsmethoden und die Einstellung der außer Kontrolle geratenen Verbriefung von Krediten.

Unter dem Eindruck politischer und ideologischer Zwänge fehlte den zuständigen Behörden zu oft der politische Wille und das Format, die Institutionen und das gesamte System, mit dessen Überwachung sie betraut waren, kritisch zu beleuchten. Die reiche und mächtige Finanzbranche spielte eine Schlüsselrolle im Hinblick auf die Schwächung der für Institutionen, Märkte und Produkte geltenden Einschränkungen und der Aufsicht, indem sie Druck auf Politiker und Aufsichtsbehörden ausübte und ihre Ziele allein zwischen 1999 und 2008 durch die Zahlung von offiziell 2,7 Milliarden US-Dollar auf Bundesebene und von über einer Milliarde US-Dollar an Wahlkampfspenden anstrebte. Finanzunternehmen wandten sich gegen eine angeblich zu strenge und innovationsfeindliche Aufsicht; gleichzeitig handelten sie selbst unverantwortlich, indem sie mit zu wenig Kapital und bei zu hoher Abhängigkeit von kurzfristigen Mitteln verhängnisvolle Risiken eingingen und das Land einer starken und unabhängigen Aufsicht beraubten. Finanzinstitute und Rating-Agenturen verließen sich bei der Risikoabschätzung zu häufig auf mathematische Modelle statt auf ihr Urteilsvermögen. Risikomanagement verkam zur Risikorechtfertigung.

Eine Kombination aus übermäßiger Kreditaufnahme, riskanten Investments und fehlender Transparenz steuerte das Finanzsystem in die Krise. In den USA waren wichtige Institutionen und Entscheidungsträger (Federal Reserve Board und Federal Reserve Bank), die am besten über die Märkte hätten wachen können, auf die Ereignisse der Jahre 2007 und 2008 mangelhaft vorbereitet. Die zuständigen Einrichtungen wurden von den Entwicklungen überrascht, weil sie unter anderem aufgrund der Intransparenz der Märkte den Wandel des Finanzsystems in den Jahren vor Ausbruch der Krise nicht verstehen konnten. Es existierte kein umfassender Plan zur Eindämmung der Krise, weil niemand den Überblick über Risiken und Verflechtungen der Finanzmärkte hatte. Leitende Beamte erkannten nicht, dass ein Platzen der Blase das gesamte Finanzsystem bedrohen konnte. In den USA verstärkte der Staat selbst die Unsicherheit und Panikstimmung an den Märkten, weil er sich gegenüber den großen Finanzinstituten nicht konsequent verhielt.

Im Vorfeld der Krise häufte sich unverantwortliches und unethisches Handeln im gesamten Finanzsystem. Von ganz unten bis in die obersten Führungsetagen der Unternehmen griffen Leichtsinn und fragwürdige Praktiken um sich, die zu einem umso schärferen Einbruch führten und das Systemvertrauen beschädigten. Die Entwicklung auf dem Hypothekenmarkt der USA zwischen 2006 und 2007 deutete schon darauf hin, dass die Schuldner nie in der Lage oder willens waren, ihre Verpflichtungen zu erfüllen: Die Banken zahlten an Hypothekenmakler Prämien, wenn sie Kreditnehmer in teurere Darlehen umschuldeten und damit höhere Gebühreneinnahmen generierten. Immer laxere Kreditbedingungen und Regulierungen bewirkten eine Zunahme des Hypothekenbetrugs und führten alleine von 2005 bis 2007 zu Verlusten von zirka 112 Milliarden Dollar.

Banken vergaben wissentlich Kredite, die sich die Schuldner nicht leisten konnten und die daher zulasten der Investoren in Hypothekenpapieren hohe Verluste verursachten. Diese Praktiken gaben sie selbst dann nicht auf, als die Hochrisikokredite nicht nur in der Zwangsvollstreckung endeten, sondern auch zu einem wirtschaftlichen und rufschädigenden Desaster für die Unternehmen führten. Große Finanzinstitute verbrieften angekaufte Kredite sogar zu »Wertpapieren« und platzierten diese bei Investoren, obwohl sie kaum den eigenen »Underwriting-Standards« oder den Anforderungen der ursprünglichen Kreditgeber genügten, während sie gleichzeitig die entscheidenden Informationen in ihren Verkaufsprospekten nicht offenlegten.

Die Krise ist nicht einfach mit dem Hinweis auf menschliche Fehler wie Gier und Überheblichkeit zu erklären, sondern mit dem Versäumnis, diese Schwächen zu berücksichtigen. Aus menschlichen Fehlern, Fehlurteilen und Fehlverhalten erwuchs ein höchst verlustreiches Systemversagen. Einzelne Unternehmen und Personen haben zwar verantwortungslos gehandelt; dabei scheint aber klar zu sein, dass die Krise nicht nur durch einige wenige »Bösewichte« ausgelöst worden sein konnte. Personen, die in herausragenden Positionen den Auftrag hatten, das Finanzsystem zu schützen und die Chefs der Unternehmen, deren Zusammenbruch ganze Volkswirtschaften in die Krise stürzten, trugen eine besondere Verantwortung. Sie hätten selbst ein Vorbild sein müssen, doch die entsprechenden Erwartungen wurden enttäuscht.

Auch die amerikanische Nation ist verantwortlich für eigenes Unterlassen, zumal sie kollektiv ein System, Regeln und Handlungsweisen duldete und begrüßte, die in die Katastrophe führten. Der Zündfunke, der die allgemeine Ausbreitung der Krise in Gang setzte, war allerdings der Zusammenbruch der Hypothekenstandards und die Verbriefungspraxis dieser Kredite. Viele Hypothekenbanken hatten die Angaben ihrer Kunden zur Bonität ohne jede Überprüfung akzeptiert oder sogar oft die mangelnde finanzielle Leistungsfähigkeit der Kreditnehmer bewusst übersehen. Die Fed, andere Aufsichtsinstanzen und Behörden mussten in dem Maße gewarnt sein, wie sich ruinöse betrügerische oder allgemein unverantwortliche Vergabepraktiken ausbreiteten. Insbesondere die amerikanische Notenbank wurde ihrem Auftrag, die Sicherheit und Stabilität des Banken- und Finanzsystems zu gewährleisten und die Rechte der Verbraucher bei Krediten zu schützen, nicht gerecht.

Die US-Bankenaufsicht (Office of the Comptroller of the Currency, OCC) und das für die Sparkassen zuständige Office of Thrift Supervision (OTS) waren mit Kompetenzgerangel beschäftigt und behinderten die Aufsichtsbehörden der Bundesstaaten bei ihren Versuchen zur Eindämmung des Missbrauchs. Die Abschaffung der Regulierung des außerbörslichen Derivatehandels durch neue Gesetze in den USA im Jahr 2000 war ein Wendepunkt auf dem Weg in die Finanzkrise, in der diese Instrumente eine signifikante Rolle spielten. Der außerbörsliche Derivatemarkt geriet ohne jede Aufsicht außer Kontrolle und verlagerte sich in unsichtbare Kanäle, in denen sich zuletzt nominal 673 Billionen Dollar angesammelt hatten. Die Gefährlichkeit dieser Lage wurde durch folgende Faktoren sogar noch gesteigert: die unkontrollierte Hebelung mithilfe von Fremdkapital, fehlende Transparenz, der Mangel an Eigenkapital, zu laxe Kreditbesicherungsvorschriften und eine starke Verflechtung der Akteure.

Kreditausfallversicherungen (Credit Default Swaps, CDS) heizten die Verbriefung von Hypothekenkrediten weiter an, indem sich Investoren gegen Ausfälle oder Wertverluste bei durch riskante Hypotheken unterlegten Wertpapieren absicherten und die Unternehmen mit diesem neuartigen Instrument am Hypothekenmarkt die Gegenposition eingingen (bei dem amerikanischen Versicherungskonzern AIG mit einem Volumen von zirka

79 Milliarden Dollar). So wurde der Markt ausgebaut und die Blase am Häusermarkt verstärkt. Aus den CDS konnten »synthetische Schuldverschreibungen« (Collateralized Debt Obligation, CDO) konstruiert werden. Diese reinen Wetten auf die Wertentwicklung von Hypothekenpapieren vergrößerten beim Platzen der Blase die Einbußen, da sie mehrere Wetten auf dieselben Papiere erlaubten und deren Verbreitung im Finanzsystem beförderten.

Alleine Goldmann Sachs strukturierte und verkaufte vom 1. Juli 2004 bis zum 31. Mai 2007 synthetische CDOs im Wert von 73 Milliarden Dollar, die sich auf über 3 400 Hypothekenwertpapiere verteilten, von denen 610 mit mindestens zwei CDOs verbunden waren. Es bleibt dahingestellt, wie oft dieselben Hypothekenpapiere als Basiswert synthetischer CDOs anderer Finanzunternehmen dienten. Beim Einbruch des Häusermarkts standen solche Derivate im Zentrum des Geschehens.

Das Versagen der Rating-Agenturen war ebenfalls wesentlich mitverantwortlich dafür, dass das Finanzsystem an den Rand des Abgrunds manövriert wurde, da diese Hypothekenwertpapiere ohne das »Gütesiegel« der drei großen Agenturen nicht hätten beworben und am Markt platziert werden können und die Investoren sich blind auf deren Beurteilung verließen. Ohne die Agenturen wäre die Krise nicht eingetreten. Doch das Finanzsystem ist selbst heute noch in vielerlei Hinsicht das gleiche wie am Vorabend der Krise, und die Finanzindustrie in den USA ist in deren Gefolge sogar noch stärker konzentriert und liegt in den Händen einiger weniger, vermeintlich systemrelevanter Institute.

Die Lage ist und bleibt sehr ernst. Zu deren Bewältigung ist die Wiederherstellung des Vertrauens in die Finanzmärkte unabdingbar. Das Schlimmste wäre die Fortsetzung der Litanei, nach der niemand die Entwicklung voraussehen konnte und alle machtlos waren, weil es dann wieder zu einer Katastrophe kommen kann, deren gemeinschädliche Folgen gar nicht abzuschätzen sind.[1]

Die Deutsche Bank ist natürlich nicht für alle Versäumnisse und Rechtsbrüche verantwortlich zu machen, die auf den Märkten der USA und in anderen Bereichen der Weltwirtschaft vorgekommen sind. Es würde vielleicht erst einmal genügen, sich mit den Vorwürfen zu beschäftigen, die auf jeden Fall zum Verantwortungsbereich dieser immer noch größten deutschen Bank zu rechnen und die hier zunächst nur als Stichworte zu nennen sind. Dabei handelt es sich keineswegs um eine vollständige Liste:

- Nichterfüllung von Beratungspflichten bei Zinswetten.
- Wetten auf die Katastrophe beim Handel mit strukturierten Hypothekenpapieren miserabler Qualität trotz jahrelanger deutlicher Warnungen.
- Kartellrechtswidrige Absprachen im Handel mit Kreditausfallversicherungen.
- Erschwerung des Markteintritts für Mitbewerber beim Verkauf des Clearinghauses ICE Clear Net.
- Betrügerischer Zugang der Deutsche-Bank-Tochter Mortgage IT zu einem amerikanischen Regierungsprogramm, das für Hypotheken bürgte.
- Unrechtmäßige Kündigung, Zwangsräumung und Verfall von Wohnungen und Häusern, unter anderem in Los Angeles.
- Falschangaben beim Verkauf hypothekarisch gesicherter Wertpapiere.
- Verursachung eines Schadens von 14 Milliarden Dollar im Zusammenhang mit hypothekarisch gesicherten Wertpapiergeschäften (bei einem Gesamtschaden von mehr als 200 Milliarden Dollar, der im Zusammenwirken mit sechzehn anderen Banken entstanden sein soll).
- Betrug bei Geschäften mit elf Finanzvehikeln (Fonds »Loreley«) mit Schadenersatzforderungen in Höhe von 440 Millionen Dollar.
- Falschangaben beim Verkauf hochverzinslicher verbriefter Hauskredite.

- Konstruktion einer Kette von Handelsgeschäften zur Erzielung großer Gewinne auch bei kleinen Zinssatzveränderungen durch Zinswetten (Gewinn 500 Millionen Euro).
- Verstöße gegen Sanktionsvorschriften bei Geschäften mit bestimmten Ländern, unter anderem dem Iran und dem Sudan.
- Unangemessen hohe Bewertungen komplexer Derivate-Konstrukte in einem bis zu 130 Milliarden Dollar schweren Portfolio.
- Vertuschung krimineller Vorgehensweisen beim Handel mit Verschmutzungsrechten (CO_2-Zertifikate).
- Versuch zur Sicherung eines höchst lukrativen Geschäfts durch öffentliche Äußerungen über die angeblich mangelnde Bonität eines Medienunternehmers (Leo Kirch).
- Betrügerische Irreführung der Stadtverwaltung von Mailand im Zusammenhang mit Zinsprodukten (Gesamtschaden etwa 89,6 Millionen Euro).
- Beihilfe zur Verschleierung von Verlusten der italienischen Banca Monte dei Paschi di Siena durch ein komplexes Absicherungsgeschäft vor der Beantragung staatlicher Hilfe.
- Illegaler Betrieb elektronischer Zahlterminals im Vatikan.
- Auslösung der Vertrauenskrise auf den Finanzmärkten gegenüber Italien und der von Berlusconi geführten Regierung durch Anleiheverkäufe.
- Manipulation des Energiemarkts in Kalifornien.
- Erzielung unrechtmäßiger Gewinne in Höhe von knapp 137 000 Dollar durch bewusste Generierung von Verlusten bei physischen Transaktionen im Interesse eines umso höheren Profits auf dem amerikanischen Markt mit Energiederivaten.[2]
- Betrügerischer Kauf und Verkauf von Strom, um den Eindruck einer Überlastung des Stromnetzes zu erwecken, sodass die Aufsichtsbehörden den Händlern Prämien zahlten, um die vermeintlich überschüssigen Energiemengen aus dem Markt zu nehmen.
- Bilanzmanipulationen.
- Manipulationen auf Devisenmärkten

- Manipulationen auf Edelmetallmärkten, zum Beispiel Gold
- Zinsmanipulationen, die durch die Europäische Kommission bereits mit 725 Millionen Euro sanktioniert wurden.
- Reihenweise Verstöße gegen Anti-Korruptionsregeln in Japan.
- Familienpolitik mafioser Prägung durch Einstellung der Söhne und Töchter einflussreicher chinesischer Bürger (»Prinzlinge«), um im Gegenzug lukrative Beratungsmandate von chinesischen Unternehmen zu erhalten.

Bei der vorstehenden Liste handelt es sich um eine unsystematische Wiedergabe von Meldungen, die über mehrere Jahre Gegenstände öffentlicher Berichterstattung waren. Weder im Hinblick auf einzelne Zahlenangaben noch zu Inhalt und Begründetheit der verschiedenen Vorwürfe war eine aktuelle Überprüfung mangels Zugangs zu Prozessakten und aus datenschutzrechtlichen Gründen möglich. Soweit Verfahren inzwischen ihren Abschluss gefunden haben sollten (Anklage, Einstellung, Verurteilung, Vergleich et cetera) ist selbstverständlich nicht auszuschließen, dass manche Zahlen aus diesen Gründen oder wegen eines zeitnahen Ermittlungsfortschritts korrekturbedürftig geworden sind. Der Deutschen Bank wurde daher die Liste mit der Bitte um unverzügliche Stellungnahme zu jedem der einzelnen Punkt zugeleitet. Dem wurde nicht entsprochen. Im Übrigen gilt die Unschuldsvermutung für alle in dieser Liste enthaltenen möglicherweise strafrechtlich relevanten Vorwürfe vollumfänglich.

In den vergangenen Jahren waren die Anklageschriften gegen die zahlreichen Bankvorstände, die mittlerweile in Deutschland vor Gericht standen und hoffentlich weiter vor die Schranken treten werden, in der Regel einige hundert Seiten dick. Der Vorstand der Deutschen Bank Jürgen Fitschen und vier weitere ehemalige Top-Manager dieses Instituts müssen sich vor dem Landgericht in München gegenwärtig immerhin mit 627 Seiten auseinandersetzen. Im August 2015 hat die Generalstaatsanwaltschaft in Frankfurt am Main ein Werk mit 865 Seiten vorgelegt.

Darin ist nachzulesen, wie acht Mitarbeiter der Deutschen Bank in den Jahren 2009 und 2010 dubiosen Firmen dabei geholfen haben sollen, den Fiskus um mehrere hundert Millionen Euro zu betrügen. Es geht auch um den bereits erwähnten Handel mit Verschmutzungsrechten. In diesem Zusammenhang sind jetzt Beschäftigte aus dem Mittelbau der Deutschen Bank als mutmaßliche Mittäter bei Umsatzsteuerhinterziehungen in besonders schweren Fällen angeklagt. Nach Auffassung der Staatsanwälte hätten die Angeklagten wissen müssen, dass ihre Geschäfte nur den Zweck hatten, den Fiskus zu hintergehen. Nach jetzigem Erkenntnisstand gibt es für ein Verfahren gegen ehemalige oder amtierende Vorstände noch keinen Anlass.

In diesem Zusammenhang hatte die Deutsche Bank 2014 zwar selbst eine Geldwäschemeldung (006368-14 TS/PTB) abgegeben, aber fünf Jahre zu spät. In der Deutschen Bank liefen zwar für Firmen wie »Vektor Energie« oder »Roter Stern« zwischen Sommer 2009 und Frühjahr riesige Beträge über Konten (380 Millionen Euro für Vektor und 190 Millionen Euro für Roter Stern), davon ging ein erheblicher Teil an andere Firmen aus dem Emissionshandel, in die die Deutsche Bank im Sommer 2009 groß eingestiegen war, auch an solche Firmen, die von der Deutschen Bank selbst als Händler in diesem Geschäft abgelehnt worden waren. Die Deutsche Bank hatte wegen verdächtiger Umstände sogar einen Prüfvorgang eingeleitet (Aktenzeichen 001198) und eine Geldwäscheverdachtsmeldung vorbereitet. Diese wurde aber erst nach zwei Razzien bei der Deutschen Bank im April 2010 und im Dezember 2012 im Jahre 2014 abgegeben. Derzeit ermitteln Staatsanwälte gegen insgesamt 26 aktuelle und ehemalige Mitarbeiter der Deutschen Bank. Den genannten acht Angeklagten droht wegen des hohen Steuerschadens eine Gefängnisstrafe.

Die zuständige Zweite Große Strafkammer des Landgerichts Frankfurt am Main hatte bereits Ende 2011 sechs Geschäftsleute zu Freiheitsstrafen verurteilt, deren Firmen den Fiskus ebenfalls betrogen und die sich dabei in der Regel der Deutschen Bank bedient hatten. In dem Urteil gegen den Haupttäter, der immerhin fast acht Jahre Gefängnis erhielt, gibt es ziemlich peinliche Passagen für die Deutsche Bank, die offensichtlich gar nicht wissen wollte, mit wem man es beim CO_2-Handel zu tun hatte. Die Deutsche Bank beendete ihre Deals erst, als die Generalstaatsanwaltschaft die Razzien veranstaltet hatte und erstattete dem Fiskus später 300 Millionen Euro »unter Protest«. Diese Art Einspruch wurde aber schon in dem Urteil von Ende 2011 als »aussichtslos« bezeichnet.[3]

Die Vorwürfe wirken angesichts eines anderen drohenden Szenarios noch relativ überschaubar. Mitte August 2015 wurde bekannt, dass die Manipulation von Devisenkursen internationalen Großbanken (abermals) teuer zu stehen kommt. Nachdem schon milliardenschwere Geldstrafen verhängt worden waren, haben sich nun neun Institute im Rahmen eines Vergleichs bereit erklärt, Kunden in den USA, die Opfer der Betrügereien geworden sind, mit insgesamt zwei Milliarden Dollar (1,8 Milliarden Euro) zu entschädigen. Dessen ungeachtet drohen weitere zivilrechtliche Schadenersatzforderungen. Das ist aber erst der Anfang, wurden doch nicht nur amerikanische, sondern auch europäische und asiatische Kunden durch den organisierten Devisenbetrug geschädigt. Seit Herbst 2014 haben Aufsichtsbehörden Banken in den USA und in Europa bereits Strafzahlungen in Höhe von 10 Milliarden Dollar auferlegt.

Die Deutsche Bank ist auch in diesem Zusammenhang in das Visier von Rechtsanwälten geraten. Sie musste insoweit zwar noch keine Geldstrafen bezahlen, wird aber von einer auf diesem Gebiet sehr aktiven New Yorker Anwaltsfirma schon als »Beklagte« genannt. Wie an anderer Stelle noch darzulegen ist, gehört die Deutsche Bank zu den führenden Marktteilnehmern im globalen Devisenhandel, der einen Tagesumsatz von 5,3 Billionen Dollar aufweist und das größte Segment der internationalen Finanzmärkte bildet. Der Devisenmarkt wird trotz seiner Größe aber nur von einer Handvoll Großbanken beherrscht und gilt insgesamt als sehr intransparent und manipulationsanfällig.

Dem erwähnten Vergleich haben sich Banken mit »großem Namen« angeschlossen. Sie befürchten vermutlich noch höhere Kosten im Falle von Rechtsstreitigkeiten. Die Deutsche Bank hat sich wie Morgan Stanley, Credit Suisse oder Standard Chartered an dem Vergleich dennoch nicht beteiligt. Sie scheint zu hoffen, bei einem Verfahren günstiger wegzukommen. Die Deutsche Bank muss sich wegen der Devisenaffäre mit mehreren Aufsichtsbehörden auseinandersetzen; ihr Vorstand wirkte bisher gleichwohl relativ gelassen.

Mit größerer Sorge scheint man die Vorwürfe wegen Geldwäsche, derentwegen noch keine Rückstellungen gebildet worden sein sollen oder die Klagen wegen falscher Angaben zu verlustreichen Hypothekenanleihen zu betrachten. Bei letzteren waren ausfallgefährdete amerikanische Immobilienkredite gebündelt worden. Es könnten weitere Milliardenstrafen anfallen. Allerdings ist die Deutsche Bank auch jetzt schon wegen des behaupteten Fehlverhaltens ihrer Händler Ziel von Zivilklagen.[4] Sie ist jedoch bisher wie Goldman Sachs und BNP im Umfeld des Devisenhandels straffrei geblieben. In der Öffentlichkeit wird gleichwohl die Frage gestellt, ob das auf Dauer so bleibt.[5] Auf die Antwort darf man nicht zuletzt wegen weiterer Vorwürfe gespannt sein. Der Deutschen Bank könnten Presseberichten zufolge angeblich bis zu vier Milliarden Euro Strafe drohen, weil sie zudem gegen Sanktionen verstoßen haben soll. Aus Angst vor zusätzlichen Strafdrohungen war der Aktienkurs zu jener Zeit (Mitte August 2015) schon überdurchschnittlich stark gefallen. Er gab um mehr als 2 Prozent nach, während der deutsche Standardwertindex nur ein halbes Prozent niedriger notierte, auf etwas unterhalb von 11 000 Punkten.

In Russland könnte demnächst der teuerste Rechtsstreit in der Geschichte der Deutschen Bank seinen Ausgang nehmen, weil es nicht nur um Geldwäsche geht, ein Vorwurf, der jetzt schon rund ein halbes Dutzend Behörden in vier Staaten beschäftigt. Es wird auch geprüft, ob gegen Sanktionen verstoßen wurde, die Russland wegen des Ukrainekonflikts im Jahre 2014 auferlegt worden waren. Zudem prüfen russische Behörden, ob die Deutsche Bank bei der Kapitalflucht behilflich war. Berücksichtigt man die angeblichen Verstöße gegen US-Embargos gegen den Iran und andere Länder, rücken die zitierten vier Milliarden Dollar an Kosten tatsächlich in Reichweite. Die britische Finanzaufsicht hält jetzt schon eine Strafe in Höhe von mehreren hundert Millionen Euro für möglich.

Eine Hochrisikozone dürften allerdings die USA bleiben. Bei den neuen Vorwürfen handelt es sich gerade nicht um eine »Altlast«; die fraglichen Geschäfte sollen 2011 begonnen haben und sich bis Anfang 2015 fortgesetzt haben. Für manche Beobachter ist das ein Beleg dafür, dass die Erneuerung der Bank durch Anshu Jain und Jürgen Fitschen – der eine mittlerweile »abserviert« und der andere noch ein paar Monate im Amt – gescheitert ist. Das Geblubbere des Vorstands über neue Kontrollstrukturen, das dieser Anfang 2014 absonderte, erwies sich innerhalb kürzester Zeit als das, was es war: Geblubbere.

Schon bei der ersten großen Bewährungsprobe versagte das System. Es konnte anscheinend nicht verhindern, dass Mitarbeiter der Deutschen Bank russischen Kunden halfen, Rubel gegen Aktien zu kaufen und gleichzeitig für diese Kunden in Großbritannien Aktien gegen Dollar zu verkaufen. Mit solchen »Spiegelgeschäften« können Gelder zweifelhafter Herkunft gewaschen und ins Ausland geschafft werden. Geschäftspartner für Hunderte derartiger Aktiendeals waren teilweise eigens dafür gegründete »Zweckgesellschaften«, mit der Folge, dass die Deutsche Bank in Moskau und London womöglich denselben Gegenparteien gegenüberstand.

Die Deutsche Bank war nicht von selbst aufgewacht: Erst nach Hinweisen der russischen Zentralbank kamen interne Ermittlungen in Gang. Von der Deutschen Bank erfuhr man unterdessen, dass sie die zuständigen Aufsichtsbehörden informiert und gegen mehrere Mitarbeiter disziplinarische Maßnahmen ergriffen habe. Vielleicht wird man einmal auf die Idee kommen, dass Stephan Leitner, der als Vorstand nicht nur für Europa zuständig ist, sondern sogar als Aufsichtsratschef der russischen Tochter Deutsche Bank Ltd. amtiert, und Colin Fan, der für das Investmentbanking Verantwortung trägt, sich irgendwie angesprochen fühlen könnten.

Colin Grassie, der bis vor Kurzem für Großbritannien zuständig war, wird das alles kaum mehr brennend interessieren, hat er sich doch inzwischen von der Deutschen Bank verabschiedet. Nun kann der neue Ko-Vorstandsvorsitzende John Cryan, der zusätzlich die Leitung des Rechtsressorts übernommen hat, endlich sein Können unter Beweis stellen. Immerhin hat er inzwischen mehrfach erklärt, dass die Aufarbeitung der »Skandale« höchste Priorität für ihn habe. Schafft er es nicht, die Beziehungen mit Russland in Ordnung zu bringen, darf man annehmen, dass auch dieses Management nicht in der Lage ist, einen Konzern dieser Größe und Komplexität zu führen.[6] Das macht aber nichts – dann geht es eben weiter wie bisher: Es kommt der Nächste, vielleicht auch einmal die Nächste.

Unabhängig von der Klärungsbedürftigkeit der zuletzt erwähnten Vorwürfe ist es angesichts des in der Deutschen Bank erreichten Niveaus professioneller Ethik und des Ausmaßes der dort zutage getretenen kriminellen Energie besonders bedauernswert, dass es in Deutschland immer noch kein echtes Unternehmensstrafrecht gibt. Man kann hier gegen dieses Institut und andere juristische Personen nur nach den Maßgaben des Ordnungswidrigkeitengesetzes (OWiG) vorgehen – eine Rechtslage, die nur dann erträglich wäre, wenn man glaubt, dass ein Mafioso nachhaltig zur Rechtstreue angehalten wurde, weil er pünktlich sein Verwarnungsgeld fürs Falschparken zahlt. Berücksichtigt man dann noch, wie schon erwähnt, dass gegen die Deutsche Bank Vorwürfe wegen Geldwäsche in Milliardenbeträgen insbesondere im Zusammenhang mit russischen Geschäftspartnern erhoben wurden und dass Geldwäsche als das »Herzstück« der OK gilt, dann sind Zweifel am Geisteszustand derjenigen erlaubt, die immer wieder behaupten, dass sie in Deutschland für eine effektive Geldwäschebekämpfung sorgen.

Teilbereiche der Finanzbranche haben der OK in mehrfacher Hinsicht den Rang abgelaufen – ein Umstand, der besonders alarmierend ist, weil Banken Teil der »kritischen Infrastruktur« sind. Es geht bei ihnen nicht wie bei der »normalen« OK um isolierbare Rechtsgutsverletzungen, sondern um die Frage, ob hochqualifizierte Finanzingenieure, asoziale Führungseliten der Geldindustrie und völlig überforderte Politiker einen Selbstzerstörungsmodus aktiviert haben, dem die Zivilgesellschaften ganzer Länder zum Opfer fallen könnten.

Alleine die organisierten Rechtsverstöße bei Zinsfestsetzungen (Libor, Euribor) haben nach Schätzungen Geschäfte im Wert von mindestens 500 Billionen Dollar beeinflusst. Sie waren wie selbstverständlich auch Teil der Geschäftspraxis in der größten Bank Deutschlands, die alleine dafür die (bislang) höchste Strafe auf sich zog. Die Erklärung ihrer Vorstände, es habe sich nur um »Einzeltäter« gehandelt, ist eine bloße Schutzbehauptung, mit der die Errichtung eines Systems organisierter Unverantwortlichkeit bestritten wird. Alleine die Schadensträchtigkeit der Rechtsverletzungen in diesem Bereich dürfte die Gewinne aller Mafia-Organisationen in den meisten Ländern dieser Erde übertreffen. Keine Mafia-Gruppierung könnte im Konkurrenzkampf insoweit mit der Deutschen Bank und anderen vergleichbaren Geldhäusern bestehen.

Das sind alles keine Einzelfälle mehr. Hier ist etwas ins Rutschen gekommen. Mit einer verniedlichenden Sprache (»Einzelfälle«, »Skandale«, lässliche Sünden«) ist nicht mehr zu verdecken, dass in vielen privaten und öffentlichen Banken eine Erosion des Rechtsempfindens stattgefunden hat und so der Boden dafür bereitet wurde, dass sich Mafiosi und Banker zunächst auf Augenhöhe begegnen konnten. Inzwischen dürfte aber jedweder Capo jedweder Mafia bewundernd zur Kaste international vagabundierender Finanzmanager aufblicken.

Die Einsichtsfähigkeit der Führungseliten in Politik und Wirtschaft bleibt dennoch begrenzt. Nach pflichtschuldigen »Mea-culpa-Erklärungen« gehen sie in der Öffentlichkeit zur üblichen Selbstverteidigung über und versuchen, in kleinkrämerischer Weise ihre Positionen in der Regulierungsdebatte zu halten und auszubauen. Das ist nichts anderes als die selbstgerechte und verächtliche Kultivierung mafioser Methoden im Rahmen scheinbar unangefochtener Legalitätsbedingungen. Man mag sich mit einer Gleichsetzung des Bankgeschäfts mit OK zwar schwer tun. Es ist aber nicht mehr zu leugnen, dass sich in Teilen des Finanzwesens eine organisierte Verantwortungslosigkeit verbreitet hat, die sich auf einem von politischen Fehlentscheidungen – zum Beispiel der Deregulierung der Finanzmärkte – bereiteten Boden noch weiter in gemeinwohlschädlicher Weise verbreiten und vergrößern wird.

Finanzexperten haben schon etwas in den Bereich des Möglichen gerückt, was selbst der abgefeimteste Wirtschaftskriminelle nicht für möglich gehalten, geschweige denn angestrebt hätte: den Zusammenbruch der marktwirtschaftlichen Ordnung. Insoweit dürfte die natürliche und soziale Intelligenz eines Gangsters der von vielen Bankern überlegen sein. Jeder Mafioso dürfte sofort verstehen, dass er eine Ordnung nicht zerstören sollte, wenn er weiter Gewinne aus ihr ziehen möchte.

Das moderat kritische Gerede, mit dem manche Politiker, die bei den Wählern grassierende Wut über die »Boni-Banker« aufnehmen, bedeutet nichts. Die Deutsche Bank ist als einziges deutsches Institut auf allen für die Exportindustrie wichtigen globalen Märkten vertreten und gilt insoweit als unverzichtbar. Niemand aus der Politik wird den Preis riskieren wollen, der mit wirkungsvollen Interventionen verbunden wäre. Weder die Justiz noch die parlamentarische Demokratie scheinen über die Mittel zu verfügen, um den marodierenden Cliquen aus Finanzexperten, Rechtsberatern und sogenannten Wirtschaftsprüfern Einhalt zu gebieten.

Trotz evidenten Schadens greifen Begrifflichkeiten wie »Untreue« häufig nicht. Die rechtlichen Anforderungen der Beweisführung sind kaum noch zu erfüllen. Die Bedrohungen der Marktwirtschaft kommen schon lange nicht mehr aus schäbigen Schafställen, in die sich Mafia-Bosse auf der Flucht in Sizilien zurückziehen, oder aus den Hinterzimmern von Pizzerien im Ruhrgebiet: Die Gefahren brauen sich in Banktürmen aus Stahl und Glas zusammen. Dort muss sich viel ändern, wenn nötig und zweckmäßig auch durch Verstaatlichung.

Hilfreich könnte aber auch die weltweite und nachhaltige Beachtung der »Volcker-Regel« sein. Nach dieser ist es »normalen« Banken verboten, spekulative Geschäfte auf eigene Rechnung (»Eigenhandel«) abzuschließen und sich an Hedgefonds oder Private-Equity-Fonds zu beteiligen. Damit könnte sich das Spiel an der Wall Street grundlegend ändern. Der Eigenhandel, der bis zur Finanzkrise eine der wichtigsten Quellen von Gewinn und Risiko der Banken war, muss vollends und nachhaltig verschwinden.

Banken verstehen nur die Sprache des Geldes. Das Eigenkapital dürfte der einzige Hebel sein, um das Risiko für das Finanzsystem nachhaltig zu begrenzen. Es muss also noch viel mehr Eigenkapital und Liquidität vorgehalten werden, um die Gefahr »systemrelevanter« Banken zu verkleinern und ihren Drang nach Größe zu begrenzen. Während in der Industrie eine hohe Eigenkapitalquote als Ausweis hoher Solidität gilt und Banken von ihren Kunden bei Kreditgeschäften ein Fünftel Eigenkapital verlangen, will die Deutsche Bank dem Rest der Welt weismachen, sie müsse mit etwa 97 Prozent Fremdkapital arbeiten, weil sie in einer besonderen Branche angeblich besonders gut sei.

Auch wenn sich dabei das Problem einer strafrechtlich definierbaren Schuld zunächst nicht stellt, ist doch zu fragen, wer unter welchen Voraussetzungen hierfür eine Verantwortung trägt. Handelt es sich um den nicht steuerbaren Selbstvollzug von Systemzwängen, um die Wahllosigkeit von Naturkatastrophen oder eben doch um menschliches Versagen, welches mindestens aus individuell professionellem Ungenügen, aus charakterlichen Mängeln oder aus kollektiver Verblendung heraus entsteht? Was aber wäre, wenn sich Personen und Kollektive als Akteure auf den Finanzmärkten dieser Welt in doloser Absicht verabredet hätten, um in krimineller Weise ihrem Bereicherungsstreben zu frönen und dabei mit gemeinschädlichen Wirkungen ganze Wirtschaftssysteme destabilisieren? Ist dies durch eine internationale abgestimmte Strategie der Risikominimierung zu verhindern? Handelt es sich vor allem um eine ordnungspolitische Aufgabe? Ist das Strafrecht – national und international – präventiv wie repressiv auf derartige Herausforderungen vorbereitet? Verfügen die betroffenen Staaten über ein Sanktionssystem, das Täter beeindrucken kann, die sich in einer Kultur hedonistischer Asozialität mafios verbunden haben? Leben wir in einer Epoche, in der sich OK als Wirtschaftsform etabliert hat und in der die Politik auf Hand- und Spanndienste für hochqualifizierte Verschwörer reduziert ist?

Für absehbare Zeit dürfte das Strafrecht keine wirklich erfolgversprechenden Ansätze bieten. Immerhin hat die internationale Finanzkrise eine Vielzahl regulatorischer Maßnahmen auf europäischer und nationaler Ebene initiiert. Sie sollen die Eindämmung der in der Vergangenheit unterschätzten Ansteckungsgefahr bewirken, die von gefährdeten Banken für andere Banken ausgehen kann, um das gesamte Finanzsystem krisenresistenter zu machen. Gerade die systemrelevanten Banken, zu denen die Deutsche Bank zweifelsohne gehört, leisten zwar einen wesentlichen Beitrag zur Deckung des Kapitalbedarfs auf globaler Ebene, sie können aber im Krisenfall eine besondere Bedrohung für die Finanzmarktstabilität darstellen und letztlich die gesamte Realwirtschaft gefährden. Vorrangig war daher, dass der Gesetzgeber bei der Eigenkapital- und Liquiditätsausstattung und bei Sanierungs- und Abwicklungskonzepten für Banken angesetzt hat. Damit hat sich das Bedürfnis nach einer strafrechtlichen Sanktionierung aber nicht erledigt, zumal ungewiss ist, ob die bisherigen regulatorischen Anstrengungen ausreichend sind.

Es steht die Frage im Raum, ob die neuen Kapitalvorschriften effektiv sein werden, also die individuellen Portfoliorisiken der Banken einerseits und das Systemrisiko andererseits angemessen angesprochen sind. Nach derzeitiger Lage ist unklar, inwieweit die Banken selbst bei Erfüllung der neuen Eigenkapitalanforderungen bei einer neuen Krise immer noch unterkapitalisiert wären. An einer massiven Verstärkung der proaktiven Kontrollen des Risikomanagements führt kein Weg vorbei. Das wäre wohl noch wichtiger, als zusätzliche Eigenkapitalpuffer für den Krisenfall zu schaffen.[7] Immerhin können sich mittlerweile in Deutschland Manager auch dann strafbar machen, wenn sie ihre Pflichten zur Einrichtung eines wirksamen Risikomanagementsystems nicht erfüllen und dadurch den Bestand ihres Unternehmens gefährden. Es bleibt zu hoffen, dass diese Strafandrohung auch »generalpräventiv« wirksam sein wird.

Versager und Verbrecher

Wie hat sich die Welt nach dem Ausbruch der Finanzkrise bis heute entwickelt? Wer trägt hierfür die Verantwortung? Kann irgendjemand eine verantwortliche und nachvollziehbare Angabe darüber machen, wie weit die Welt vom Rand dieses Abgrunds entfernt war beziehungsweise immer noch ist? Wo waren der ökonomische Sachverstand und die politische Voraussicht? Wer hat die Folgen zu tragen, die sich aus der gigantischsten Vernichtung von Vermögenswerten in der neueren Geschichte ergeben? In wessen Interesse war diese jahrelange Bereicherungsorgie? Wer hat sich dabei vielleicht strafbar gemacht? Haben die zuständigen Behörden ihre Aufsichtspflichten erfüllt? Welche Politiker haben mit ihrer Gesetzgebung dafür gesorgt, dass sich die Kapitalmärkte in Tatorte einer besonders gemeingefährlichen Art der Kriminalität verwandeln konnten? Welche professionellen Standards galten in den Finanzinstitutionen, in denen mit »strukturierten und innovativen« Produkten gehandelt wurde, die mit der Realwirtschaft nichts, aber mit der Gier von Anlegern und ihren Helfershelfern alles zu tun hatten? Welche Ethik galt und gilt in einer Gesellschaft, in der auch die Reichen nie genug bekommen können?

Befriedigende Antworten sind auf alle diese Fragen kaum möglich. Hier ist zunächst nur an die wesentlichen Ursachen der gegenwärtigen Weltwirtschaftslage zu erinnern. In der Konsequenz wird man nicht nur über das Versagen des Risikomanagements nachdenken müssen, sondern auch über die zukünftigen ordnungspolitischen Herausforderungen und die Möglichkeiten einer strafrechtlichen Aufarbeitung. Es ist jedenfalls zu viel geschehen, um im Wirtschafts- und Kapitalmarktstrafrecht zur Tagesordnung überzugehen und die anhaltende verheerende Krise auszublenden.

Die internationalen Finanzmärkte standen zwar am Anfang der gegenwärtigen Weltwirtschaftskrise, die maßgeblichen Impulse gingen aber von den Zentralbanken aus. Die Fed nahm dabei eine prominente Rolle ein. Sie war für eine Politik extrem niedriger Zinsen verantwortlich. Ob eine schwache Konjunktur, die Anschläge des 11. September 2001 oder das Platzen der »Dotcom-Blase«: Das Handlungsspektrum der amerikanischen Notenbank schien auf die drastische Senkung der Zentralbankzinsen beschränkt gewesen zu sein. Den Geschäftsbanken wurden dadurch alle Türen zum Paradies geöffnet – die Beschaffung von Fremdkapital wandelte sich zum kostengünstigen Kinderspiel. Bei der Kreditvergabe war die Bonität der Schuldner unwichtig geworden. Gleichzeitig sahen sich die institutionellen Investoren gezwungen, nach höherverzinslichen Anleihen Ausschau zu halten.

Regierungen schienen ihren Part in der Regulierung und der Manipulation gesehen zu haben. Sie gerieten aber schnell in ein Dilemma, weil stärkere Regulierungen regelmäßig zu Wettbewerbsnachteilen führen. Deshalb glaubten Verantwortliche in der Politik, Abkommen im Hinblick auf notwendige Veränderungen im Bereich der Bankenaufsicht »flexibel« nach Maßgabe nationaler Interessen interpretieren beziehungsweise missachten zu müssen. Dazu gehörte in den USA insbesondere die Förderung des Kaufs von Eigenheimen. Es versteht sich dabei fast von selbst, dass aus beschäftigungspolitischen Gründen ein niedriges Zinsniveau politisch gewollt war, zumal damit der Effekt einer Verbilligung der gigantischen Staatsverschuldung in den USA verbunden war.

Aber auch die Geschäftsbanken haben ihren Anteil an der gegenwärtigen Katastrophe. Man muss einräumen, dass ihre Ausgangslage grundsätzlich schwierig war und ist: Sie müssen die zumeist kleineren Beträge ihrer Kunden fast jederzeit verfügbar halten. Gleichzeitig vergeben sie Kredite mit relativ langer Laufzeit.

Diese »Fristentransformation« begründet ein banktypisches (Liquiditäts-)Risiko, das sich bei mangelnden kurzfristigen Refinanzierungsmöglichkeiten realisiert. Ausfälle im Kreditgeschäft können sich zudem zum Insolvenzrisiko verdichten. Risikovorsorge kann sowohl durch Verfügung über liquide Mittel, zum Beispiel über Bargeld oder erstklassige Wertpapiere, als auch über eine hohe Eigenkapitalausstattung erfolgen.

Damit ist aber aus der Sicht der Geschäftsbanken ein weiteres und klassisches Dilemma verbunden: Für Zwecke der Renditesteigerung müssen sie die Kassenbestände möglichst klein halten, das Eigenkapital reduzieren, riskantere Wertpapiere kaufen und höherverzinsliche sowie riskantere Kredite vergeben. Banken müssen daher regelmäßig eine Wahl zwischen Sicherheit und Rendite treffen. Schließlich können Vorsicht und Gier in einen existenzgefährdenden Widerspruch geraten.

Ein Königsweg aus dieser verzwickten Situation schien mit der Verbriefung und Strukturierung von Finanzprodukten eröffnet. Trotz des erheblichen banktechnischen und mathematischen Aufwandes ging es dabei nicht um »Rocket-Science«, vielleicht eher um »Alchemie«[1] – simple Taschenspielertricks, deren Erfolg von Täuschung, Schnelligkeit und Präzision abhing. Verbriefung ist jedenfalls nichts anderes als die Verwandlung nicht handelbarer Kredite in handelbare Wertpapiere – Kredite werden quasi in ein Wertpapier verpackt. Anteile an dem so entstandenen Portfolio verkauften die Banken dann an institutionelle Investoren. Manche sahen darin eine »revolutionäre« Neuerung. In bestimmten Bereichen eröffneten sich sogar besonders lukrative Möglichkeiten, weil aus der Sicht vieler Anlageberater eine ideale Klientel herangewachsen war: dumm, alt und vermögend.

Wie auch immer: Zu früheren Zeiten haben die Institute gewährte Kredite über die gesamte Laufzeit haftend in ihrer Bilanz gehalten. Der sich verbreitende Verkauf dieser »Produkte« hatte mehrere Folgen: Zufuhr neuer liquider Mittel, Erweiterungen der Kreditvergabemöglichkeiten, Anfall attraktiver Gebühren bei den beteiligten Investmentbanken, Kreditlozierung in aufsichtsfreien Instituten, rasche Weitergabe des Kreditrisikos sowie sorglosere Kreditgewährung.

Charakteristisch für die jeweiligen Deals war die Verpackung von erheblich ausfallgefährdeten Krediten in Wertpapiere und entsprechend hohe Zinszahlungsversprechen an die Käufer als Ausgleich. Damit konnten Investoren, denen das Engagement in riskante Papiere verboten war, in den Kreis der Abnehmer einbezogen werden. Letztlich wurden aus einem Portfolio von relativ riskanten Papieren bis zu 97 Prozent Wertpapiere gezaubert, die als sicher oder gar als sehr sicher eingestuft wurden. Das führte zu einer dramatischen Ausweitung der Kreditvergabefähigkeit der Banken und zur Umfirmierung der Käufer solcher verbrieften Kredite zu indirekten Kreditgebern beziehungsweise »Schattenbanken« ohne jegliche Beaufsichtigung.

Damit war der Geist aus der Flasche. Er entfesselte insbesondere in den USA einen kreditfinanzierten Boom: Die Importe wuchsen, die Exporte stagnierten. Die Zentralbanken der asiatischen Lieferländer agierten als Finanziers. Mit den durch Export eingenommen Dollars kaufte man zum Festkurs heimische Währung und legte die entsprechenden Beträge in amerikanischen Staatsanleihen an. Gegen Ende des Booms vergaben die amerikanischen Institute immer freizügiger Immobilienkredite auch an sehr schlechte Schuldner. Das Geschäft schien risikolos, da die Besicherung über die gekauften Häuser erfolgte – und deren Preise stiegen zunächst ständig. Die Banken konnten derweil die faulen Kredite mittels Verbriefung aus ihrer Bilanz entfernen. Die Krise brach sich in dem Moment Bahn, in dem die Immobilienpreise in den USA verfielen – ein gigantisches Schneeballsystem begann zu schmelzen.

Auch in Europa wurden bald die Grenzen der Traumwelt erkennbar. Der Hypothekenkäufer Hypo Real Estate (HRE) gewann als einer der ersten entsprechende Einsichten. Sein Geschäftsmodell war ebenfalls einfach. Es beruhte auf kurzfristigen Einlagen institutioneller Anleger, mit denen langfristig laufende Kreditverbriefungen gekauft wurden. Das funktioniert so lange, wie die Zinsen für langfristige Krediten deutlich höher waren als für kurzfristige Einlagen. Ein sehr großer Kredithebel war hilfreich, um die Eigenkapitalrendite entsprechend hoch zu halten. Bei der HRE kamen auf einen Euro Eigenkapital 50 Euro Fremdkapital. Der Zusammenbruch war zwangsläufig, als die Kunden erkannten, in welches Risiko sie sich begeben hatten und ihre kurzfristigen Einlagen zurückzogen. Andere, auch öffentlich-rechtliche, Institute gaben noch ein risikotechnisches »Sahnehäubchen« obendrauf: Sie betrieben »Zweckgesellschaften«, die langfristig verbriefte und mit kurzfristigen Einlagen finanzierte Kredite kauften. Auf diese Weise umgingen sie die gesetzlichen Vorschriften zur Eigenkapitalunterlegung und Aufsichtsführung.

So potenzierten sich die systemimmanenten Risiken des Finanzsektors. Es bestand kein Überblick mehr über das Engagement der Mitbewerber in »faulen« Krediten. Die Bereitschaft zur wechselseitigen Kreditgewährung oder zum Handel mit Wertpapieren sank gegen null. Nach dem Zusammenbruch von Lehmann Brothers im September 2008 verschwand das Vertrauen in die scheinbar unerschöpfliche Güte des Staats als omnipräsenter Ausfallbürge. Schließlich brach der Markt für Zentralbankgeld zwischen Geschäftsbanken zusammen. Die Kreditklemme war perfekt und das Risiko eines »Bank-Runs« schien unabwendbar. Die Schrumpfung der Eigenkapitaldecke und die Reduktion der Kreditvergabe schlugen schließlich auf die Realwirtschaft durch, die wegen Finanzierungsschwierigkeiten ihre Investitionen zurückstellen musste. Die anhaltende Verweigerung mag man als Selbstschutzmaßnahme der Banken ansehen, die offensichtlich ihre eigene Risikotragfähigkeit überschätzt und so die Finanzkrise ausgelöst hatten.

War das alles ein unabwendbarer naturgesetzlicher Prozess? Hatte Gott Mammon ein unanfechtbares Urteil gesprochen? Sind wir alle schuldlose Opfer eines Finanztsunamis geworden? Oder haben global agierende und marodierende Cliquen von Versagern und Verbrechern uns zu Geiseln ihrer unbegrenzten Gier genommen? Haben wir das alles in Wahrheit nicht doch verdient, weil wir im eigenen Interesse wirtschaftliche Realitäten nicht erkennen wollten?

Gefragt, ob er schon einmal über die eigene Schuld an der Entwicklung nachgedacht habe, welche die Weltwirtschaft an den Rand des Zusammenbruchs geführt hat, gab der damalige Vorstandsvorsitzende der Deutschen Bank Josef Ackermann an, dass es weniger auf das Verhalten des Einzelnen ankomme als darauf, die richtigen Regeln zu haben. Der Deutsche-Bank-Chef war also entweder nicht in der Lage, den Inhalt der ihm gestellten Frage zu erfassen, oder wollte sich einfach nicht mit seiner persönlichen Verantwortung öffentlich auseinandersetzen. Gleichwohl behauptete Ackermann in einem Interview im Oktober 2009, sich über die Ursachen der Finanzkrise und über deren Lehren für die Zukunft Gedanken gemacht zu haben. Immerhin räumte er ein, dass er selbst einiges falsch eingeschätzt hatte. Er sei davon ausgegangen, dass jeder Marktteilnehmer nur so viele Risiken übernehme, wie er selbst verkraften könne, damit das System in sich selbst stabil sei. Er habe nicht gedacht, dass einzelne Banken zum Teil außerhalb der Bilanz Risiken in solchen Größenordnungen ansammelten. Die »kollektive« Erkenntnis sei jedoch nicht tief genug gewesen. Ackermann ließ sich also nur über »Irrtümer« aus, nicht über individuelle Schuld, schon gar nicht die eigene. Es schien, als müsste das havarierte System unbedingt verteidigt werden.

Aus seiner Perspektive sah die Welt so aus: Angesichts der Dimension der globalen Finanzmärkte sei nur bei relativ wenigen Produkten die Substanz nicht gut gewesen. Diese Produkte hätten allerdings viele andere in Mitleidenschaft gezogen, denn es sei schwierig, Blasen vorab zu erkennen. Kein Bankgeschäft sei ohne Risiko. Deshalb sei es gerade in Boomzeiten so wichtig, »Risikodisziplin« beziehungsweise »Risikomoral« zu bewahren. Zwar hätten die Deutsche Bank und Ackermann selbst »Fehler« gemacht, aber man habe schon sehr früh auf systemische Schwierigkeiten hingewiesen und eine dementsprechende Lösung gefordert. Es gebe keinen Grund, kollektiv in Sack und Asche zu gehen, zumal die meisten Bankmitarbeiter, gerade in Deutschland, mit dem Entstehen der Finanzkrise nicht das Geringste zu tun hätten. Natürlich müssten die »Spielregeln« in Teilbereichen geändert werden, um die Wiederholung einer solchen Krise zu vermeiden. Daraus folge aber nicht, dass verbriefte Produkte, Finanzinnovationen oder gar das Investmentbanking insgesamt verschwinden werden. Die Banken müssten künftig mehr Eigenkapital vorhalten und einen Teil der Verbriefungen in der eigenen Bilanz führen. Derivate müssten vermehrt über börsenähnliche Gebilde gehandelt werden, um die gegenseitige Abhängigkeit von Banken untereinander zu reduzieren. Die Banken gehörten zur am stärksten regulierten Branche der Wirtschaft. Nur in wenigen Teilbereichen, vor allem in der US-Immobilienfinanzierung, gebe es zu wenige »Spielregeln«. Appelle an die Moral des Einzelnen oder von Unternehmen seien in einer Wettbewerbsgesellschaft keine Lösung. Falsche Anreizsysteme hätten zwar ihren Anteil an den Ursachen der Krise. Andere Faktoren, wie globale Ungleichgewichte, eine zu lockere Geldpolitik in den USA oder die expansive Kreditvergabe, seien aber wesentlich wichtiger. Man brauche kein grundsätzlich anderes, aber ein besseres Finanzsystem. Als Folge der Krise wolle die Deutsche Bank nicht nur Boni an die längerfristige Wertentwicklung des Unternehmens koppeln, sondern auch ein »Malussystem« einführen. Es bestehe aber kein Grund, vom Gewinnziel – damals 25 Prozent Eigenkapitalrendite vor Steuern – abzurücken.

Diese »Denke« macht einen Diskurs über die Unterscheidbarkeit von Verantwortungsgefühl und Schuldbewusstsein sinnlos.

Sie ist in Wahrheit eine Provokation, welche die Frage aufwirft, ob die Finanzkrise eine Systemkrise oder eine Handlungskrise oder auch eine Krise des gesunden Menschenverstands ist. Von der Antwort hängt auch ab, ob man mit den Mitteln des Strafrechts einzelne Akteure oder gar ein ganzes Unternehmen zur Verantwortung ziehen kann.

Zunächst sei aber daran erinnert, dass die Finanzmarktkrise zur größten »Staatskaution« der Geschichte für notleidende Banken geführt hat. Die Haftung für das wirtschaftliche Versagen vor allem der amerikanischen und britischen Banken wurde auf den Steuerzahler übertragen – was weiterhin drastische Auswirkungen auf das Haftungsverständnis in der Wirtschaft haben wird. Durch die staatliche Unterstützung wurde vermieden, dass fast bankrotte Banken vom Markt verschwinden. Geschäftliches Versagen wird deshalb nicht in seinem vollen Ausmaß und mit allen seinen Konsequenzen sichtbar. Der Staat übernimmt letztlich die Schulden der Banken, und das Management, das die Krise verursacht hat, wird weder gefeuert noch bestraft. Und wenn es doch einmal in vereinzelten Fällen dazu kommt, klagen die Repräsentanten der jeweiligen Versagerclique sogar die ihnen vermeintlich vertraglich zustehenden »Bonuszahlungen« ein.

Die trotz Bankrotts noch im Geschäft befindlichen Banken sehen sich gezwungen, diese Verpflichtungen zu erfüllen, gerade so, als habe kein Bankrott stattgefunden. Eine rückwirkende Steuererhebung auf die Boni, die von den durch den Staat geretteten Firmen gezahlt werden, ist nicht zulässig. Es ist offensichtlich auch nicht möglich, das Management aller Banken auszuwechseln, da es keine »Ersatzmannschaft« gibt, welche die Banken von den Kollegen, die versagt haben, übernehmen könnte. Die Erneuerung der Finanzindustrie muss also unvermeidlich von den Menschen durchgeführt werden, die für ihren Ruin selbst verantwortlich sind. Darin liegt das größte Systemrisiko. Eine besondere Ironie der Geschichte liegt auch darin, dass die Versager, die sich im privaten Bankengewerbe in gemeinschädlicher Weise betätigt haben, nun auch noch in einem halbverstaatlichten Finanzsystem wirken können, obschon sie zuvor im alten System einen großen Staats- und Regulierungseinfluss meist abgelehnt hatten.

Gewissensnöte müssen daraus nicht zwangsläufig entstehen. Puristische Ökonomen waren immer der Auffassung, dass die Finanzmarktkrise eine Systemkrise sei und Folge von Fehlern des Systems der Finanzwirtschaft. Diese Sichtweise bietet Vorteile: Sie führt dazu, dass an der Krise eigentlich niemand wirklich schuld ist, außer vielleicht die Politiker, die die Stellschrauben des Systems nicht richtig gestellt haben. Aber selbst die Politiker sind letztlich nicht schuld, weil sie ja keine Experten des Systems sind und es gar nicht hätten besser machen können. Eine derartige »Entschuldigung« ist vielleicht sogar nicht völlig falsch, wenn man sich vorstellt, dass das System wohl gar keine Stellschrauben besitzt, an denen man herumdrehen kann, und weil es keine Gebrauchsanweisung gibt, an die sich die Politiker halten könnten.

Wie auch immer: Die Vertreter der Finanzwirtschaft und die Politiker schieben sich die Schuld wechselseitig zu. Vereinzelt wird zu Recht betont, dass der Systemgedanke scharf kritisiert werden muss, wenn er für solche Zuweisungen von Nichtverantwortlichkeit verwendet wird. In jedem System tragen die in ihm Handelnden, vor allem die mit Macht ausgestatten Personen, Verantwortung für das System als Ganzes und dessen Entwicklung. Wenn sich nun das System zum Schlechteren entwickelt, sind primär die in ihm mit Entscheidungsmacht ausgestatten Handelnden für diese Verschlechterung verantwortlich. Es scheint immerhin Konsens darüber zu bestehen, dass das Ethos und die Handlungsorientierungen sich vor der Finanzkrise nicht verbessert, sondern in Richtung eines hemmungslosen Egoismus und Bereicherungsstrebens der Akteure verändert hatten.

Von solchen Überlegungen dürften diejenigen unbeeindruckt bleiben, die die Motivationsstruktur der Finanzindustrie vor und in der Krise mit dem Hinweis verteidigen, dass der Kapitalismus eben »darwinistisch« sei. Man könne den Bankern so wenig für die Finanzmarktkrise einen moralischen Vorwurf machen, wie man dem Löwen vorwerfen könne, Zebras zu verspeisen. Wenn man aber sagt, dass die Banker an der Entwicklung »Schuld« trügen, wenn Banker ebenso wie Löwen von ihrer »Natur« her, ihre Boni ohne Rücksicht auf die Bestandsfähigkeit ihrer Ergebnisse maximierten und wenn sie ihre Bankhäuser in den Bankrott und das Finanzsystem in schwerste Erschütterungen führten, dann ist es nicht nur legitim, sondern vital notwendig, darüber nachzudenken, was mit ihrer »Natur« nicht stimmt. Offensichtlich ist dann das Anreiz-Beitragssystem der Finanzindustrie nicht haltbar und muss eben seiner »Natur« nach geändert werden.

Es ist mehr als widersprüchlich, wenn man zwar in der Finanzbranche den Verursacher der Krise erkennt, aber an ihrer grundsätzlichen Verfassung und Motivationsstruktur festhalten will. Wird der Gedanke des Systemfehlers ausgeblendet, ist die Suche nach dem Schuldigen nicht sinnvoll, weil das Fehlverhalten faktisch und normativ alternativlos ist. Der die Deutungen der Wirtschaft prägende Systemgedanke gibt der persönlichen ethischen Verantwortung keinen Raum: Er verneint ihre Relevanz, wenn nicht ihre Existenz.

Erörterungsbedürftig ist gleichwohl, ob die Systemperspektive solitär ist. Das zeigen mindestens zwei Gedanken: Zum einen sind nicht alle Banken den Anreizen gefolgt, die für das System charakteristisch sind und von manchen als »pervers« empfunden werden. Zum anderen muss man fragen, warum es historisch zu einer solch enormen Freisetzung des Bereicherungsmotivs gekommen ist, wie sie vorher im System einer kapitalistischen Finanzwirtschaft nicht üblich war. Eine zwingende Antwort auf beide Fragen könnte in dem Hinweis liegen, dass die Idee einer puristischen oder »reinen« Ökonomie ein neues, bisher unbekanntes Leitbild der Finanzwirtschaft geschaffen hat, das im radikalen Gegensatz zu einer ethisch konditionierten und moderierten Ökonomie steht, welche die Wirtschaftenden im System stets an entsprechende Orientierungen im Sinn eines umfassend »guten« Handelns für die Zwecke der Wirtschaft gebunden sieht.

Der »Deregulierungsurknall« der Finanzindustrie hat den Markt jedenfalls einer egoistischen Degeneration ausgesetzt: Auf einmal galt das Postulat, wenn nicht die Garantie, unbeschränkten Eigennutzes. Das alte System der noch durch die Aufklärung moderierten Selbstsucht wurde fast transzendiert – ein Prozess, der mit der Geburt und der gesellschaftlichen Anerkennung des Typus des nur sein eigenes Interesse und das des Aktionärs verfolgenden Finanzmanagers endete. Damit trat eine Gestalt auf die Bühne der Wirtschaft, welche alle Kulissen erzittern ließ. Seither werden vorwiegend Stücke geboten, in denen »Ultra-Selbstsucht« Thema ist. Es geht um eine Kaste von Finanzjongleuren, die an keinerlei Kriterien des Wohls der Firma oder des Kunden gebunden sind, deren Treuhänderpflicht keinen normativen Gehalt mehr hat und die nur noch höchst eigenen Vorteilsüberlegungen folgt. Sie ist das zwangsläufige Produkt der Finanzmarktreformen, die darauf abzielten, ein neues Finanzsystem ohne ethische und Gemeinwohlorientierung zu schaffen, in welchem allein das allgemeine Gleichgewicht des Egoismus der Akteure in einem vollkommenen Markt zum Optimum führen sollte. Faktisch kam es zu einer völligen Entleerung wirtschaftsethischer Orientierungen.

Diese Entwicklung war aber durch das System der Marktwirtschaft in keiner Weise zwingend vorgegeben. Es wurden auch nicht alle Akteure davon ergriffen. Natürlich hat die Finanzmarktkrise auch Gründe, die außerhalb der Beeinflussungsmacht und ethischen Verantwortung der Finanzakteure liegen, und nicht alle Entwicklungen sind Folgen absichtsvollen Handelns. Zu einer der dramatischsten systemimmanenten Ursachen dürfte der plötzliche Verfall des Preises von Vermögenswerten wie Aktien und Immobilien gehören. Er war eine Folge der Erwartung, dass die Cashflows sinken würden. Der Preisverfall führte zu erhöhtem Liquiditätsbedarf der Schuldner und der Banken, den diese aber nicht decken konnten. Aber auch wenn man diese Ursache anerkennt, bleibt die Frage, warum die Banken durch Kreditgewährung erst eine Blasenbildung bei den Vermögenswerten, vor allem auf dem Häusermarkt, unterstützten, warum sie das »Credit-Enhancement« durch eine undurchschaubare Verbriefung vorantrieben und ein Übermaß an Finanzwetten in Derivaten, die keinerlei Wertschöpfung mit sich brachten, durch eine Zockerkultur zwischen Banken anheizten.

Die Erinnerung an die mögliche Vielfalt der Gründe einer Finanzkrise mag eine vorschnelle Moralisierung oder gar Kriminalisierung erschweren. Aber darüber darf man nicht vergessen, dass es eben nicht um »Moralisierung« geht, sondern um die persönliche Verantwortung der Akteure. Die vermeintlichen Systemimperative in der Wirtschaft unterliegen einem ungebundenen Verhaltensdispositiv und nicht irgendwelchen physikalischen Zwängen.

Die wirklichen Herausforderungen liegen woanders. Geht man davon aus, dass Fehlverhalten zur professionellen Maxime geworden ist, ist die strafrechtliche Verfolgung der Bankrotteure des Finanzwesens äußerst schwierig. Die mangelnde normative Steuerung des Managerhandelns wurde nach Maßgabe des wirtschaftlichen Erfolgs über Jahre gesellschaftlich doch anerkannt und gefordert. Die Vereinbarkeit von geschäftlicher Tüchtigkeit und gesetzesgebundener Loyalität galt fast schon als kategorisch ausgeschlossen. Rechtsgehorsam erschien als disqualifizierende Naivität, welche die Überlebenschancen auf dem Gefechtsfeld internationaler Finanzaktivitäten drastisch reduzierte.

Gleichwohl wirkt die Allgemeinheit eines Fehlverhaltens ethisch nicht entschuldigend. Ist aber falsches Verhalten allgemein geworden, ist es kaum möglich, die Akteure wegen einer kriminellen Handlung für schuldig zu erklären – weil man eben nicht alle Bürger eines abweichenden Verhaltens beschuldigen kann, wenn alle demselben Verhaltensmuster folgen. Tatsächlich ist abweichendes Verhalten die Voraussetzung der Kriminalisierung. »Normales« Verhalten dürfte allenfalls in Extremsituationen »kriminell« genannt werden können.

Solche Ansätze mögen zwar rechtlich relevant sein, die ethischen Implikationen bleiben aber unberührt. Deshalb ist daran zu erinnern, dass fast die gesamte Finanzindustrie ein Verhalten an den Tag gelegt hat, das nicht mehr wirtschaftlichen Zwecken diente, sondern der ungenierten und ungebremsten Bereicherung von Einzelpersonen und Gruppen, die den Markt in einen gigantischen Selbstbedienungsladen verwandelt haben. Es wäre nur recht und billig, wenn die Verantwortlichen der Finanzbranche, die das Debakel nicht verhindert haben, für den volkswirtschaftlichen Schaden aufkommen müssten. Dazu sollten die Rückzahlung der staatlichen Unterstützung und die Verzinsung der beanspruchten Kredite und Bürgschaften gehören.

Insgesamt ist das Finanzsystem nur erhaltenswert, wenn die für die Krise mitursächlichen Elemente verändert werden. Dazu gehören die Ausbildung der Hyperspekulation, das Vordringen der Derivatewetten, die Überziehung des Bonusgedankens und die Umkehrung des Shareholder-Value-Prinzips vom Kontroll- zum Höchstzweckprinzip des Unternehmens. Sie haben zusammen mit der Vernachlässigung der Treuhänderpflichten zu einem Hyperkapitalismus geführt. Das heißt aber nicht, dass es sich um notwendige Züge des Kapitalismus als solchen handelt. Dieser funktioniert auch mit jenem Maß an Spekulation, das für liquide Finanzmärkte nötig ist, und mit jenen zweckdienlichen Derivatewetten, die für das Hedging gebraucht werden. Er funktioniert übrigens auch mit normalen Arbeitsverträgen statt mit korrumpierenden Bonussystemen und ohne exzessive Shareholder-Neurosen. Der Hyperkapitalismus war schon vor dem Ausbruch der anhaltenden Krise zu einem »Hochstapler-Kapitalismus« entartet. Bereits seit den 1990er Jahren hatte sich eine entsprechende Ökonomie etabliert. Darin waren Banker die schlimmsten Hochstapler.

Die diversen Nachfolger von Josef Ackermann dürften unterdessen amerikanischen Staatsanwälten etwas mehr Aufmerksamkeit gewidmet haben, die sich seit etlichen Jahren auch mit der Rolle der Deutschen Bank im Zusammenhang mit einem der größten bekannt gewordenen Steuerbetrugsfälle in der Geschichte der USA beschäftigen. Alles begann vor mehr als zehn Jahren in den goldenen Zeiten des Internetfiebers und des weltweiten Konjunkturbooms. Auf den Finanzmärkten kauften sich die Großkonzerne gegenseitig auf. 1999 erwarb die Deutsche Bank die amerikanische Investmentbank Bankers Trust für 15 Milliarden D-Mark. Zur gleichen Zeit hatte sich der amerikanische Rechtsanwalt Paul Daugerdas entschlossen, wohlhabenden Privatkunden Steuersparstrategien anzubieten. Seine Kunden rekrutierte er unter anderem über seine Kontakte zu internationalen Wirtschaftsprüfern wie etwa Ernst & Young – übrigens die gleiche Firma, die jetzt fleißig das Geschäftsgebaren der Deutschen Bank untersucht und deren Ergebnisse möglicherweise Grundlage für aufsichtsrechtliche Maßnahmen der deutschen Bankaufsicht werden könnten.

Für die Umsetzung seiner Idee benötigte Daugerdas jedoch auch noch eine Bank mit tadellosem Ruf, genügendem Kapital und internationaler Reichweite. Mitarbeiter der Deutschen Bank boten sich an, wie in der Anklageschrift ausgeführt wurde. Er kassierte in wenigen Jahren mehrstellige Millionenbeträge. Das Prinzip war einfach: Gegen saftige Gebühren und Provisionen zauberte dieser Rechtsanwalt zusammen mit Kollegen in der Finanzindustrie einen Anlageverlust herbei – der zwar die Steuerlast drückte, aber in Wirklichkeit kein wirtschaftlicher Verlust war.

Besonders erfolgreich war ein Modell namens SOS (»Short Options Strategy«): Damit erwarb der Kunde eine Währungsoption, also eine Wette auf das Geschehen an den Währungsmärkten, und sie bescherte ihm einen Verlust, der in seiner Steuererklärung auftauchte. Der Kunde kaufte aber noch eine zweite

Währungsoption, die den tatsächlichen finanziellen Verlust auf einen Bruchteil des Spekulationsverlusts beschränkte. Von diesem zweiten Geschäft erfuhren die Steuerbehörden angeblich nichts. Solche und ähnliche »Produkte« wurde an mehr als neunhundert Kunden verkauft, die dem Fiskus ungerechtfertigte Steuerverluste von mehr als sieben Milliarden US-Dollar angegeben hatten. Die Drahtzieher dieses Unternehmens haben dabei über 180 Millionen Dollar kassiert. Es soll sich um kriminelle Beihilfe zum Steuerbetrug gehandelt haben.

Durch den Prozess gerieten nicht nur einzelne Beteiligte, sondern auch die Deutsche Bank selbst in das Visier der Strafverfolger. Sie stand in den USA damit aber nicht zum ersten Mal am Pranger. In den vergangenen Jahren war sie auch schon mit »Blips« aufgefallen. Dabei ging es ebenfalls um Finanzkonstruktionen mit dem Ziel der Steuerersparnis. Sie wurden in den 1990er Jahren über Beratungsunternehmen wie KPMG an Unternehmen und Privatpersonen verkauft. Die amerikanische Finanzverwaltung hatte solche Produkte im Jahr 2000 für unzulässig erklärt und erhebliche Steuerbeträge nachgefordert. Für die Deutsche Bank und den von ihr einverleibten Bankers Trust war damit viel Ärger verbunden.

Ein Untersuchungsausschuss des US-Senats kam im Jahre 2005 zu dem Ergebnis, dass die Deutsche Bank und weitere Finanzinstitute Milliardenbeträge für entscheidende Transaktionen zur Verfügung gestellt hatten, von denen sie wussten, dass sie aus Steuergründen veranlasst wurden und sie so im Ergebnis missbräuchliche oder illegale Steuersparmodelle ermöglichten. Dies sei mit der Genehmigung des damaligen Chefs der Deutschen Bank in Amerika (John Ross) erfolgt. Die Deutsche Bank soll gemeinsam mit KPMG an 56 Blips gearbeitet haben. Bei diesen Instrumenten war es nötig, riesige Kreditsummen zu gewähren. Bei der Deutschen Bank sollen 7,8 Milliarden Dollar in Bewegung gesetzt worden sein. Am Ende habe sie selbst 44 Millionen Dollar und für ein ähnliches Produkt (»Opis«) weitere 35 Millionen Dollar kassiert. Um eine Anklage abzuwenden, hatte KPMG sich zu einer Zahlung von 456 Millionen Dollar bereit erklärt. Die Deutsche Bank wurde von vielen Privatanlegern angegriffen. Im Februar 2007 einigte sie sich auf einen Schlag mit 340 Investoren auf einen Vergleich, ohne Angabe genauer Zahlen.

Einige Zeit später ging es um zwei ehemalige Mitarbeiter der Deutschen Bank, die in Dallas und Chicago arbeiteten – aber nicht nur diese beiden waren an Steuersparmodellen in der Deutschen Bank beteiligt. Die Staatsanwälte gingen davon aus, dass die Devisenhändler der Bank aufgefordert wurden, die Wertpapiere so zu konstruieren, dass die Wahrscheinlichkeit eines (höchst unpassenden) Gewinns so gering war wie ein Volltreffer beim Lotto. Und selbst den hätte die Bank der Staatsanwaltschaft zufolge noch verhindert. Sie warf den Bankern also nicht nur vor, die Finanztransaktion geplant und ausgeführt zu haben, sondern auch zur Manipulation bereit gewesen zu sein. Es lagen Beweise vor, aus denen sich ergab, dass einer der beschuldigten Deutsche-Bank-Berater zu Währungs- statt Aktienoptionen geraten hatte, weil die Devisenmärkte deutlich weniger reguliert waren und es einfacher war, den Markt von Treffern wegzubewegen.

Doch zurück zu den Usancen auf einem anderen Tatort: Ein treibendes Motiv für die fortwährend neuen Verbriefungsstufen im Rahmen des Kreditverkehrs waren die Honorare, die bei den Banken anfielen, welche die Erstkredite vergaben und dann die Strukturierung vornahmen. Die »heißen Kartoffeln« wurden schnell weitergereicht, weil jeder ahnte (wusste), dass sie nicht nur heiß, sondern auch giftig waren. Es versteht sich von selbst, dass bei dem Handel mit diesen Früchten, die in Wahrheit toxischer Abfall waren, immer wieder Bearbeitungsgebühren anfielen, die aus den Erlösen bedient werden mussten.

Schon bei der Erstverbriefung waren in den USA erhebliche Honorare und Provisionen für Bonitätsprüfungen, Kreditvermittlung, Beratung et cetera fällig, deren Höhe nach dem Empfinden von angeblich »entsetzten« deutschen Bankern im Wucherbereich gelegen haben soll. Diese »Honorare« schlug man übrigens dem Kreditvolumen zu, mit dem dann die Verbriefungskaskade eröffnet wurde. Im Falle der Vollfinanzierung eines Hauses bedeutete das, dass der Käufer eines Papiers ohnehin keinen Anspruch in Höhe des nominalen und aufgedruckten Geldbetrags erhielt, sondern nur einen Anspruch gegen einen viel kleineren tatsächlichen Hauswert. Diese »Verzerrung« war angeblich selbst den meisten Bankern unbekannt und hat maßgeblich zur Verwirrung bei den Käufern von Papieren beigetragen.

Das Problem wurde durch die Praxis der »Cash-back-Kredite« sogar noch verschärft. Dabei durften die Hauskäufer einen Teil des angeblich nur für die Hausfinanzierung verwendeten Kreditvolumens für Konsumzwecke abzweigen. Spätestens jetzt handelte es sich um »offenen« Betrug, denn es war üblich, in die Kreditverträge Wertansätze für die Häuser hineinzuschreiben, die über den tatsächlichen Marktwerten lagen. Die Hauskäufer hatten an diesem Betrug ein steuerliches Interesse: Zum einen konnten sie sich auf dem Weg über einen Hypothekenkredit einen Konsumentenkredit verschaffen, dessen Zinsbelastung sie im Gegensatz zur Zinsbelastung bei normalen Konsumentenkrediten von der Bemessungsgrundlage ihrer Einkommensteuerschuld absetzen konnten. Zum anderen waren die Hauskäufer auf diese Weise in der Lage, ihre Wertzuwachssteuerschuld zu mindern.

In den USA sind die realisierten Wertzuwächse auf Immobilien der Einkommensteuer unterworfen, sofern sie nicht für den Kauf eines neuen Hauses verwendet werden. Diese Steuerschuld lässt sich verkleinern, wenn es gelingt, den Kaufpreis eines Hauses höher auszuweisen, als er tatsächlich ist. Zwar wirkt dieser Anreiz möglicherweise einer höheren Steuerschuld des Verkäufers entgegen, doch bieten sich ihm wiederum weitere Möglichkeiten der Entlastung, etwa die Ausnutzung der erheblichen Freibeträge, die es in den USA gibt.

Es ist höchst fraglich, ob man dieses systematisierte Vorgehen angemessen mit dem Ausdruck »Tricksereien« bezeichnen kann.

Die Folgen sind jedenfalls zersetzend. Vielleicht war diese »Wertkultur« aber auch schon vorher Ergebnis einer flächendeckend wirksamen kriminellen Tradition der Selbstbegünstigung zum Schaden der Allgemeinheit. Die Konsequenz dieser verbreiteten Art von Falschmünzerei war, dass die in den Büchern stehenden Immobilienkredite um 50 bis 60 Prozent über den Beträgen lagen, die wirklich für die Hausfinanzierung verwendet wurden. Das bedeutet, dass die Immobilienwerte, mit denen die Kredite gedeckt waren, um bis zu einem Drittel unter dem Kreditvolumen lagen. Damit waren die CDO-Papiere bereits in der ersten Verbriefungsstufe Luftnummern. Die Käufer der Papiere wurden an der Nase herumgeführt – sie wurden betrogen. Sie bezahlten gutes Geld für Ansprüche, die gar nicht durch reale Werte gedeckt waren und derer sich die Kreditnehmer ob des Rechtsinstituts der regressfreien Hypothekenkredite jederzeit entledigen konnten.

Die »Irreführung« (vulgo Täuschung) der Kunden und der Öffentlichkeit pflanzte sich bis in die offiziellen Statistiken fort. So wurden die offiziellen Hauspreisindizes der USA auf der Basis von Wertansätzen erstellt, wie sie von den Hypothekenbanken an die Statistikämter übermittelt wurden – nämlich jeweils inklusive der Gebühren und der versteckten Cash-back-Komponenten. In dem Maße wie die »Trickserеien«, also systematisierte und organisierte Betrugshandlungen, zunahmen und sich die Hypotheken von den realen Immobilienpreisen entfernten, wurde in den Statistiken ein Preisanstieg ausgewiesen, der ebenfalls keine reale Grundlage hatte und den Käufern der Häuser eine Wertsteigerungsrendite vorgaukelte, die gar nicht vorhanden war.

Schon dieser höchst begrenzte Blick auf die Mentalität führender Vertreter der Finanzwirtschaft und ihre Geschäftspraktiken zeigt, dass die »Finanzkrise« keine Krise ist, sondern das unvermeidliche und vorhersehbare Ergebnis einer systematischen Fehlentwicklung, an deren Beginn persönliches Versagen, professionelle Inkompetenz, politische Nachlässigkeit und kriminelle Energie standen. Es ist nicht zu übersehen, dass sich Teile der Wirtschaft von kulturellen und gesellschaftlichen Bedingungen abgekoppelt haben und eigenen asozialen, also gemeinschädlichen Gesetzmäßigkeiten folgen.

Die Finanzbranche hat die Voraussetzungen ihres Erfolgs mit angeblich innovativen Produkten auf Kosten der Allgemeinheit selbst gestaltet. Die Möglichkeiten der Sozialisierung eigener Verluste haben zu einer Unkultur der Verantwortungslosigkeit geführt, in der das Verhältnis zwischen eingegangenen Risiken, notwendiger Haftung und verfügbarer Kapitaldeckung aus dem Lot geraten ist. Unzweifelhaft haben exzessive Renditeerwartungen und die Verabsolutierung des Shareholder-Value-Gedankens zu einem Realitätsverlust geführt, der langfristige unternehmerische Orientierung unmöglich gemacht hat. Die soziale Sprengkraft anthropologischer Konstanten wie Egoismus, Gier und Verantwortungslosigkeit ist evident. In ihrer kalkulierten Form haben sie zur Abdankung des Unternehmertyps geführt, der noch verstanden hat, dass Wirtschaft nicht nur im Takt rücksichtslosen Vorteilsstrebens funktioniert, sondern in existenzieller Weise von der Integration in ein ethisches Rahmenwerk abhängt. Freiwillige Selbstverpflichtungen bieten keine Gewähr gegen das fahrlässige und vorsätzliche Verhalten von Wirtschaftsführern, deren Charakter und fachliches Unvermögen eine Tradition der gesellschaftsfeindlichen Risikoübernahme begründet haben.

Unübersehbar ist auch der Bankrott der politischen Führung, die den unhaltbaren Versprechungen der Finanzindustrie aufgesessen ist und ihre Verpflichtung zur Mehrung des Nutzens ihres Volks und zur Abwendung von Schaden nicht erfüllt hat. Vertrauen in Wirtschaftssubjekte, die das Leitbild des ehrbaren Kaufmannes aufgegeben haben und der Logik der Mafia folgen, spricht für einen pathologischen Orientierungsmangel.

Gesetz und Gebot

In § 129 des deutschen Strafgesetzbuchs (StGB) heißt es:

> »Wer eine Vereinigung gründet, deren Zweck oder deren Tätigkeit darauf gerichtet sind, Straftaten zu begehen, oder wer sich an einer solchen Vereinigung als Mitglied beteiligt, für sie um Mitglieder oder Unterstützer wirbt oder sie unterstützt, wird mit Freiheitsstrafe bis zu fünf Jahren oder mit Geldstrafe bestraft.«

Und weiter: Auch der Versuch zur Gründung einer solchen Vereinigung ist strafbar. Mit dieser Strafvorschrift sollen nicht nur die in anderen einzelnen Straftatbeständen genannten Rechtsgüter, sondern auch allgemein die öffentliche Sicherheit und die staatliche Ordnung geschützt werden.

Der Organisationszusammenhang gilt im Hinblick auf die geschützten Rechtsgüter als besonders gefahrenerhöhend und wird deshalb unter Strafe gestellt. Die gegenüber einer Bande erhöhte Gefährlichkeit einer kriminellen Vereinigung betrifft zwar vor allem die in den einzelnen Tatbeständen des StGB geschützten Rechtsgüter. Im Hinblick auf die Vorverlagerung in den Bereich abstrakter Gefährdung steht aber der Schutz der öffentlichen Sicherheit im Vordergrund. Täter in festgefügten Strukturen können natürlich mehr und gefährlichere Straftaten begehen als Einzeltäter oder lockere Zusammenschlüsse von Beteiligten.

Lange Zeit war die Anwendung des § 129 StGB in Deutschland einseitig auf die Verfolgung politisch motivierter krimineller Vereinigungen konzentriert. Unterdessen fristete die Vorschrift im

Bereich der allgemeinen, das heißt durch Erwerbsinteresse motivierten OK eher ein Schattendasein als Anknüpfungstatbestand für strafprozessuale Maßnahmen.

Ermittlungsverfahren nach § 129 StGB sind nach wie vor selten, Anklagen und Verurteilungen eher die Ausnahme. In der Tat sollte die Abkehr der Rechtsprechung von der Fiktion eines zwischen dem Mittäterplan und dem Vereinigungswillen liegenden »gefestigten Bandenwillens« Anlass geben, die Auslegung dieser Vorschrift weniger am Bild von Vereinssatzungen oder Parteibeschlüssen als an dem wirklichkeitsnäheren Bild hierarchisch strukturierter Verbrecherorganisationen zu orientieren.

Wie die höchstrichterliche Rechtsprechung etwa zur russischen Mafia (»Diebe im Gesetz«) zeigt, können Vereinigungen, die unter § 129 StGB fallen, in einer kaum überschaubaren Vielzahl von Organisationsformen auftreten. Es werden auch Organisationen mit wirtschaftlichen, politischen, religiösen oder ideologischen Zielsetzungen erfasst, also Strukturen der OK genauso wie die des Terrorismus. Unter »Vereinigung« ist ein auf Dauer angelegter freiwilliger organisatorischer Zusammenschluss von mindestens drei Personen zu verstehen, die bei Unterordnung unter den Willen der Gesamtheit gemeinsame Zwecke verfolgen und sich als einheitlicher Verband fühlen. In dieser Ausrichtung liegt der Unterschied zur bloßen Mittäterschaft, aber auch zur Bande.

Eine Vereinigung setzt also eine über einen Bandenzusammenhang hinausgehende feste Organisation voraus. Der Zusammenschluss muss auf einige Dauer angelegt sein und darf sich nicht in der Vereinbarung eines einmaligen Zwecks erschöpfen. Der Wille mehrerer Personen, gemeinsam Straftaten zu begehen, verbindet diese nicht zu einer Vereinigung, solange der Wille des Einzelnen maßgeblich bleibt und die Unterordnung unter einen Gruppenwillen unterbleibt. Zu den wesentlichen Voraussetzungen zählen also eine in der Regel arbeitsteilige Koordination und grundsätzlich die Existenz verbindlicher Regeln zur Willensbildung. Deren Anerkennung ist Voraussetzung für die Mitgliedschaft. Es kommt also auf einen »Gesamtwillen« der Organisation an. Dabei ist der Charakter der Regeln (»Demokratie-Prinzip« oder »Kommandostruktur«) unerheblich. Die bloße Durchsetzung eines »Anführerwillens« genügt jedoch nicht.

Wenn die Mitglieder einer Organisation nicht nur kurzfristig zusammenarbeiten, um ein gemeinsames, über die Begehung der konkreten Straftaten hinausgehendes Ziel zu erreichen, und hierbei koordiniert zusammenwirken, belegt dies regelmäßig für sich bereits, dass der notwendige Gemeinschaftswille besteht. Dann ist das Bestehen verbindlicher Regeln zur Willensbildung auch nicht mehr erforderlich. Die Anforderungen an die Feststellungen des Willenselements sind gemindert, wenn die Mitglieder der Organisation eine der Begehung von Straftaten übergeordnete Zielsetzung verfolgen. Das ist bei politisch oder religiös motivierter Kriminalität der Fall.

Vom Tatbestand des § 129 StGB sind damit hierarchisch strukturierte Organisationen, die keine »Gruppenidentität« aufgebaut haben, ausgenommen. Das führt zu einer erheblichen Einschränkung der Anwendbarkeit der Vorschrift. Sie erfasst viele Strukturen der OK nicht, weil eher eine Orientierung an politischen »Geheimbünden« gegeben ist. Die Übergänge sind fließend. Eine Bandenstruktur kann sich in eine Vereinigung im Sinne von § 129 StGB wandeln. Dasselbe gilt umgekehrt bei Zweckänderungen. Krimielle Vereinigungen können sogar innerhalb einer größeren Organisation bestehen, die als solche § 129 StGB nicht unterfällt, zum Beispiel die Führungsebene der PKK. Dementsprechend können Mitglieder einer kriminellen Vereinigung innerhalb derselben eine Vereinigung nach § 129 a StGB (terroristische Vereinigung) bilden. Eine Vereinigung kann zugleich eine Gruppe nach § 127 StGB (bewaffnete Gruppen) sein. Eine eigene Willensbildung ist für das Bestehen einer inländischen Vereinigung nach § 129 und § 129 a StGB auch dann erforderlich, wenn sich im Inland organisatorische Strukturen zur Unterstützung einer im Ausland bestehenden Organisation gebildet haben.

Kennzeichen einer kriminellen Vereinigung ist vor allem ihr Ziel, Straftaten zu begehen. Es reicht nicht aus, dass sich eine Vereinigung die Begehung von Straftaten unter bestimmten Umständen vorbehält. Eine konkrete Planung ist hingegen nicht erforderlich. Die Taten müssen dem Zusammenschluss nachfolgen und dürfen sich nicht in dessen Aufrechterhaltung erschöpfen. Der Tatbestand des § 129 StGB ist indessen auf solche Vereinigungen zu begrenzen, die eine erhebliche Gefahr für die öffentliche Sicherheit darstellen. Daraus lässt sich aber keine Beschränkung auf besonders schwerwiegende Straftaten ableiten. Nach den in der Rechtsprechung herrschenden Maßstäben ist beispielsweise die Entschlossenheit von Hausbesetzern, sich durch Verbarrikadieren im Besitz des Hauses zu halten, genauso wenig ausreichend wie die Planung von Wirtschaftsstraftaten durch die Führung eines Unternehmens.

Ziel einer kriminellen Vereinigung muss also grundsätzlich die Begehung *eigener* Straftaten sein. In der Rechtsprechung ist umstritten, ob die Unterstützung oder Förderung *fremder* Straftaten ein für § 129 StGB hinreichender Zweck sein kann. Jedenfalls müssen der Zweck der Vereinigung oder ihre Tätigkeit darauf gerichtet sein, Straftaten zu begehen. Der Begriff der »Tätigkeit« umfasst neben der Straftatbegehung auch legale, zum Beispiel zur Tarnung durchgeführte Aktivitäten.

»Zweck« der Vereinigung kann nicht die Strafbarkeit der Mitglieder sein. Gemeint ist damit die Begehung von Handlungen oder die Erzielung von Erfolgen, die als Straftaten verboten sind. Dieser Zweck wird häufig sogar offen vertreten, insbesondere bei der Verfolgung politischer, religiöser oder weltanschaulicher Ziele. In den meisten Fällen dürfte der Zweck allerdings verheimlicht werden. Der Tatbestand von § 129 StGB setzt jedoch nicht voraus, dass die Begehung von Straftaten der alleinige oder Hauptzweck oder das Endziel der Vereinigung ist. Es reicht, wenn die Straftaten der Erreichung eines weitergehenden Zwecks dienen oder sie vorbereiten sollen. Konkrete Straftaten müssen nicht geplant sein.

Die damit verbundene weitgehende Vorverlagerung strafrechtlichen Rechtsgüterschutzes wird in Teilen der rechtswissenschaftlichen Literatur kritisiert. Man weist darauf hin, dass zumindest in der Gründungsphase einer Vereinigung die Strafbarkeit eine hinreichende Konkretisierung zu begehender Taten jedenfalls ihrer Art nach voraussetzt, weil eine Ausrichtung der Gruppenstruktur auf die Straftatbegehung erforderlich sei. Das ist bei allein kriminellem Erwerbsinteresse dienenden Organisationen regelmäßig unproblematisch. Insbesondere bei politisch motivierten Organisationen, in denen die Begehung von Straftaten nur als »notwendiges Übel« zur Erreichung des Ziels angesehen wird, kann es im Einzelfall darauf ankommen, ob Straftaten hinreichenden Gewichts als bloße Möglichkeit angesehen werden oder ob die Organisationsstruktur gerade darauf »gerichtet« ist – ob also beispielsweise Gründung und Aufbau (Gliederung, Willensbildung, Tarnung et cetera) gerade deshalb erfolgen, weil sich die ins Auge gefassten Straftaten nur so erfolgreich oder mit geringem Verfolgungsrisiko begehen lassen.

Es reicht nicht, dass einzelne Mitglieder einer Vereinigung Straftaten begehen wollen, wenn auch mit Kenntnis der anderen. Genauso wenig genügt, wenn es nur gelegentlich oder beiläufig zu Straftaten kommt. Andererseits ist es erforderlich, dass alle Mitglieder Straftaten begehen oder diese billigen. Es kommt auf den Einzelfall an: Schließt sich innerhalb einer größeren Organisation ein kleinerer Kreis in dem eben beschriebenen Sinne zusammen, so bildet nur diese Gruppierung eine (mitgliedschaftliche) kriminelle Vereinigung. Dann können außenstehende Angehörige der Gesamtorganisation nur Unterstützer sein. Dagegen ändert es an der täterschaftlichen Beteiligung aller Mitglieder nichts, wenn innerhalb einer Vereinigung die Ausführung der geplanten Straftaten nur Einzelnen obliegt.

§ 129 Absatz 1 StGB ist nicht anwendbar, wenn die Vereinigung eine politische Partei ist, die das Bundesverfassungsgericht nicht für verfassungswidrig erklärt hat und wenn die Begehung von Straftaten nur ein Zweck oder eine Tätigkeit von untergeordneter Bedeutung ist. Eine »Unterordnung« der Begehung kommt nur im Hinblick auf den Gesamtzweck der Vereinigung in Betracht. Wenn die Vereinigung nur aus einem Teil der Mitglieder einer Gesamtorganisation besteht, kommt es auf Ziel und Tätigkeit der Teilorganisation an. Bei der entsprechenden Beurteilung geht es um das Verhältnis zwischen legalen und illegalen Zwecken der Organisationsstruktur selbst. Dient diese im Kern einer legalen Tätigkeit, so ist sie als solche schon nicht auf die Straftatbegehung »gerichtet«. Wie schon angedeutet, müssen die zu begehenden Taten aber nicht alleiniger oder Hauptzweck oder ausschließliche Tätigkeit der Vereinigung sein. Es kommt darauf an, ob sie das Erscheinungsbild der Organisation in nennenswerter Weise mitprägen.[1]

Vor diesem Hintergrund dürfte es schwerfallen, die Deutsche Bank als »Kriminelle Vereinigung« im engeren strafrechtlichen Sinne anzusehen. Damit ist aber noch nicht ausgeschlossen, dass dieses Institut aufgrund des Verhaltens mancher seiner Mitarbeiter und Führungskräfte Assoziationen mit Strukturen und Praktiken der OK provoziert.

Marktmacht und Mafiamitglied

Selbst in kriminologischen Standardwerken über OK sucht man im Stichwortverzeichnis meist vergeblich nach dem Begriff »Deutsche Bank«, »Banken« oder »Finanzwirtschaft«.[1] Stattdessen erinnern brave Professoren mit schülerhaftem Fleiß daran, dass »Räuberbanden« in der Literatur immer wieder als erste Formen der OK genannt werden. Deren Zerfall hing angeblich mit der Entstehung der modernen Staatlichkeit (Verbesserung der Strafverfolgung und Durchsetzung der Freiheitsstrafe) zu Beginn des 19. Jahrhunderts zusammen.

Aber schon während der Wende zum 20. Jahrhundert und vermehrt in den 1920er Jahren waren unter anderem »Spar- und Ringvereine« als stabile Organisationen mit festen Regeln und Zielen entstanden, oft sogar in der Rechtsform des »Vereins«, die als Vorläufer der OK in Deutschland gelten. Dem 1889 in Berlin gegründeten ersten Klub von Zuhältern (»Geselligkeitsverein Königstadt«) folgte 1898 sogar ein Dachverband (»Ring Berlin«), in dem der Zusammenschluss aller Berliner Ganovenvereine erfolgte. Der Verein hatte sich zum Ziel gesetzt, »die Wirtschaft des Landes zu beeinflussen – durch Expansion der eigenen Geschäftsbasen wie illegale Spielclubs, Bordelle, Wettbüros und Hehlerumsatzplätze, durch den Kokain- und Morphiumhandel, Schutzgelderpressung, Mädchenhandel und Korruption«.[2]

Schon damals war erkennbar, dass sich die Verbindung des Vereins zu kriminellen Handlungen nicht in einer spezifischen Mitgliederauswahl erschöpfte. Zudem trat mit der »Einflussnahme«

bereits in der Frühzeit der OK ein Element zutage, das sich in späteren offiziellen Definitionen wiederfindet. Auch die seinerzeit genannten Straftaten sind Elemente »moderner« OK.

Die »Ringvereine« bestanden bis zur ihrer Auflösung durch die Nationalsozialisten Anfang 1934 in ganz Deutschland. Zu Beginn der 1950er Jahre kam es regional zu einer kurzfristigen Wiedergeburt, insbesondere in Gestalt von Zuhältervereinen. Bei einem Prozess in Braunschweig 1957 wurden sogar Verurteilungen nach § 129 StGB wegen Mitgliedschaft in einer kriminellen Vereinigung ausgesprochen. Bandenkriminalität galt in Deutschland in den 1950er und 1960er Jahren indessen als »Privileg« jugendlicher Gruppierungen. Bei Berichten über die »Mafia«, die »Camorra« oder die »Cosa Nostra« betonte man, dass keine Bezüge zur Bunderepublik Deutschland bestünden. Noch Anfang der 1970er Jahre behauptete man sogar auf einer Interpol-Tagung, dass es OK nur in den USA gebe. Doch einige Jahre später schien der Groschen selbst unter »Experten« gefallen zu sein.

Die Leiter der Landeskriminalämter (»AG Kripo«) begannen im Jahre 1974 zusammen mit dem Bundeskriminalamt (BKA) mit ihren Bemühungen um eine Definition von OK. Danach sollte der Begriff Straftaten umfassen, die von mehr als zweistufig gegliederten Verbindungen oder von mehreren Gruppen in arbeitsteiligem Zusammenwirken begangen werden, um Gewinne zu erzielen oder Einfluss im öffentlichen Leben zu nehmen. Schon seinerzeit wurde die Notwendigkeit einer statischen, dauerhaften, vom Mitgliederwechsel unabhängigen Organisation mit eigenen Regeln einerseits und/oder einer planmäßig arbeitsteiligen Vorgehensweise im Sinn einer organisierten Tätigkeit andererseits als entscheidendes Charakteristikum für OK betont. Vereinzelte Beiträge hoben sogar schon die Bedeutung von Delikten hervor, die Marktbedürfnissen folgen. Unklar blieb allerdings zunächst, welche Anforderungen die Struktur einer kriminellen Verbindung erfüllen muss, damit von einer kriminellen Organisation gesprochen werden kann.

Immerhin öffneten sich im Strafrecht sowie im Strafprozessrecht die Themenfelder, die in den dann folgenden Jahren mit Fragen der Bekämpfung der OK verbunden sein sollten, obschon dieser Begriff weder im materiellen noch im prozessualen Strafrecht verankert war. Dennoch entwickelten sich in diesem Zusammenhang konkrete Fragestellungen: Kronzeugenregelung, Zeugenschutz, verzögertes Einschreiten der Staatsanwaltschaft bei Straften (»Vorfeldüberwachung«), verdeckte Ermittlungen, Beteiligung von Nachrichtendiensten.

Mit der Zunahme terroristischer Aktivitäten verschwand die OK in der zweiten Hälfte der 1970er Jahre zunächst von der kriminalpolitischen Agenda. Nicht zuletzt wegen unterschiedlicher Interpretationen des Begriffs behauptete man in manchen Bundesländern, dass es zum Ende dieses Jahrzehnts dort keine OK gebe. Kurz danach verstärkten sich auch die Vorbehalte gegen die Definition der AG Kripo von 1974 mit ihrem kumulativen Erfordernis einer eher institutionalisierten Organisation einerseits wie einer organisierten Tätigkeit andererseits. Eine Folge dieser Debatte war, dass Anfang der 1980er Jahre die Erfordernisse des Vorliegens einer kriminellen Organisation wie auch einer Einflussnahme auf das öffentliche Leben in den Hintergrund traten.

Ein Arbeitskreis der Innenministerkonferenz (»Arbeitskreis II«) fand heraus, dass es sich bei der OK nicht einfach nur um eine mafiaähnliche Parallelgesellschaft (»organized crime«) handelt, sondern dass es dabei um ein arbeitsteiliges, bewusstes und gewolltes, auf Dauer angelegtes Zusammenwirken mehrerer Personen zur Begehung strafbarer Handlungen – häufig unter Ausnutzung moderner Infrastrukturen – geht und dass dabei das Ziel verfolgt wird, möglichst schnell hohe finanzielle Gewinne zu erreichen.

Damit erfolgte eine inhaltliche Reduktion gegenüber der Definition aus dem Jahre 1974. Sie zeigt, dass sich das Verständnis der OK in Deutschland nicht am »Vorbild« der italienischen Mafia oder amerikanischer Strukturen orientieren sollte. Hier redete man stattdessen von »organisationsverdächtigen Kriminalitätsbereichen« oder »Erscheinungsformen« und führte umfangreiche »Indikatorenkataloge« ein, um die schwieriger gewordene Abgrenzung zwischen »organisierter« und »gewöhnlicher« Kriminalität leisten zu können.

Auf dieser Grundlage ließen sich auf einmal beispielsweise auch in Hamburg Erscheinungsformen der OK feststellen, sodass man sich veranlasst sah, dort und anderswo spezielle polizeiliche Dienststellen einzurichten. Es liegt auf der Hand, dass damit anderweitige, zum Teil auch sachfremde Kriterien aufkamen. Die Zuordnung eines Falls zur OK konnte und sollte den Anschein erwecken, dass es sich dabei um ein gewichtiges und schwieriges Verfahren handelt, eine wunderbare Gelegenheit für amtlich Betroffene, um sich aufzuplustern und Forderungen nach mehr Personal, Geld, Ausrüstung und erweiterten Befugnissen zu stellen.

Schließlich kam es im Mai 1990 zum vorläufigen »Höhepunkt« in den jahrelangen Bemühungen um eine realitätsgerechte Definition der OK. Die damals verabschiedeten »Gemeinsamen Richtlinien der Justizminister/-senatoren und der Innenminister/-senatoren der Länder über die Zusammenarbeit von Staatsanwaltschaft und Polizei bei der Verfolgung der Organisierten Kriminalität« spielt seitdem in Deutschland die herausragende Rolle bei der Annäherung an Begriff und Praxis der OK. Ihre Beschreibung lautet folgendermaßen:

> »Organisierte Kriminalität ist die von Gewinn- oder Machtstreben bestimmte planmäßige Begehung von Straftaten, die einzeln oder in ihrer Gesamtheit von erheblicher Bedeutung sind, wenn mehr als zwei Beteiligte auf längere oder unbestimmte Zeit arbeitsteilig
> a) unter Verwendung gewerblicher oder geschäftsähnlicher Strukturen
> b) unter Anwendung von Gewalt oder anderer zur Einschüchterung geeigneter Mittel oder
> c) unter Einflussnahme auf Politik, Medien, öffentliche Verwaltung, Justiz oder Wirtschaft
> zusammenwirken.«

Die Richtlinien nehmen Straftaten des Terrorismus ausdrücklich aus.[3] In anderen Ländern wurden sie, zumindest zu jener Zeit, dagegen zum Hauptanwendungsfall der OK gerechnet, zum Beispiel bei der ETA in Spanien.

Die zitierte Definition ist in Deutschland die Grundlage für die Zusammenstellung der Daten, die von den Bundesländern an das BKA übermittelt werden, damit dort das »Lagebild Organisierte Kriminalität« erstellt wird. Ihr Einfluss gilt auch in vielen Ländern Europas als groß. Die Anforderungen an die kriminelle Tätigkeit sind gegenüber der Definition aus dem Jahre 1981 zwar leicht erhöht worden. Die umfassender angelegte Definition aus dem Jahre 1990 bewirkte aber, dass im folgenden Jahrzehnt die Debatte um die spezifischen Eigenschaften der OK noch weiter abflachte.

Ihr Vorhandensein galt zwar als unstreitig, aber leider verstand man unter OK häufig nicht jene qualifizierte Form des Verbrechens, die von subtilen Tattaktiken und -techniken bestimmt ist und sich ausschließlich am zu erwartenden Profit orientiert.[4] Der organisierte, professionelle Täter zeichnet sich jedenfalls durch Mobilität, fehlende Ortsgebundenheit, technische Ausrüstung und Verankerung in gewerblichen und geschäftsmäßigen Strukturen – auch innerhalb der »legalen« Gesellschaft – aus. Es war zunächst ein Konsens darüber entstanden, dass OK tatsächlich existiert. In einem zweiten Schritt bemühte man sich darum, das Spezifikum der OK zu erfassen.[5]

Die amtliche Definition der OK von 1990 ist dadurch charakterisiert, dass das Erfordernis einer hierarchisch gegliederten Organisation im Sinn einer Institution zugunsten einer Geschäftsmäßigkeit des strafrechtlich inkriminierten Handelns, also einer organisierten Tätigkeit, in den Hintergrund getreten ist. Der handelnde Akteur bleibt in dieser Definition unbestimmt. Die drei speziellen Merkmale (Geschäftsstruktur, Gewalt, Einflussnahme) sind nicht kumulativ, sondern alternativ miteinander verknüpft. Insbesondere die Einflussnahme auf Politik, Medien, öffentliche

Verwaltung, Justiz oder Wirtschaft ist kein notwendiger Bestandteil von OK in Deutschland. Das Verhältnis dieser Merkmale zur Begehung der Straftaten ist ungeklärt. Offen bleibt auch, ob bestimmte Delikte wie Schutzgelderpressung »per se« ein spezielles Merkmal erfüllen können. Aufgrund der Weite der Definition können zudem sehr unterschiedliche Fallkonstellationen unter das Dach der OK gebracht werden.

Die »Gemeinsamen Richtlinien«, sind eine Form des »Kleinstrechts«, die primär eine verfahrenstechnische und kriminalpolitische Funktion hat. Damit werden Zuständigkeiten begründet und Schwellen für die Durchführung aufwendiger Ermittlungsmaßnahmen definiert. Sie kann die Inanspruchnahme zentraler Auswertungssysteme und besondere Informations- und Meldeaktivitäten begründen. Kriminalpolitisch hat sie ihre Bedeutung als Grundlage für die Erstellung polizeilicher Lagebilder, die als »Beweis« für die Größe der durch OK verursachten Gefahr angesehen werden. Die Unbestimmtheit der Definition hat Kritik ausgelöst. Das ist nicht allzu verwunderlich, wenn man ihre Funktion weniger in einer bloßen Aufgabenzuweisungsnorm, sondern unter einem stärker grundrechtsrelevanten, weil staatliche Sanktionen oder Eingriffe legitimierenden beziehungsweise begrenzenden, Blickwinkel betrachtet.

Neben die grundlegende Begriffsbestimmung hat man einen umfangreichen Katalog von generellen Indikatoren zur Erkennung OK-relevanter Sachverhalte gestellt. Er umfasst mehrere Bereiche:

- *Vorbereitung und Planung der Tat:* präzise Planung, Anpassung an Markterfordernisse (zum Beispiel durch Ausnützen von Marktlücken, Erkundungen von Bedürfnissen et cetera), Arbeit auf Bestellung, hohe Investitionen (Vorfinanzierung aus nicht erkennbaren Quellen), Verschaffung und Nutzung legaler Einflusssphären, Vorhalten von Ruheräumen im Ausland.

- *Ausführung der Tat:* präzise und qualifizierte Tatdurchführung, Verwendung verhältnismäßig teurer oder schwierig einzusetzender wissenschaftlicher Mittel und Erkenntnisse, Tätigwerden von Spezialisten (auch aus dem Ausland), arbeitsteiliges Zusammenwirken, Einsatz polizeilich »unbelasteter« Personen, Konstruktion schwer durchschaubarer Firmengeflechte.
- *Finanzgebaren:* Einsatz von Geldmitteln ungeklärter Herkunft im Zusammenhang mit Investitionen, Inkaufnahme von Verlusten bei Gewerbebetrieben, Diskrepanz zwischen dem Einsatz finanzieller Mittel und dem zu erwartenden Gewinn, Auffälligkeiten bei Geldanlagen (zum Beispiel beim Kauf von Immobilien oder sonstigen Sachwerten, die in keinem Verhältnis zum Einkommen stehen)
- *Verwertung der Beute:* Rückfluss in den legalen Wirtschaftskreislauf, Veräußerung im Rahmen eigener (legaler) Wirtschaftstätigkeiten, Maßnahmen der Geldwäsche.
- *Konspiratives Täterverhalten:* Gegenobservation, Abschottung, Decknamen, Codierung in Sprache und Schrift, Verwendung modernster technischer Mittel zur Umgehung polizeilicher Überwachungsmaßnahmen.
- *Täterverbindungen und Tatzusammenhänge:* überregional, national oder international.
- *Gruppenstruktur:* hierarchischer Aufbau, nicht ohne weiteres erklärbares Abhängigkeits- oder Autoritätsverhältnis zwischen mehreren Tatverdächtigen, internes Sanktionssystem.
- *Hilfe für Gruppenmitglieder:* Fluchtunterstützung, Beauftragung bestimmter Anwälte und deren Honorierung durch Dritte, Aufwendung größerer Barmittel im Rahmen der Verteidigung, hohe Kautionsangebote, Bedrohung und Einschüchterung von Verfahrensbeteiligten, Unauffindbarkeit von zuvor verfügbaren Zeugen, ängstliches Schweigen von Betroffenen, überraschende Benennung von Entlastungszeugen, Betreuung in der Untersuchungs- oder Strafhaft, Versorgung von Angehörigen, Wiederaufnahme nach der Haftentlassung.

- *Korrumpierung:* Einbeziehung in das soziale Umfeld der Täter, Herbeiführung von Abhängigkeiten (zum Beispiel Sex, Glücksspiel, Kreditwucher), Zahlung von Bestechungsgeldern und Vorteilsgewährungen (zum Beispiel Ferienwohnungen, Luxusfahrzeuge).
- *Monopolisierungsbestrebungen:* »Übernahme« von Geschäftsbetrieben und Teilhaberschaften, Führung von Geschäftsbetrieben durch Strohmänner, Kontrolle bestimmter Geschäftszweige und »Schutzgewährung« gegen Entgelt.
- *Öffentlichkeitsarbeit:* gesteuerte oder tendenziöse Veröffentlichungen, die von einem bestimmten Tatverdacht ablenken, sowie systematischer Versuch der Ausnutzung gesellschaftlicher Einrichtungen (zum Beispiel durch auffälliges Mäzenatentum).

Die Erscheinungsformen der OK sind offensichtlich vielgestaltig. Neben den strukturierten, hierarchisch aufgebauten Organisationsformen (häufig zusätzlich abgestützt durch ethnische Solidarität, Sprache, Sitten, sozialen und familiären Hintergrund) finden sich auf der Basis eines Systems persönlicher und geschäftlicher kriminell nutzbarer Verbindungen Straftäterverflechtungen mit unterschiedlichem Bindungsgrad der Personen untereinander, deren konkrete Ausformung durch die jeweiligen Interessen bestimmt wird.

OK findet gegenwärtig angeblich vorwiegend in den folgenden Kriminalitätsbereichen statt: Rauschgifthandel und -schmuggel, Waffenhandel und -schmuggel, Nachtleben (Zuhälterei, Prostitution, Menschenhandel, illegales Glücks- und Falschspiel), Schutzgelderpressung, unerlaubte Arbeitsvermittlung und Beschäftigung, illegale Einschleusung von Ausländern, Warenzeichenfälschung (Markenpiraterie), Goldschmuggel, Kapitalanlagebetrug, Subventionsbetrug und Eingangsabgabenhinterziehung, Fälschung und Missbrauch unbarer Zahlungsmittel, Herstellung und Verbreitung von Falschgeld, Verschiebung insbesondere hochwertiger Kraftfahrzeuge und von Lastwagen-. Container- und Schiffladungen, Betrug zum Nachteil von Versicherungen sowie Einbruchsdiebstahl in Wohnungen mit zentraler Beuteverwertung. Neben diesen Bereichen zeichnen sich OK-Ansätze auch auf den Gebieten der illegalen Entsorgung von Sonderabfall und des illegalen Technologietransfers ab.

Banken und die Finanzindustrie sind danach *keine* »amtlich anerkannten« Betätigungsfelder der OK!

Fast alle Elemente der Definitionen, Indikatoren und sonstigen amtlichen Einordnungsversuche sind interpretationsbedürftig. Kritisiert wird unter anderem ein Auseinanderfallen zwischen den beschworenen Gefahren der OK und einer vergleichsweise großzügigen Definition, die weder den Abgrenzungsaufgaben zu hergebrachten Rechtsfiguren im materiellen Strafrecht (zum Beispiel Mehrtäterschaft und Bandenkriminalität) noch dem Verhältnismäßigkeitsgrundsatz im Strafprozess genügt. Danach müssen tiefe Eingriffe in Grundrechte nämlich in einer Balance zu den damit bekämpften Gefahren stehen. Zudem hält man auf einer kriminologisch-phänomenologischen Ebene den Nachweis einer für einschneidende Maßnahmen erforderlichen besonderen Gefahr oft für nicht erbracht.

Ebenso wird auch die Leistungsfähigkeit der Definition zur Abgrenzung von bekannten Phänomen traditioneller Wirtschaftstätigkeit, die nur durch das Merkmal der Begehung von Straftaten hergestellt wurde, wie auch zur Wirtschaftskriminalität als herkömmlicher kriminologischer Kategorie als zweifelhaft eingeschätzt.

Manche Kritiker bemängeln, dass eine vage und großzügige Definition der OK mit der kriminologischen Einschätzung und der sicherheitspolitischen Bedeutung dieser Kriminalitätsform unvereinbar sei. Sie sei auch nicht hinreichend für die Qualität der zu ihrer Bekämpfung vorgesehenen Mittel.

In der Tat ist es nicht neu, dass Verbrechen gewerbsmäßig durch internationale Banden begangen werden, die sich moderner Kommunikationstechnologie bedienen und erhebliche finanzielle Mittel einsetzen. Es handelt sich nur um eine quantitative Steigerung bisheriger Verbrechenspraxis. Die Definition enthält zwar strafrechtliche, soziologische, psychologische und ökonomische Elemente. Sie ermöglicht aber nicht die Abgrenzungen zu anderen Erscheinungen der Mehr-Täter-Kriminalität. Es wird nur jede komplex und professionell durchgeführte Straftat gekennzeichnet, bei der Haupttäter und Teilnehmer auftreten. Die Definition erfasst mithin ebenso Straftäterverflechtungen wie eigenständige Gruppierungen mit einer mehr oder weniger festen personellen Struktur bis hin zu großen mafiosen Organisationen.

Vor diesem Hintergrund ist zu berücksichtigen, dass der Gesetzgeber insbesondere bei strafprozessualen Eingriffsregelungen verfassungsmäßig verpflichtet ist, Eingriffsmaßnahmen, die zur OK-Bekämpfung geboten erscheinen, von hinreichend bestimmten, die Eingriffe rechtfertigenden Tatbestandsvoraussetzungen abhängig zu machen. Es gibt ernst zu nehmende Zweifel daran, dass er, auch wenn es sich nur um eine Verwaltungsvorschrift handelt, dieser Aufgabe nachgekommen ist. Im kriminologischen Diskurs wird generell beanstandet, dass der Begriff »OK als Terminus technicus« noch durch keine nachprüfbare rechtstatsächliche Forschungsarbeit eine Konkretisierung erfahren hat und insbesondere keine kriminologische Untersuchung vorliegt, die die »neue Qualität« einer Bedrohungssituation insgesamt belegt.

Es bleibt abzuwarten, ob die Darstellung der Geschäftspraxis der Deutschen Bank diesen älteren Meinungsstand inzwischen doch als überholt erscheinen lässt. Wahr ist allerdings jetzt schon, dass bis auf das Merkmal der Begehung von Straftaten alle Kriterien beziehungsweise Indikatoren, die üblicherweise zur Kennzeichnung der OK genannt werden (Gewinnstreben, Arbeitsteiligkeit, gewerbliche oder geschäftsähnliche Strukturen, moderne Infrastrukturen, Einflussnahme auf Politik, Medien, öffentliche Verwaltung et cetera) auch auf legales wirtschaftliches

Handeln verweisen. Deshalb ist auch die Befürchtung nicht ganz unbegründet, dass eine leichtfertige Zuschreibung zur OK zu einem Abnutzungseffekt führen und dadurch eine (ungewollte) Verharmlosung der realen Gefahrenlage eintreten könnte. Richtig ist auch, dass es ein zentrales Wesensmerkmal funktionierender OK ist, dass sie sich der Erkennbarkeit entzieht und spezifische Kenntnisse oft erst am Ende vorliegen.[6]

In der bisherigen Debatte ist jedenfalls eine weitgehende Einigkeit darüber entstanden, dass die Definition sehr weit gefasst ist und unterschiedlichste Betätigungsformen als OK erfasst. Aus polizeilicher Sicht ist die damit verbundene Flexibilität begrüßenswert. Aus grundrechtlicher Perspektive ist eine derart vage Definition – wie bereits mehrfach angedeutet – problematisch, wenn und weil darauf weitreichende staatliche Maßnahmen gestützt werden.

Auch jenseits des deutschen Horizonts gab es vielfältige Bemühungen, das komplexe Phänomen der OK definitorisch zu erfassen. Dem Europäischen Parlament lag schon 1992 ein erster Bericht eines Untersuchungsausschusses über die Ausbreitung des organisierten Verbrechens im Zusammenhang mit dem Drogenhandel in den Ländern der (damals) Europäischen Gemeinschaft vor. Seinerzeit hatte man erkannt, dass die OK vielfältige Formen annimmt und dadurch eine eindeutige Definition erschwert wird. Man unterschied zwischen der OK als Gattungsbegriff für alle Formen organisierter Kriminalität und dem »institutionalisierten Verbrechen«. Letzteres durchdringe die moderne Industriegesellschaft in einem Maße, das die »einfache« OK nicht erreiche. Für die Verfasser des Berichts stellt sich OK folgendermaßen dar:

> »Verbrechen, deren Strukturen außergewöhnliche Bekämpfungsmethoden erfordern und die eine potentielle Gefahr nicht nur für einzelne Gemeinschaften, sondern für die ganze Nation darstellen. Allerdings scheint sich das organisierte Verbrechen an überlieferte Verhaltensmuster zu halten, und die einzelnen Organisationen be-

stehen meist aus Angehörigen derselben Volksgruppe. Das Phänomen lässt sich als eine Reihe komplexer krimineller Aktivitäten beschreiben, die von Organisationen oder anderen Körperschaften hauptsächlich aus Gewinn- oder Machtstreben in größerem Stil betrieben werden.«

Wenig später definierte das Europäische Parlament die OK als eine organisierte kriminelle Vereinigung, die international tätig ist und deren Aktivitäten sich von der eigentlichen Straftat bis hin zur direkten oder indirekten Kontrolle der Wirtschaftstätigkeit, der öffentlichen Konzessionen, der Lizenzen, Aufträge und Dienstleistungen erstrecken.

1995 führte die Gruppe »Drogen und Organisierte Kriminalität« in ihrem Jahresbericht elf Indikatoren für OK ein, die sich stark an die in Deutschland entwickelte Definition anlehnen. Damit wollte man aufgrund standardisierter nationaler Berichte einen Überblick über die OK in den Mitgliedstaaten gewinnen.[7]

Die Europäische Kommission (Kommission) legte am 19. Januar 2005 einen Vorschlag für einen »Rahmenbeschluss des Rates zur Bekämpfung der organisierten Kriminalität« vor.[8] Sie ging davon aus, dass es kriminellen Organisationen gelungen war, international angelegte Netzwerke von großer Spannweite zu errichten und umfangreiche Profite zu erzielen. Immense Gewinne seien in folgenden Bereichen erwirtschaftet worden: illegaler Drogenhandel, Menschenhandel (insbesondere mit Frauen und Kindern), illegaler Waffen- und Munitionshandel, Fälschungen und Produktpiraterie sowie international angelegte Betrugspraktiken. Die erzielten riesigen Vermögen würden gewaschen und danach wieder in den Wirtschaftskreislauf eingeschleust.

Die OK befindet sich nach Auffassung der Kommission in einem »beträchtlichen Aufschwung«. Nach ihrem Empfinden spielt die Europäische Union (EU) auf dem Gebiet der Bekämpfung der OK eine »bahnbrechende« Rolle seit dem Vertrag von Amsterdam und dem Europäischen Rat von Amsterdam am 16.

und 17. Juni 1997, der den ersten Aktionsplan zur OK-Bekämpfung beschlossen hat. Sie verweist auch auf die Strategie der EU für den Beginn des neuen Jahrtausends zur Prävention und Bekämpfung der OK.[9] Darin wird betont, dass die OK ihrem Wesen nach dynamisch und nicht an starre Strukturen gebunden sei. Sie sei in der Lage, entsprechend den sich wandelnden Marktkräften und Gegebenheiten auf »unternehmerische«, geschäftsmäßige und hochflexible Weise vorzugehen. Gruppierungen der OK seien im Allgemeinen nicht nur innerhalb der nationalen Grenzen aktiv – sie bildeten oft Partnerschaften innerhalb und außerhalb des Unionsgebietes, entweder mit Einzelpersonen oder mit anderen Netzen, um einzelne oder mehrere Straftaten zu begehen. Die Kommission ist der Überzeugung, dass diese Gruppierungen sich in zunehmendem Maße an legalen sowie illegalen Märkten beteiligten, wobei sie auch auf nicht kriminelle Wirtschaftsexperten und Strukturen zurückgriffen. Sie profitieren vom freien Verkehr von Kapital, Waren, Personen und Dienstleistungen innerhalb der EU.

Die Kommission hat zudem erkannt, dass OK-Gruppierungen aufgrund ihres immer höheren Entwicklungsstands in der Lage sind, legale Schlupflöcher und Gesetzesunterschiede zwischen den Mitgliedstaaten zu nutzen und von den Anomalien in den verschiedenen Systemen zu profitieren. Gruppierungen mit Ursprung in Europa stellen eine bedeutend größere Gefahr dar als Gruppierungen außerhalb des Unionsgebiets, obschon auch deren Bedrohung zuzunehmen scheint. Die ersten bauen nach den Feststellungen der Kommission ihre internationalen kriminellen Kontakte aus und greifen beispielsweise über Geldwäsche, Drogenhandel und Wirtschaftskriminalität gezielt die sozialen und wirtschaftlichen Strukturen der europäischen Gesellschaft an. Sie scheinen in der Lage zu sein, sowohl in Europa als auch in anderen Teilen der Welt ohne Schwierigkeiten und effizient zu operieren. Gemeinsame Anstrengungen dieser Gruppierungen zur Beeinflussung und Behinderung der Arbeit der Strafverfolgungs- und Justizbehörden machen das Ausmaß und das professionelle Vorgehen dieser kriminellen Organisationen deutlich. Dies erfordert nach Meinung der Kommission eine dynamische und koordinierte Reaktion aller Mitgliedstaaten.

Im Sinne des zitierten Rahmenbeschlusses ist unter einer »kriminellen Vereinigung« der auf längere Dauer angelegte organisierte Zusammenschluss von mehr als zwei Personen zu verstehen, die mit dem Ziel, sich unmittelbar oder mittelbar einen finanziellen oder sonstigen materiellen Vorteil zu verschaffen, in Verabredung handeln, um Straftaten zu begehen, die mit einer Freiheitsstrafe oder einer freiheitsentziehenden Maßregel der Besserung und Sicherung im Höchstmaß von mindestens vier Jahren oder einer schweren Strafe bedroht sind. Der Begriff »organisierter Zusammenschluss« bezeichnet einen Zusammenschluss, der nicht zufällig zur unmittelbaren Begehung eines Verbrechens gebildet wird und der nicht notwendigerweise förmlich festgelegte Rollen für seine Mitglieder, eine kontinuierliche Mitgliedschaft oder eine ausgeprägte Struktur hat (Artikel 1).

Auch der Europarat hat seinen Überblick über die Lage der OK in den Mitgliedstaaten anhand eines Kriterienkataloges erarbeitet. Vier Erfordernisse sind obligatorisch:

- Zusammenarbeit von drei oder mehr Personen,
- längere oder unbestimmte Zeit (des Zusammenwirkens),
- Verdacht oder Verurteilung wegen schwerer Straftaten,
- Ziel der Erlangung von Gewinn und/oder Macht.

Mindestens zwei der weiteren Kriterien müssen zusätzlich erfüllt sein:

- bestimmte Aufgabe beziehungsweise Rolle für jeden Teilnehmer,
- interne Disziplin und Kontrolle,
- Gewalt oder andere Einschüchterungsmittel,

- Einflussnahme auf Politik, Medien, öffentliche Verwaltung, Gesetzgebung oder die Wirtschaft durch Korruption oder andere Mittel,
- geschäftsähnliche oder gewerbliche Strukturen,
- Geldwäsche,
- Aktivitäten auf internationaler Ebene.

Die zitierten Definitionsversuche haben offensichtlich etliche Gemeinsamkeiten. Sie dürfen jedoch nicht als wechselseitige Bestätigung für die jeweilige Richtigkeit des analytischen Ansatzes missverstanden werden. Insgesamt stellen sie immer noch kein qualitativ ausreichendes Raster zur Erkennung und Einordnung OK-verdächtiger Strukturen und Personen dar.

Jenseits dieser Definitionsproblematik gilt, dass mit dem Begriff OK ein Feld umschrieben ist, das wie kein anderes durch Mythen, Schätzungen und Spekulationen geprägt ist. Die auch durch »großes Kino« (*Der Pate*) vermittelten Gänsehauteffekte, zeugen von der fast mythologischen Aufladung des Themas. Hier geht es aber nicht um die Mafia als einer konkreten historischen und leider auch aktuellen Variante der OK in Italien oder in den USA – es handelt sich vielmehr um ein System unkontrollierter Macht. »Mafia« ist nur eine Metapher, welche für einen pathologischen Machtmissbrauch steht.

Dabei ist OK nicht nur ein Merkmal strukturschwacher Gesellschaften. Sie hat sich – in unterschiedlichen Formen – in allen politischen Systemen ausgebreitet. Man mag sich mit der These beruhigen, dass intakte Staatswesen mit einer funktionierenden Rechtsprechung, parlamentarischen Opposition und einer freien Presse effektive Abwehrmechanismen gegen eine kriminelle Unterwanderung ausbilden können. Es drängt sich jedoch die Frage auf, wie groß und wie nachhaltig dieser Beruhigungseffekt wäre, wenn man zu dem Ergebnis kommen müsste, dass sich die »OK als Wirtschaftsform«[10] und als »politisches Prinzip« etabliert hat.

Eine Vielzahl weiterer Fragen wäre zu beantworten: Was bliebe zu tun, wenn die Mafia das ökonomische Prinzip nur »radikalisiert« hätte? Wie sind die Erfolgsaussichten eines Kampfs gegen die OK, wenn sich darin nur die allerletzte Konsequenz bürgerlicher Erfolgsideologie zeigte? Strebt die Mafia als »ehrenwerte Gesellschaft« gar zu ihren Ursprüngen, wenn sie durch Gründung von Unternehmen und Reintegration von Vermögen in den legalen Finanzkreislauf am Wirtschaftsleben teilnimmt? Sind in der Mafia kapitalistisches Kalkül und kriminelle Karriere komplementär? Ist in der OK nicht nur die Essenz des kapitalistischen Prinzips zu finden, sondern spiegelt sich darin nicht sogar die korrumpierende Verbindung ökonomisch-politischer Macht und krimineller Energie?

Die Aktualität dieser und vieler weiterer Fragen ist durch zahlreiche »anregende« Beispiele auf allen Etagen der wirtschaftlichen und politischen Hierarchien enorm gewachsen. Die Deutsche Bank ist dabei offensichtlich eines der prominentesten und vielleicht das beunruhigendste Beispiel geworden. Die genannten Fragen müssen in einer Zeit beantwortet werden, in der die angebliche Unterscheidbarkeit von Gewinn und Beute den Erklärungswert und die Überzeugungskraft eines Ammenmärchens hat. Es ist kaum zu übersehen, dass Steuerhinterziehung, Fehlallokation von Kapital zum Zwecke der Steuervermeidung, steuerlicher Gestaltungsmissbrauch von legalen Unternehmen zum Nachteil der Allgemeinheit und korrupte Praktiken in weltweit agierenden Konzernen zu einer strukturellen und funktionellen Überschneidung mit OK geführt haben.

Deutsche Unternehmen mischen übrigens bei Kartellen schon seit geraumer Zeit in ganz großem Stil mit. Bereits im Februar 2007 wurde zum Beispiel gegen die Firma Thyssen eine europäische Rekordgeldbuße in Höhe von 420 Millionen Euro festgesetzt, von Siemens ist erst gar nicht zu reden. Zuvor traf es BASF, Degussa und VW. Gegen die Energiekonzerne RWE und Eon leitete man zahlreiche Ermittlungen ein. Selbst vor diesem Hintergrund schmücken sich zahlreiche Konzerne unverdrossen mit Initiativen, die den verführerischen Titel »Corporate Social Responsibility« oder »Integrity-Management« tragen, finanzieren Tagungen über Wirtschaftsethik oder unterstützen wie Siemens ausgerechnet den Aufbau und den Betrieb der Internationalen Anti-Korruptionsakademie in der Nähe von Wien oder rufen wie die Deutsche Bank einen »Kulturwandel« aus. In ihrem Kerngeschäft etabliert sich unterdessen systematisch Illegalität. Die Globalisierung hat Kartelle immer verlockender werden lassen. Die Zunahme der Konkurrenz auf zuvor nationalen Märkten drückt auf die Gewinnmargen – es zahlt sich also noch mehr als früher aus, mit den Wettbewerbern die Märkte aufzuteilen und Preise zu fixieren.

Die verantwortlichen Manager werden selbstverständlich jeden Vergleich mit dem Verhalten eines Mafia-Bosses zurückweisen und auf betriebswirtschaftliche Zwänge, den Konkurrenzdruck, das Arbeitsplatzrisiko und das fiskalische Interesse des Staats hinweisen. Sie werden erklären, dass sie im Interesse ihrer Mitarbeiter und deren arbeitslosen Frauen, schulpflichtigen Kindern und altersdementen Eltern gehandelt hätten, regelmäßig ihre Steuerpflichten erfüllten, Kinder nicht sexuell missbrauchten, keine körperliche Gewalt anwendeten und das Bundesverdienstkreuz an verschiedenen Bändern und mit Sternen erhalten hätten. Die Verantwortlichen werden auch beweisen wollen, dass sie von bestimmten konspirativen Verabredungen nichts gewusst und diese auch nie gebilligt hätten. Gleichzeitig werden sie verkünden, dass sie die Verantwortung übernähmen und die notwendigen Reorganisationsmaßnahmen – natürlich mit Ausnahme der eigenen Position – unverzüglich vornähmen. Die Verdächtigen werden belegen, dass sie sich rechtzeitig den qualifiziertesten verfügbaren Rechtsrat eingeholt hätten und deshalb einem unvermeidbaren Verbotsirrtum erlegen seien. Jeder wird sagen, dass er es nicht für möglich gehalten habe, von langjährigen Mitarbeitern so getäuscht zu werden. Bei diesem Lamento hat sich der ehemalige Ko-Vorstandsvorsitzende der Deutschen Bank, Anshu Jain, übrigens besonders hervorgetan.

Alle Betroffenen werden sich also überzeugend als Opfer einer diffamierenden Pressekampagne vorstellen und mit diversen Trompetensignalen auf die Unschuldsvermutung hinweisen. Sie werden darlegen, aus welchen Gründen der europäischen bürokratischen Hydra die Köpfe abgeschlagen werden müssten, und detailliert belegen, dass weder die Politik noch die Justiz eine Ahnung von den naturgesetzlichen Härten der freien Wirtschaft hätten. Vor und nach ihrer Verurteilung werden sie klarmachen, dass in ihrem Fall der Grundsatz der »Gleichheit vor dem Gesetz« mit Füßen getreten wurde. Sie werden auf den Rest der Welt zeigen, der offensichtlich ungeschoren bleibe, weil er von parteipolitischer Unterstützung profitiere oder Entscheidungsträger bestochen habe. Sie werden auch die missliebigen Konkurrenten beim Namen nennen, die aufgrund verschwörerischer Umtriebe einen Justizirrtum ermöglicht hätten. Die verdächtigen, aber unschuldigen Spitzenvertreter der wirtschaftlichen Leistungselite und der bürgerlichen Wohlanständigkeit werden sich also in jeder Hinsicht anders als ein erfahrener Politiker oder ein erfolgreicher Mafioso verhalten – oder auch nicht. Sie sind und bleiben mithin außerhalb der Reichweite konventioneller Polizeiarbeit und der Strafansprüche einer überforderten Justiz.

Vor diesem Hintergrund ist umso mehr zu bedenken, dass die Verfolgung der Entwicklung der OK sich nicht auf rein deskriptive Beschreibungen der Situation beschränken sollte – unterstützt mit statistischen Daten, deren Ableitung nicht immer nachvollziehbar ist.[11] Erforderlich ist die Erstellung einer Bedrohungsanalyse, die auf der Basis gesicherten Faktenwissens Bewertungen zum aktuellen von der OK für bestimmte Rechtsgüter ausgehenden Risikograd enthält und die gleichzeitig Prognosen über deren besonders gefährliche Entwicklungsschwerpunkte erlaubt. Eine derartige Analyse ist aber nicht zu leisten, wenn sie sich nur auf Strukturen beschränkt, die in relativ abstrakter und anonymisierter Weise beschrieben werden. Notwendige Synergieeffekte bleiben unerreichbar, wenn es nicht gelingt, personenbezogene Daten zwischen den zuständigen Behörden in vertrauensvoller Weise und unter Beachtung aller Erfordernisse des Schutzes der Grundfreiheiten, des Datenschutzes und der Geheimhaltung auszutauschen.

Der bisherigen Berichterstattung über OK muss eine weitere *qualitativ* orientierte Dimension hinzugefügt werden, die teilweise schon bei Europol Eingang gefunden hat. Darin sind die wirtschaftlichen Voraussetzungen und die finanziellen Folgen darzustellen und zu erörtern, die mit dem Handeln krimineller Vereinigungen und den Aktionen von Tätern verbunden sind, die der OK zugerechnet werden können. Bislang konzentrierte sich das Augenmerk der Polizei und der Justiz in allen EU-Staaten vor allem auf besonders auffällige und damit »primitive« Formen vermeintlicher OK. Damit geraten vornehmlich bestimmte oft gewalttätige Muster der Bandenkriminalität in den Blickwinkel (zum Beispiel Zigarettenschmuggel). Im Hinblick auf die finanziellen Interessen der EU gehen die noch ernster zu nehmenden Gefährdungen hingegen von Personen und Strukturen aus, die andere spezifische Merkmale und Talente ausgebildet haben:

- strategische Fähigkeit zur Identifizierung und Auswahl besonders lukrativer Tatgelegenheiten,
- analytische Kompetenz zur Erfassung rechtlich begründeter Schwachstellen in Systemen der Verwaltung öffentlicher Mittel,
- Zugang zu hochprofessioneller Beratungskapazität,
- Tarnung durch scheinlegale Unternehmensstrukturen (Firmengründungen),
- Verfügungsmacht über erhebliche finanzielle Mittel zur langfristigen Vorbereitung deliktischer Verhaltensweisen,
- globale Flexibilität bei der Einrichtung operativ nutzbarer Infrastrukturen,

- Ausgeprägte Anpassungsfähigkeit an Veränderungen internationaler Märkte,
- sektorale Durchdringung des Verwaltungsapparates in ausgewählten Staaten,
- Verbindungen zu Entscheidungsträgern in der Politik als Ergebnis erfolgreicher Kompromittierungsstrategien,
- medial vermittelte Beeinflussungsmöglichkeiten im Hinblick auf die öffentliche Meinungsbildung und politisch-parlamentarische Beschlussfassungen.

Das kriminologische und kriminalistische traditionelle Verständnis von OK muss sich ändern. Unter dem Eindruck äußerst attraktiver Tatgelegenheiten, die sich auch angesichts der Höhe der in der EU und aus öffentlichen Haushalten zur Verfügung stehenden Mittel bieten und wegen der anhaltenden Zeiten wirtschaftlichen und ordnungspolitischen Umbruchs haben sich die Methoden kriminellen Handelns verfeinert. Die besonders gefährlichen Vertreter der OK greifen zu kaufmännischen Kalkulationen und identifizieren die höchsten Gewinnspannen und die geringsten Risiken mit unternehmerischer Weitsicht.

Nicht zuletzt aus diesen Gründen hat die OK in den letzten Jahren mehrere qualitative Sprünge gemacht. Dadurch ist es ihr in zunehmendem Maße gelungen, das Wohlstandsgefälle innerhalb der EU, die strukturellen Umwälzungen, die für einen offenen Binnenmarkt typischen Kontrolldefizite, die Vielzahl und Komplexität gesetzgeberischer Akte sowie die Anfälligkeit von Teilen der wirtschaftlichen, politischen und administrativen Eliten für Korruption in etlichen, wenn nicht allen Staaten planvoll auszunutzen. Es liegt auf der Hand, dass deshalb die Bedeutung einer empirisch fundierten, technologisch hochgerüsteten, politisch sensiblen und sektoral spezialisierten Risikoabschätzung drastisch steigen muss. Dies ist nur zu leisten, wenn man mindestens innerhalb der EU vernetzte Strukturen der Informationsgewinnung und -verwertung schafft, in denen die orthodoxen Unterscheidungen zwischen Strafverfolgung und administrativen Ermittlungen jedenfalls im Bereich der Risikovorsorge keine oder nur noch eine untergeordnete Rolle spielen. Die gegenwärtige rechtliche, sachliche und personelle Ausstattung der Behörden ist aber überall unterkritisch. Im Hinblick auf die gebotene wirksame Verhütung und Verfolgung der OK gehört dieser Umstand auch in das Ensemble der Risikofaktoren.

All diese Begriffsklärungen, Feststellungen und Forderungen sind indessen nur Ausdruck einer peinlichen Naivität. Es wird immer deutlicher, dass wir in einer Gesellschaft leben, in der Lebenssinn sich in Gewinnmaximierung erschöpft. Beträchtliche Teile der Wirtschaft und der Politik haben sich in einer Koalition der Inkompetenz und der Anmaßung verkoppelt. In einem Klima um sich greifender Borniertheit geht jedes Gefühl für den Zusammenhang von Arbeit und Erfolg verloren, Geldgeilheit ist im Begriff, den Restverstand ganzer Generation zu zersetzen. Ein Großteil der TV-Massenmedien ist, von wenigen Ausnahmen abgesehen, seit der erstmaligen Nutzung der Elektrizität zu einer obszönen Verblödungsmaschine degeneriert. Gemeinschaftssinn und soziales Verantwortungsgefühl wirken früher oder später wie Narrenschellen. In einer solchen Gesellschaft hat die OK natürlich alle Chancen, weiter zu wachsen und zu gedeihen.

Vielleicht ist tatsächlich nicht mehr zu klären, in welchem Maße und zu welcher Zeit zwischen (noch) legalen Unternehmen und der OK Deckungsgleichheit besteht. Schon jetzt ist nicht zu übersehen, dass die Finanzierungsbedürfnisse politischer Parteien, die Machtinteressen von Politikern und die Gewinnorientierung von Unternehmen in unheilvoller Weise zusammengewachsen sind. Insbesondere Korruption hat sich zum verführerischsten und gefährlichsten Leitmotiv der Moderne entwickelt. Sie ermöglicht es gerade der OK, auf Waffengewalt konventioneller Art zur Durchsetzung ihrer Absichten zu verzichten. Geld korrumpiert nicht nur – es räumt jeden Weg geräuschlos frei.[12]

Damit schließt sich der Kreis: Jede Gesellschaft hat die OK, die sie verdient, weil sie an ihr und mit ihr verdient. Zu einer Zwischenbilanz gehören mindestens folgende Punkte:

- Die bisherigen Versuche einer abstrakten Beschreibung der OK können dem komplexen und konkreten Erscheinungsbild dieser Kriminalitätsform nicht gerecht werden.
- Die offizielle Annäherung an das Problemfeld OK (Richtlinien- und Legaldefinitionen) eröffnet zwar vereinzelte Perspektiven auf das spezifische Kriminalitätsgeschehen, hat aber noch keinen umfassenden und empirisch fundierten abgeschlossenen Befund ermöglicht.
- Die herkömmliche polizeiliche Erhebungspraxis verführt zu analytischen Kurzschlüssen, weil konventionelle Formen der gewerbsmäßigen und bandenförmigen Begehung von Straftaten aufgrund kriminalpolitischer Vorgaben qualitativ überhöht werden.
- Der Begriff »OK« degeneriert zu einer legitimatorischen Floskel, mit deren Hilfe Aufgaben- und Befugniserweiterungen für Sicherheitsbehörden begründet werden.
- Die Zuweisung kriminellen Geschehens in den Bereich der OK folgt allzu häufig den Regeln eines öffentlichkeitswirksamen, also simplifizierenden Alarmismus.
- Die herkömmlichen Muster zur Einordnung von OK erleichtern den Akteuren der Kriminalpolitik die Selbststilisierung als »Retter in der Not«.
- Inhalt und Qualität der behördlichen statistischen OK-Erfassung zeigen, dass die Tiefen- und Höhendimensionen dieser Kriminalität nicht hinreichend beachtet werden.
- Die Etikettierung »OK« beruht auf einer unreflektierten Übernahme des Postulates der Unterscheidbarkeit von Politik, Wirtschaft, Staatsbürokratie und organisierten kriminellen Strukturen.
- Die effiziente polizeiliche Verhütung und Bekämpfung der OK scheitert auch daran, dass sie in vielen Staaten die radi-

kale Ausprägung ökonomischer, militärischer und politischer Machtverhältnisse ist.

- In der OK spiegeln sich die moralischen und ethischen Widersprüche einer Gesellschaft, die Lebenslügen der bürgerlichen »Wohlanständigkeit« und die Folgen politischer Täuschungen zum Zwecke des Machterwerbs sowie die Wirkungen der egomanisch-asozialen Energie, die Funktionsträger bei der Verteidigung ihrer Positionen in Politik, Wirtschaft und Verwaltung regelmäßig entwickeln.

Geldwäsche und Gangster

Neuigkeiten

Nach ersten Meldungen im Mai 2015 verdichteten sich wenige Monate später Meldungen über die mutmaßliche Verstrickung der Deutschen Bank in Geldwäscheaktivitäten. Die Geldwäsche gilt seit vielen Jahren als das »Herzstück« der Organisierten Kriminalität. Nachdem Mitte Juli 2015 die New Yorker Finanzaufsicht (Department of Financial Services, DFS) entsprechende Ermittlungen aufgenommen hatte, widmet sich nun auch das US-Justizministerium dem Verhalten der Deutschen Bank im Umgang mit russischen Geschäftspartnern.

Es wird berichtet, dass die Deutsche Bank angeblich selbst die deutsche Finanzaufsicht (BaFin) eingeschaltet und manche ihrer Händler in Russland suspendiert habe. Ihnen wird vorgeworfen, für russische Kunden Gelder zweifelhafter Herkunft in beträchtlichem Ausmaß gewaschen zu haben. Sie sollen zunächst im Moskauer Freiverkehr (»over the counter«, OTC), also nicht über die dortige Börse mit ihren Transparenzpflichten, Derivate gekauft haben. Nur Sekunden später sollen diese über den Londoner OTC-Markt wieder verkauft worden sein. Während manche von einer Summe in mindestens dreistelliger Millionenhöhe reden, kursieren Meldungen, dass Rubel in einer Höhe von umgerechnet sechs Milliarden Dollar gewaschen worden seien. Russische Kunden sollen Papiere in Rubel gekauft haben, die ihnen die Deutsche Bank in London fast gleichzeitig wieder abkaufte, sodass die Gelder an den Behörden vorbei aus Russland herausgeschafft wurden. Aus Rubeln wurden also britische Pfund Sterling und Dollar. Auf diese Weise könnte es auch zu Verstößen gegen bestehende Sanktionen gekommen sein.

In der Deutschen Bank waren rasch Stimmen zu hören, wonach die Herkunft der Gelder nicht ordnungsgemäß geprüft worden sei. Wäre dies geschehen, hätten die inkriminierten Geschäfte nie zustande kommen dürfen. Die Frankfurter Zentrale der Deutschen Bank habe angeblich sogleich interne Ermittler und Forensiker aus London und New York herbeizitiert, um den Fall aufzuklären. Federführend dafür ist der Konzernvorstand Stephan Leithner, als Chef des Europageschäfts für Russland zuständig und gleichzeitig weltweit für die Regelbefolgung (»Compliance«) verantwortlich. Der Zeitraum der Untersuchung soll die Jahre 2011 bis 2015 umfassen. Der BaFin in Deutschland ist der Fall ebenfalls bekannt: Sie wollte die Informationen aber vorerst nicht kommentieren. Die Deutsche Bank bestätigte zunächst lediglich, dass eine »kleine Anzahl Händler in Moskau« bis zum Abschluss einer internen Untersuchung beurlaubt worden sei.

Die Vorwürfe waren zwar Gegenstand des Zweiten Quartalsberichts 2015, passen aber natürlich nicht so recht zu dem mit großem Aufwand propagierten »Kulturwandel« in der Deutschen Bank. Die Entwicklung des aktuellen Sachverhalts bleibt abzuwarten. Gegenwärtig ist völlig offen, ob sich die Verdächtigen der Deutschen Bank am Ende wirklich der Geldwäsche schuldig gemacht haben.

Trübe Aussichten

Es ist auch grundsätzlich ungewiss, ob diese und andere Geldwäschevorwürfe wirkungsvoll verfolgt und angemessen sanktioniert werden können. Die Geldwäschebekämpfung in Deutschland ist kein Ruhmesblatt effektiver Strafverfolgung. Die Deutsche Bank dürfte zwar wegen der mit den Geldwäschevorwürfen möglicherweise weiteren Reputationsschäden, soweit überhaupt noch möglich, besorgt sein. Das Strafbarkeitsrisiko ihrer Mitarbeiter wird sich aber auch diesmal in Grenzen halten, wie die folgenden Hinweise zur Rechtslage und zu den faktischen Zuständen in Deutschland andeuten.

Der Straftatbestand der Geldwäsche ist eine der umstrittensten Vorschriften im Strafgesetzbuch. Das Spektrum der Kritik ist groß: Es reicht von der ungenauen Bestimmung des geschützten Rechtsguts über die Schwierigkeiten bei der Auslegung einzelner Tatbestandsmerkmale bis hin zur kriminalpolitischen Zweckmäßigkeit des gewählten Bekämpfungsansatzes. Das teilweise ungenügende Meldeverhalten der nach dem Geldwäschegesetz Verpflichteten und das Missverhältnis zwischen der Zahl der Verdachtsmeldungen und der Zahl rechtskräftiger Verurteilungen sind schon länger Gegenstände kritischer Betrachtung. In jüngerer Zeit haben die enormen Summen, die Banken wegen ihres vielfältigen Fehlverhaltens zahlen müssen, auch die Frage aufgeworfen, ob und inwieweit die Strafvorschriften zur Geldwäschebekämpfung im Bereich internationaler Finanzkriminalität eine praktische Bedeutung haben sollten.

Die Betrachtung der Geldwäscheproblematik erfolgt vor folgendem weltweiten und allgemeinen Hintergrund: Die Banken haben im Laufe des Jahrs 2014 in Rechtsverfahren weltweit zirka 60 Milliarden Dollar (48,3 Milliarden Euro) zahlen müssen.[1] Nach den Erhebungen der Beratungsgesellschaft Boston Consulting Group (BCG), die in einer Studie Anfang Dezember 2014 veröffentlicht wurden, war das fast ein Drittel mehr als in den Jahren 2012 und 2013. Die Kosten aus Strafen und Vergleichen beliefen sich seit Beginn der Finanzkrise bis Dezember 2014 auf 178 Milliarden Dollar. Dabei wurden die führenden sechs Banken aus den USA und die zwölf größten Institute aus Europa, darunter die Deutsche Bank, berücksichtigt. Nach anderen Zählungen, die auch kleinere Banken erfassen, beträgt die Summe an Strafen und Vergleichen seit der Finanzkrise mehr als 190 Milliarden Dollar. Alleine die Bank of America war mit gut 74 Milliarden Dollar dabei, JP Morgan Chase mit 29 Milliarden Dollar und die Citigroup mit 12 Milliarden Dollar. Die Deutsche Bank lag mit 7,3 Milliarden Dollar auf dem sechsten Rang. In Europa musste bislang nur die französische Bank BNP Paribas mehr bezahlen, nämlich neun Milliarden Dollar.

Hinter den Strafen stehen vor allem die amerikanischen Aufsichtsbehörden. Aufgrund ihrer Forderungen haben alleine die amerikanischen Banken zwischen 2009 und September 2014 etwa 115 Milliarden Dollar gezahlt. Dieser Betrag geht zu 98 Prozent auf behördliches Verlangen zurück. Von den 63 Milliarden Dollar, die europäische Banken an Strafen zahlen mussten, waren es 45 Prozent. In den USA wurden vor allem die verlustreichen Hypothekenanleihen geahndet, in Europa wurde es in den Jahren 2013/2014 wegen der Zinsmanipulationen der Referenzsätze Libor und Euribor teuer. Im Strafregister schlugen sich auch die Hilfen zu Steuerhinterziehungen und Verstöße gegen amerikanische Sanktionen nieder.[2]

Anfang Februar 2015 wurde gemeldet, dass das amerikanische Bankhaus JP Morgan Chase im Rechtsstreit mit Investoren wegen Manipulationen am Devisenmarkt 99,5 Millionen Dollar zahlen wird. Allerdings musste die seinerzeit veröffentlichte Einigung erst noch von einem Gericht bestätigt werden und war nicht mit einem Schuldeingeständnis verbunden. JP Morgan war die erste von zwölf betroffenen Banken, die eine Einigung erzielt hatte. Die Händler der Banken sollen sich seit Anfang 2003 abgesprochen haben, Devisenkurse zum Nachteil ihrer Kunden zu manipulieren. Dabei hätten sie Internetforen, Messaging-Dienste und E-Mails genutzt, um das »Welt-Markt-Reuters-Fixing« zu beeinflussen, eine der am meisten genutzten Plattformen am Devisenmarkt. An dem munteren Treiben sollen unter anderem auch die Deutsche Bank, die Credit Suisse und UBS teilgenommen haben, auf einem Markt auf dem täglich, wie schon angedeutet, zirka fünf Billionen Dollar umgesetzt werden.[3]

Gleichzeitig ging aus Tausenden vertraulicher Dokumente hervor, dass Kriminelle, Angehörige von Königshäusern aus dem Nahen Osten und Regierungsmitglieder etlicher Länder bei einer Schweizer Tochter der Großbank Hongkong and Shanghai Banking Corporation (HSBC) Milliardenbeträge angelegt haben, viel davon als »Schwarzgeld«. Bereits 2007 wurden mehr als 75 Milliarden Euro gelagert. Gemessen an der Bilanzsumme ist die HSBC die zweitgrößte Bank der Welt. Sie genoss und genießt nicht nur das Vertrauen von ehemaligen und amtierenden Machthabern wie Hosni Mubarak (Ägypten), Baschar al-Assad (Syrien) und Li Peng (China), sondern auch einer Vielzahl von Blutdiamantenhändlern, Waffenschiebern und Terrorfinanciers. In den Dateien der Schweizer »HSBC Private Bank« fanden sich mehr als hunderttausend Personen aus mehr als zweihundert Ländern und Territorien.

Es handelte sich damit um das bisher größte Datenleck in der Geschichte der Bankbranche. HSBC-Vertreter haben inzwischen ein Kontrollversagen (»in der Vergangenheit«) eingeräumt. Die Schweizer HSBC habe »zu viele Hochrisiko-Konten« geführt. Jetzt behaupten Verantwortliche, dass sich die Bank von allen steuerlich problematischen Kunden getrennt hätte. Erste Prüfungen haben übrigens ergeben, dass von rund dreitausend ausgewerteten französischen Konten nur sechs den Finanzämtern gemeldet waren.[4]

Ende Mai 2015 wurde bekannt, dass sich sechs der weltgrößten Banken mit dem Justizministerium in Washington sowie weiteren amerikanischen und britischen Behörden wegen ihres rechtswidrigen Verhaltens beim Handel mit Devisen auf die Zahlung von zusammen rund 5,8 Milliarden Dollar geeinigt haben. Diese »Geldbußen« sind den Strafen hinzuzurechnen, die in Höhe von 4,3 Milliarden Dollar schon im November 2014 in den USA, Großbritannien und der Schweiz verhängt worden waren.

Die Banken hoffen, mit diesen exorbitant hohen Beträgen einen weitgehenden Schlussstrich unter die seit 2013 laufenden Ermittlungen im Devisenmarkt ziehen zu können. Citigroup, JP Morgan Chase, Barclays und RBS haben sich deshalb schuldig bekannt, die Wechselkurse von Euro und Dollar manipuliert zu haben. Zwischen Dezember 2007 und Januar 2013 hatten sich deren Devisenhändler in einem nur für Mitglieder zugänglichen elektronischen Chatroom für illegale Absprachen zur Beeinflussung der Devisenkurse getroffen.

Erstaunlicherweise ist die Deutsche Bank an diesen jüngsten »Vergleichen« nicht beteiligt, obschon sie einer der größten Devisenhändler der Welt ist. Immerhin wurden schon einige ihrer Mitarbeiter wegen Fehlverhaltens aus dem Devisenhandel entlassen. Dennoch ist die Bank von den Aufsichtsbehörden bisher noch nicht in die erste Reihe der Verdächtigen befördert worden. Inzwischen ermittelt aber die Bankenaufsicht von New York seit Dezember 2014 wegen des Verdachts, dass auf den Handelsplattformen ein Algorithmus eingesetzt wurde, der »Tricksereien« erleichtern konnte – ein Verdacht, der nicht nur die Deutsche Bank, sondern auch Barclays trifft. Die Briten haben sich im Devisenfall bereiterklärt, 2,3 Milliarden Dollar zu zahlen, der bislang höchste Tribut. Zudem müssen sie 115 Millionen Dollar für Manipulationsversuche im Geschäft mit Zinsswaps (»Isdafix«) berappen und sich von insgesamt acht Mitarbeitern trennen. Die Schweizer (USB) müssen eine Strafe von insgesamt 545 Millionen Dollar bezahlen; schon im November 2014 haben sie 800 Millionen Dollar herausgerückt. Von der neuen Geldbuße wegen der Manipulationen am Devisenmarkt fließen 342 Millionen Dollar an die amerikanische Notenbank.

Nochmal zur Erinnerung: Im globalen Währungshandel werden täglich rund 5,3 Billionen Dollar umgesetzt – das Anderthalbfache der jährlichen Wirtschaftsleistung Deutschlands. Der Devisenmarkt ist das größte Segment der internationalen Finanzmärkte. Wegen der riesigen Umsätze hielt man bis jetzt die

Anfälligkeit für Manipulationen für gering, weil es für einzelne Marktteilnehmer schwierig ist, die Kurse zu beeinflussen. Diese Gewissheit ist dahin, und verdächtige Kursbewegungen im Umfeld eines wichtigen Preisfestsetzungsverfahrens haben manchen die Augen geöffnet: Beim Abschluss eines Handelstags in London, dem wichtigsten Devisenhandelsplatz der Welt (»4 p. m. London Fix«) hat eine Clique von Devisenhändlern über Jahre hinweg mittels verbotener Absprachen die jeweils zu diesem Zeitpunkt ermittelten Devisenkurse zu ihren Gunsten frisiert. Inzwischen wurden Dutzende von Händlern suspendiert oder entlassen.

Das Kartell der Betrüger wurde (und wird?) durch die starke Konzentration des Devisenhandels auf wenige Marktteilnehmer begünstigt, denn nur fünf Banken kontrollieren zusammen rund 60 Prozent des globalen Währungsgeschäfts. Marktführer war 2014 die amerikanische Citigroup, knapp vor der Deutschen Bank. Selbst die Bank von England geriet dabei ins Zwielicht: Im März 2014 wurde bekannt, dass dubiose Kursbewegungen rund um das Londoner Preis-Fixing bereits seit 2006 in einem Ausschuss der Notenbank zur Sprache gekommen waren. Diesem Verdacht war aber niemand nachgegangen. Zu den Mitgliedern dieses Ausschusses zählten übrigens mehrere Devisenhändler großer Banken, die später suspendiert wurden.[5]

Es gibt keine vergleichbar präzisen Angaben darüber, ob das diesen Zahlen zugrundeliegende Verhalten auch nach den strafrechtlichen Vorschriften zur Geldwäschebekämpfung gewürdigt wurde und welche Folgen dies hatte oder hätte haben müssen. Erst recht gibt es keine verlässlichen und zitierfähigen Untersuchungsergebnisse, die zeigen könnten, was die moderne Finanzindustrie von der OK unterscheidet, die vor mehr als zwei Jahrzehnten in Deutschland und in Europa ja der Grund dafür war, dass man neue Vorschriften zur Verhinderung und Bekämpfung der Geldwäsche schuf.[6]

Lichtblicke

Immerhin spürt mittlerweile auch die zweitgrößte deutsche Bank, die Commerzbank, die zunehmende Härte amerikanischer Behörden bei der Verfolgung von Vergehen in der Finanzbranche. Dabei hatte die Fed die Commerzbank in ihrer Rolle als Bankaufsicht schon mehrfach wegen zu lascher Geldwäschekontrollen kritisiert. 2013 hatten die zuständigen Behörden die Commerzbank verpflichtet, ihre Kontrollen gegen Geldwäsche in der New Yorker Filiale zu verschärfen.

Mitte Dezember 2014 war noch unklar, ob es noch im gleichen Jahr zu einer Einigung bei den laufenden Vergleichsverhandlungen wegen der Missachtung von Wirtschaftssanktionen sowie Verstößen gegen die Geldwäschegesetze über eine Strafzahlung von mehr als einer Milliarde Dollar (806 Millionen Euro) kommen würde. Denn die zuständigen US-Behörden ermittelten inzwischen gegen die Commerzbank wegen angeblicher Sanktionsverstöße.[7] Der nach Gerüchten schon im September 2014 vereinbarte Vergleich über eine Geldbuße von 650 Millionen Dollar wegen verbotener Geschäfte mit Ländern wie Iran oder Sudan wurde auf Eis gelegt, nachdem die Bundesanwaltschaft von Manhattan Ermittlungen wegen mangelhafter Geldwäschekontrollen bei der Commerzbank angestrengt hatte. Mit der danach debattierten Milliardenstrafe würden Behörden und Bank womöglich beide Verfahren beenden.

Die Untersuchungen wegen Geldwäsche stehen in Zusammenhang mit dem vor zirka drei Jahren aufgeflogenen Bilanzskandal des japanischen Kamera- und Medizingerätekonzerns Olympus. Der zuständige Banker, der bis 2000 für die Commerzbank tätig gewesen war, wurde Ende 2012 in den USA verhaftet und kooperiert nun mit den Behörden. Olympus hatte dreizehn Jahre lang Falschbilanzierungen im Volumen von 1,3 Milliarden Euro vertuscht – einer der größten Wirtschaftsskandale in der Geschichte Japans.

Die Bank hat ihre Rückstellungen im dritten Quartal 2014 um 108 Millionen Euro aufgestockt. Bis Ende 2013 waren als Vorsorge für Strafen und außergerichtliche Vergleiche schon insgesamt 930 Millionen Euro zurückgestellt worden. Käme die Commerzbank mit einer Strafe von kaum mehr als 1 Milliarde Dollar davon, wäre das allerdings immer noch wenig, gemessen an ihrer Bedeutung in der Handelsfinanzierung: Mehr als ein Drittel der Außenhandelsfinanzierung deutscher Unternehmen läuft über dieses Geldinstitut. Die Commerzbank liegt in diesem Segment sogar noch vor der Deutschen Bank.

An einer Erkenntnis kommt man jedenfalls nicht vorbei: Manipulierte Wechselkurse, getürkte Zinssätze, Beihilfe zur Geldwäsche und Steuerhinterziehung sind Teile eines langen »Sündenregisters« der Banken. Neueren Berechnungen von Analysten der amerikanischen Bank Morgan Stanley zufolge werden die fünfundzwanzig größten Geldhäuser in Europa und den USA in den Jahren 2015 und 2016 über die genannten Zahlen hinaus weitere 70 Milliarden Dollar (etwa 59 Milliarden Euro) für Strafen und Entschädigungszahlungen aufwenden müssen. Damit würden die Gesamtkosten der Institute seit 2009 auf 300 Milliarden Dollar steigen.

In Europa steht die Deutsche Bank an vorderster Front. Neben den britischen Konkurrenten Barclays und Royal Bank of Scotland hat dieses Frankfurter Geldhaus nach Einschätzung der amerikanischen Analysten die höchsten ungedeckten Rechtsrisiken. Der Deutschen Bank drohen bis 2016 weitere Rechtskosten von 5,1 Milliarden Dollar, zusätzlich zu den bisher schon aufgelaufenen 8,5 Milliarden Dollar. Insgesamt soll sie in rund siebentausend Rechtsstreitigkeiten und hundertachtzig aufsichtsrechtliche Untersuchungen verwickelt sein. Allein im dritten Quartal 2014 entstand ihr dadurch ein Aufwand von 894 Millionen Euro, der sie in die Verlustzone drückte.

Die mutmaßliche Verwicklung in die Manipulation von Devisenkursen zählt zu den großen Unwägbarkeiten für die Deutsche

Bank. Im November 2014 hatten sechs andere Banken wegen organisierter und systematischer »Tricksereien« im Währungshandel schon eine Geldbuße in Milliardenhöhe gezahlt. Noch einmal: Im Devisengeschäft zählt die Deutsche Bank zu den globalen Marktführern!

Neben dem Fehlverhalten bei den Devisenkursen und dem Zinssatz Libor werden die Geschäfte mit Hypothekenpapieren für die Bankbranche insgesamt zukünftig jedenfalls noch teurer werden: Man prognostiziert, dass die Institute in Europa und Amerika wegen dieser drei Rechtsrisiken bis 2016 mit Kosten von mehr als 30 Milliarden Dollar rechnen müssen. Die juristischen Probleme im Hypothekenmarkt haben die Banken bis Ende 2014 schon rund 90 Milliarden Dollar gekostet. Der größte Anteil entfiel auf die amerikanischen Institute Bank of America, Merill Lynch und JP Morgan.

In Europa hat vor allem ein Falschberatungsskandal in Großbritannien die bisherigen Dimensionen der Strafzahlungen gesprengt. Dort mussten die führenden Geldhäuser in den vergangenen Jahren mehr als 30 Milliarden Euro für Entschädigungen aufwenden, weil sie Privatkunden über viele Jahre hinweg nutzlose Restschuldversicherungen aufgeschwatzt hatten. Allein bei dem größten Immobilienfinanzierer, der Lloyds Banking Group, summierten sich die Kosten bisher auf rund 15 Milliarden Euro – und das ist noch nicht das letzte Wort.[8]

Kraut und Rüben

Wer einen Gegenstand, der aus einem Verbrechen oder einer rechtswidrigen Tat herrührt, die Teil eines gesetzlich bestimmten und für die OK angeblich typischen Straftatenkatalogs ist, verbirgt, dessen Herkunft verschleiert oder die Ermittlung der Herkunft, das Auffinden, den Verfall, die Einziehung oder die Sicherstellung eines solchen Gegenstands vereitelt oder gefährdet, kann sich wegen Geldwäsche beziehungsweise der Verschleierung unrechtmäßig erlangter Vermögenswerte in Deutschland nach § 261 StGB strafbar machen. Es droht eine Freiheitsstrafe zwischen drei Monaten und fünf Jahren.

Die Probleme bei der Auslegung und Anwendung dieser Strafvorschrift beginnen schon bei der Bestimmung des dadurch geschützten Rechtsguts. Aus der Sicht des Gesetzgebers zählen jedenfalls die staatliche Rechtspflege und das Ermittlungsinteresse dazu; das durch die Vortat verletzte Rechtsgut dürfte auch eingeschlossen sein. Neben der Rechtspflege und der inneren Sicherheit werden auch der Wirtschafts- und Finanzkreislauf genannt. Die obergerichtliche Rechtsprechung in Deutschland nimmt sogar einen eigenständigen Unrechtsgehalt an, enthält sich aber einer präzisen inhaltlichen Bestimmung. Aus der Sicht des Bundesverfassungsgerichts ist die Rechtsgutsbestimmung »vage«.

Über den tatsächlichen Umfang des Umtauschs, des Transfers, des Verschleierns, des Erwerbs, des Besitzes und des Verwendens von Vermögensgegenständen, die unmittelbar oder mittelbar aus Straftaten stammen, gibt es keine zuverlässigen Feststellungen. Man stößt immer wieder auf Behauptungen, wonach es sich dabei weltweit um Beträge von etwa einer Billion Dollar oder 2 bis 5 Prozent der globalen Wirtschaftsleistung handele. Das kriminalpolitische Konzept folgt Vorgaben aus den USA, die dort im Zusammenhang mit der Drogenpolitik entwickelt worden waren. Später traten Regelungen der Organisation für wirtschaftliche Zusammenarbeit (OECD), Empfehlungen der Financial Action Task Force (FATF) und europarechtliche Vorgaben (Richtlinien) hinzu.

Den Ursprung des § 261 StGB sieht man im Beweisrecht und sein Ziel in der »Generalprävention«. Seine Funktion liegt also darin, die Begehung von Vortaten sinnlos zu machen, indem die Taterlöse verkehrsunfähig werden. Dem Tatbestand wird dementsprechend eine hohe, wenn nicht gar schicksalhafte Bedeutung für den Erfolg moderner Kriminalpolitik beigemessen. Auf europäischer Ebene wurde gar die Zielvorstellung entwickelt, Geldwäsche »auszumerzen«, wo immer sie vorkommt. Diese Vorstellungen mag man als realitätsfern empfinden. Geldwäsche ist in der Tat per definitionem die Folge jeder vermögensorientierten Kriminalität. Die propagierte »Ausmerzung« durch »Verkehrsunfähigkeit« jeglichen kontaminierten Vermögens würde entweder das Ende der Kriminalität oder die Abschaffung des Geldes voraussetzen.

Solche lebensfernen Strategien sollten in der Tat nicht ernsthaft als sinnvoller »Kampf« um Rechtsgütersicherheit verkündet werden. Es wird allgemein angenommen, dass allein in Deutschland über Jahrzehnte hinweg Vermögenswerte im Gegenwert von hunderten von Milliarden Euro gewaschen wurden. Nach polizeilichen Schätzungen kommen derzeit jährlich hohe Milliardenbeträge hinzu, die aus kriminellen Vortaten herrühren. Jede realistische Berechnung auf der Grundlage der im Umlauf befindlichen Zahlen ergibt, dass ganz erhebliche Teile des Umlauf- und Anlagevermögens aus Straftaten stammen müssen. Daraus folgt, dass tatbestandsmäßige Geldwäsche objektiv unvermeidlich ist.

Entgegen den martialischen Absichtserklärungen führt der Geldwäschetatbestand insbesondere nach dem Empfinden von Thomas Fischer, Vorsitzender Richter am BGH, in der Wirklichkeit ein vom Alltag seltsam unberührtes Eigenleben in immer neuen Erweiterungspapieren, zahllosen Tagungen und Polizeiabteilungen sowie im Ausbau eines Kontrollapparats, der inzwischen fast alles erlaube und fast nichts erreiche. Eine tatsächliche Verfolgung und Bestrafung von Geldwäschern, die es definitionsgemäß zu Hunderttausenden geben muss, findet nach seiner Wahrnehmung nur in verschwindend geringem Umfang statt. Das Konzept habe sich als »eklatant unwirksam« erwiesen.

Die Zahl der Verurteilungen ist tatsächlich minimal, Gewinnabschöpfungen kommen noch seltener vor.[9] Eine Verringerung der OK hat es daher nicht gegeben. Die Relation der Gesamtkosten des Konzepts zu den tatsächlichen Folgen gilt als katastrophal. Nach rationalen Maßstäben ist das Konzept gescheitert, ein Befund, der auch international zutrifft. Von einem Funktionieren kann allenfalls in manchen totalitären Staaten gesprochen werden.

Der Geldwäschetatbestand gilt gar als »legislatorischer Fehlgriff«. Das dahinterstehende Konzept weise Züge von Irrationalität auf. Seine Versprechungen stütze es auf eine Dynamik ständiger Erweiterungen. Stets fehle zum Erfolg angeblich noch eine letzte Ausweitung des Tatbestands oder der Ermittlungsmöglichkeiten. In einer paradoxen Logik speise sich die Legitimität aus der Erfolglosigkeit: »Je erfolgloser die Bekämpfung bleibt, desto größer muss wohl die Gefahr sein.«

Wenn die Hintermänner der OK trotz aufwendiger Geldwäschekontrolle nicht gefasst würden, beweise dies augenscheinlich immer aufs Neue gerade ihre Mächtigkeit und die Notwendigkeit, mit der Bekämpfungsstrategie fortzufahren. So scheint dieses Konzept das rechtsstaatliche Strafrechtssystem vor sich herzutreiben. Die Gefahren, die es bekämpft sind aber den Freiheitsgarantien und Legitimationsgründen der Gesellschaft immanent. Zu Ende gedacht könnte der skizzierte kriminalpolitische Ansatz in der Konsequenz das, was er zu schützen verspricht, tatsächlich gefährden.[10]

Illusionen

Schon vor geraumer Zeit hat der Bundesminister der Finanzen den Bundesminister der Justiz gebeten, eine Gesetzesvorlage zur Verschärfung des Straftatbestands der Geldwäsche vorzulegen.[11] Damit sollen Forderungen der OECD, vertreten durch die FATF, erfüllt werden. Andernfalls droht Deutschland ein FATF-Überwachungsverfahren und eine Aufstufung als Hochrisikoland, womit wirtschaftliche Schäden durch möglichen Reputationsverlust verbunden sein können. Mit der Geldwäschebekämpfung betraute Ermittler haben allerdings schon vor mehr als zwei Jahren vor einem »Geldwäscheboom« in Deutschland gewarnt, weil der Straftatbestand des § 261 StGB kaum greife.[12] In ihrem Bericht (»3. Follow-up Report«) vom Juni 2014 hat die FATF eine ganze Reihe von Defiziten benannt, welche der Bundesregierung zwar bekannt sind, die sie aber bis jetzt nicht alle beseitigt hat.

Dazu gehört unter anderem die Straflosigkeit der »Selbstgeldwäsche«, also der Fälle, in denen der Vortäter einer Geldwäschestraftat den aus der Vortat erlangten Vermögenswert selbst »wäscht«. Der Straftatbestand des § 261 Absatz 1 StGB erfasst zwar auch diesen Fall. Allerdings sieht § 261 Absatz 9 Satz 2 StGB vor, dass nicht wegen Geldwäsche bestraft wird, wer bereits wegen Beteiligung an der Vortat strafbar ist. Mit diesem »persönlichen Strafausschließungsrund« soll eine Doppelbestrafung in den Fällen verhindert werden, in denen der Vortäter die Geldwäschehandlung vornimmt.

Ungeachtet fortbestehender rechtlicher, organisatorischer und praktischer Mängel behauptet die Bundesregierung unverzagt, dass sie sich bei der Bekämpfung von Geldwäsche und Terrorismusfinanzierung von einem »globalen Konzept« leiten lässt. Sie geht weiter davon aus, dass Geldwäsche ein weltweites Phänomen ist, das keine nationalen Grenzen kennt und deshalb internationaler Antworten bedarf.

Die Bundesregierung hat allerdings eingesehen, dass sich die Möglichkeiten krimineller Organisationen zur Legalisierung von Finanzmitteln und deren Methoden durch die zunehmende Vernetzung der Finanzmärkte erheblich verbessert haben. Sie hält die Akkumulation deliktisch erlangten Kapitals im Zeitalter globalisierter Finanzmärkte für einen Gefährdungsfaktor im Hinblick auf die wirtschaftliche und politische Stabilität und für legal handelnde Wirtschaftssubjekte. Ein »konzertiertes Vorgehen« der internationalen Staatengemeinschaft sei deshalb erforderlich.

Als Grundgerüst für die nationale Strategie werden die vierzig Empfehlungen der FATF herangezogen, die als internationale Standards zur Prävention von Geldwäsche und Terrorismusfinanzierung wirken. Sie sind mittlerweile in mehr als 180 Staaten anerkannt, werden laufend aktualisiert und im Rahmen verfassungsrechtlicher Grenzen in nationales Recht umgesetzt. Grundlage dieser Empfehlungen sind die von der FATF analysierten Geldwäscherisiken in einzelnen Wirtschaftsbereichen und Regionen sowie bei einzelnen Produkten und spezifischen Kundenstrukturen.

Der Instrumentenkasten zur Aufdeckung und Verhinderung von Geldwäschehandlungen scheint jedenfalls gut gefüllt zu sein: gesetzliche Pönalisierungen, verbesserte internationale Zusammenarbeit der Ermittlungs- und Finanzmarktaufsichtsbehörden, effektive Rechtshilfe, Kooperationspflichten von privaten Finanzinstituten gegenüber Ermittlungsbehörden ohne Einschränkung durch das »Bankgeheimnis« und sonstige vertragliche Verschwiegenheitspflichten, Transparenz aller Finanztransaktionen und gesellschaftsrechtlicher Konstruktionen wie Trusts oder Stiftungen und schließlich ein präventiv wirkender Pflichtenkatalog gegen Geldwäsche für Finanzinstitute und besonders gefährdete Berufsgruppen und Unternehmensbereiche außerhalb des Finanzsektors.

Die Erklärung der Bundesregierung, dass sich die nationale Strategie gegen Geldwäsche schon aufgrund ihres grenzüberschreitenden Charakters, der Globalisierung der Finanzmärkte und der Freiheit des grenzüberschreitenden Zahlungsverkehrs an den internationalen Standards ausrichten müsse, ist wenig überraschend. Es ist nur konsequent, dass es keinen deutschen

Sonderweg geben kann, weil dieser angesichts der globalen Dimension dieser Bedrohung für Wirtschaft und Gesellschaft von vornherein zum Scheitern verurteilt ist.

Bei alledem will man einen »multidisziplinären« Ansatz verfolgen. Er soll unter anderem folgende Elemente umfassen: Straftatbestände der Geldwäsche und Terrorismusbekämpfung, Vorschriften zum Verfall und zur Einziehung von Vermögensgegenständen, aufsichtsrechtliche Vorgaben (Kundensorgfaltspflichten zur Früherkennung auf Basis umfassender Kenntnisse der vorhandenen »Risikolandschaft«), Regulierungen zum unternehmensinternen Risikomanagement der rechtsverpflichteten Branchen, Vorgaben zum Verdachtsmeldewesen, organisatorische Regelungen zur Ausgestaltung und Arbeitsweise der Financial Intelligence Unit (FIU), Bestimmungen über die nationale und internationale Kooperation sowie Transparenzvorschriften zur Identifizierung der natürlichen Personen, die hinter einem Unternehmen oder Trust stehen.

Die Bundesregierung ist der Auffassung, dass sich dieser Ansatz zu enger nationaler und internationaler Zusammenarbeit der zuständigen Aufsichts- und Ermittlungsbehörden unter Einbeziehung der Industrie bündeln lässt und sich in präventivem und repressivem Agieren gegen Geldwäsche wie Terrorismusfinanzierung niederschlagen wird, somit letztlich zur Herstellung eines international einheitlichen Schutzniveaus taugt. Sie hat ebenfalls angekündigt, dass begleitend zu der vor Kurzem verabschiedeten 4. EU-Geldwäscherichtlinie ein dreistufiges Risikoanalyseverfahren eingeleitet werden soll, um den europäischen Binnenmarkt wirksam gegen Geldwäsche zu schützen.

Es ist vorgesehen, dass die Kommission ein supranationales Verfahren koordiniert, in dem – unter Einbeziehung der Experten aus den Mitgliedstaaten und anderer europäischer Organisationen – »pan-europäische Gefährdungslagen« identifiziert und analysiert werden. Sie soll auf der Grundlage des Analyseergebnisses Empfehlungen an die Mitgliedstaaten formulieren, wie mit den einzelnen Risiken umzugehen ist. Parallel und in Ergänzung dazu werden auch die Mitgliedstaaten ihre spezifischen nationalen Risiken untersuchen. Entsprechende nationale »Koordinierungsstrukturen« zwischen den Ressorts, den Aufsichtsbehörden in Bund und Ländern, der Wirtschaft und der Wissenschaft wie das beim Bundesministerium der Finanzen etablierte Forum für Geldwäscheprävention sollen ihre Arbeit bereits aufgenommen haben.

Die Bundesregierung weist darauf hin, dass sich auch die verpflichteten Branchen einer »qualifizierten Selbstbetrachtung« unterziehen und dabei ihre Kundenstruktur, Geschäftsmodelle, die angebotenen Produkte und Vertriebswege hinsichtlich des Geldwäsche- und Terrorismusfinanzierungsrisikos überprüfen und eine darauf abgestimmte und durch die Aufsichtsbehörden überprüfbare Geschäftspolitik formulieren müssen. Die Ergebnisse der drei Bewertungsebenen sollen nach ihrer Auskunft im Rahmen eines »Top-down- und Bottom-up-Verfahrens« zusammengeführt werden und so ein ausgewogenes und schlagkräftiges Präventionskonzept bilden. Die Bundesregierung geht ungeachtet bestehender Defizite davon aus, dass im Falle Deutschlands die Voraussetzungen für ein OECD-Überwachungsverfahren nicht erfüllt sind und dass die Einschätzung der Kommission nicht zutreffend ist, wonach die geringe Verfolgung bei der Geldwäsche zur Einnahmesicherung von kriminellen Organisationen und terroristischen Vereinigungen führt.

Dessen ungeachtet sei daran erinnert, dass es im Jahre 1994 genau 2873 Verdachtsmeldungen wegen Geldwäsche gab und es im gleichen Jahr zu 16 Verurteilungen wegen dieses Delikts kam. Die Zahl der Verdachtsmeldungen ist seitdem kontinuierlich, phasenweise sprunghaft gestiegen. Bis zum Inkrafttreten des Gesetzes zur Optimierung der Geldwäscheprävention Ende 2011 war übrigens der Begriff »Verdachtsanzeige« üblich. Seit 2012 hat sich der Begriff »Verdachtsmeldung« etabliert. In diesem Jahr gab es 14361 Verdachtsmeldungen. Ihnen standen im gleichen Zeitraum 897 Verurteilungen gegenüber.

2013 wurden 19 095 Verdachtsmeldungen erstattet. Die Strafverfolgungsstatistik weist allerdings immer nur das schwerste Delikt aus, das einer Verurteilung zugrunde liegt. Bei den genannten Zahlen handelt es sich also nur um Fälle, bei denen Geldwäsche nicht zusammen mit anderen, schweren Straftaten abgeurteilt wurde.

Die Bundesregierung geht davon aus, dass vermögensrechtliche Schäden nur durch die Vortaten der Geldwäsche, nicht durch die Geldwäschehandlung selbst verursacht werden. Deshalb ist ihr eine Bezifferung der Schäden durch Geldwäsche nicht möglich. Es gibt allerdings auch auf internationaler Ebene keine belastbaren Berechnungsgrundlagen zur Errechnung oder Schätzung der insgesamt durch Geldwäsche generierten Vermögenswerte beziehungsweise des dadurch verursachten ökonomischen Schadens.

Verschiedene verbreitete Schätzungen sind nicht nachvollziehbar, da es keine wissenschaftlichen Ansprüchen genügenden Dunkelfeldstudien gibt. Die Bundesregierung behauptet, dass für Mitarbeiter von Kreditinstituten keine latente Gefahr besteht, sich selbst unwissentlich wegen leichtfertiger Geldwäsche strafbar zu machen, weil sie die Herkunft von Kundengeldern aus einer zuvor begangenen Straftat nicht nachvollziehen können.

Bei den vom BKA geführten Ermittlungsverfahren wegen Geldwäsche im Bereich der Wirtschafts- und Finanzkriminalität zeigt sich zunehmend eine Prägung durch intransparente Handels- und Warentransaktionen. In deren Verlauf dienen scheinlegale, aufwendige Gestaltungen von Unternehmensgeflechten der Verschleierung inkriminierter Vermögenswerte.

Nach der Überzeugung der Bundesregierung entsprechen die Zuständigkeiten der Behörden bei der Geldwäschebekämpfung der Kompetenzverteilung zwischen Bund und Ländern, die das Grundgesetz vorschreibt. Die nach dem Geldwäschegesetz (GwG) Verpflichteten müssen Geldwäscheverdachtsfälle dem BKA und der zuständigen Strafverfolgungsbehörde melden (§ 11 Absatz 1

GwG). Danach unterstützt die im BKA angesiedelte FIU gemäß § 10 GwG die Polizeien des Bundes und der Länder bei der Verhütung und Verfolgung der Geldwäsche und der Terrorismusfinanzierung. In den Landeskriminalämtern und im BKA übernehmen gemeinsame Finanzermittlungsgruppen von Polizei und Zoll die Aufgabe, alle Verdachtsmeldungen in einem »Clearingverfahren« zu prüfen, um spezifische Verdachtsmomente zu verdichten oder zu entkräften. Die Bundesregierung glaubt, dass mit diesem arbeitsteiligen Vorgehen eine umfassende und intensive Bearbeitung aller Verdachtsmeldungen sowohl unter operativen als auch strategischen Gesichtspunkten erfolge.

Auch im Geschäftsbereich von Bundes- und Landesfinanzministerien kommt es angeblich zu keinen Kollisionen bei der Beaufsichtigung der Rechtsverpflichteten. Die Zuständigkeit für die geldwäscherechtliche Aufsicht richtet sich nach der allgemeinen Aufsichtszuständigkeit. Der größte Teil der nach dem GwG Verpflichteten wird auf Bundesebene beaufsichtigt. Dies betrifft in erster Linie Kredit- und Finanzdienstleistungsinstitute, Institute im Sinne des Zahlungsdienstaufsichtsgesetzes, Agenten und E-Geld-Agenten sowie Personen, die E-Geld vertreiben und zurücktauschen, Lebens- und Unfallversicherungen ebenso wie Kapitalverwaltungsgesellschaften, die der Aufsicht der BaFin unterliegen. Die »Nicht-Finanzinstitute« (Rechtsanwälte, Steuerberater, Wirtschaftsprüfer, Notare, Immobilienmakler, Spielbanken, Veranstalter und Vermittler von Glücksspiel im Internet sowie Personen, die gewerblich mit Gütern handeln, werden hingegen von ihren Kammern beziehungsweise von den jeweils nach Landesrecht zuständigen Behörden beaufsichtigt.

Nach Darstellung der Bundesregierung arbeitet das Bundesministerium der Finanzen eng mit den Ländern zusammen, um eine einheitliche Anwendung der geldwäscherechtlichen Vorschriften auf Bundes- und Länderebene beziehungsweise von Bundesland zu Bundesland und eine entsprechende Beaufsichtigung sicherzustellen. Zu diesem Zweck erfolgen im dreimonatigen Rhythmus gemeinsame Sitzungen, in denen Verwaltungspraktiken zur Umsetzung der geldwäscherechtlichen Vorschriften im Nicht-Finanzsektor erarbeitet, abgestimmt und aktuelle geldwäscherechtliche Probleme erörtert werden.[13]

Realitäten

Die FIU hat – wie überraschend – erkannt, dass alle »Rauschgifthändler, Betrüger, Räuber oder Cyber-Kriminelle« den finanziellen Profit ihrer Taten genießen wollen. Schon diese Aufzählung zeigt, welch naiv-reduktionistisches Verständnis in Kreisen der Polizei herrscht. Dabei gibt es doch gerade in jüngerer Zeit zwingende Gründe, sich damit auseinanderzusetzen, in welcher Weise sich Banker sowie andere Akteure aus dem Finanzbereich krimineller Taten und/oder der Geldschwäche schuldig gemacht haben könnten.[14]

Bevor man über die Gründe und die Folgen dieser Abstinenz nachdenkt, ist auf die statistischen Aussagen des Jahresberichts 2012 nur in einem sehr groben Überblick einzugehen. Im Berichtszeitraum hat sich der steigende Trend bei der Zahl der Verdachtsmeldungen aus den Vorjahren fortgesetzt: Es gab einen Anstieg von 2011 auf 2012 um zirka 12 Prozent. Mit den schon genannten 14 361 Verdachtsmeldungen kam es zu einem neuen Höchststand seit Inkrafttreten des GwG im Jahre 2002.

Der weitaus größte Teil der Verdachtsmeldungen stammte wie in den Vorjahren von den Kreditinstituten (12 308 Verdachtsmeldungen). Auffällig war die Steigerung der Fallzahlen der Sparkassen und Landesbanken. Unter Hinzuziehung der Versicherungs- und Finanzunternehmen wurden 2012 zum wiederholten Mal allein aus dem Finanzsektor 99 Prozent aller Verdachtsmeldungen erstattet. Aus den zahlenmäßig starken Berufsgruppen wie rechtsberatende Berufe, Makler und Güterhändler kamen dagegen nach wie vor nur sehr wenige Meldungen (0,9 Prozent aller Verdachtsmeldungen). Trotz intensivierter Sensibilisierungsbemühungen blieb das Aufkommen aus diesem Bereich weiterhin auf einem sehr niedrigen Niveau, und bei Personen, die gewerblich mit Gütern handeln, sogar mit rückläufiger Tendenz. Das Phänomen der »Financial Agents« hat auch 2012 einen hohen Anteil und ist mit 19 Prozent das größte Einzelphänomen, auch wenn es erstmals seit fünf Jahren eine rückläufige Entwicklung gab.

Mit einer Gesetzesänderung aus dem Jahre 2011 wurde eine zusätzliche Meldepflicht für Fälle eingeführt, in denen der Vertragspartner eines Meldeverpflichteten seinen Offenlegungspflichten zum wirtschaftlich Berechtigten einer Transaktion nicht nachkommt. Ein entsprechend signifikant höheres Meldeaufkommen war aber gleichwohl nicht festzustellen (0,6 Prozent aller Verdachtsmeldungen).

Die Verdachtsmeldungen des Jahrs 2012 betrafen insgesamt 26 601 Personen – ein Anstieg um 20 Prozent im Vergleich zum Vorjahr. Bei über der Hälfte wurde die Staatsangehörigkeit genannt: An erster Stelle steht Deutschland (8 908), gefolgt von der Türkei (786), der Russische Föderation (478) und anderen Ländern mit zum Teil auffälligen Steigerungsraten (Niederlande, Iran, Syrien). Insgesamt werden 144 unterschiedliche Nationalitäten genannt.

Außerdem sind 5 789 Gesellschaften aufgeführt, was einer Steigerungsrate von 26 Prozent entspricht. 63 Prozent dieser Firmen hatten ihren Gesellschaftssitz in Deutschland. Die Sitze der gemeldeten Firmen verteilten sich auf 118 Staaten, 2011 waren es noch 98. Der Anteil ausländischer Gesellschaften ist seit 2008 deutlich gestiegen.

Von den im Jahr 2012 bei den zentralen Fachdienststellen für Finanzermittlungen beziehungsweise den Gemeinsamen Finanzermittlungsgruppen der Bundesländer eingegangenen Verdachtsmeldungen war mit Abschluss des Berichtsjahrs bei der Hälfte das

Clearingverfahren beendet. Nur 2 Prozent wurden an Finanzbehörden weitergeleitet, 26 Prozent zur weiteren Sachbearbeitung an andere polizeiliche Fachdienststellen. Bei immerhin 22 Prozent wurde eine Einstellungsverfügung angeregt. Nur in zirka 1 Prozent der Fälle verblieben die Vorgänge zur weiteren Sachbearbeitung in der Clearingstelle. Für die (Erst-)Bearbeitung der Verdachtsmeldungen werden in Deutschland übrigens etwa 280 Mitarbeiter bei den Strafverfolgungsbehörden von Bund und Ländern eingesetzt.

Aus den insgesamt 8 468 bei der FIU eingegangenen staatsanwaltlichen Rückmeldungen ergibt sich, dass in annähernd 89 Prozent (7 524) der Fälle eine Einstellung verfügt wurde. Soweit es dennoch überhaupt zu einer Verurteilung kam, geschah dies vor dem Hintergrund einer Tätigkeit als Finanzagent. Die Vortat war Betrug beziehungsweise Computerbetrug.

Die FIU sieht in der hohen Anzahl der Einstellungen ein Indiz dafür, dass die Verdachtsschwelle für Geldwäschemeldungen sehr niedrig liegt. Man kann es auch weniger bürokratisch-diplomatisch ausdrücken und darüber spekulieren, ob die Meldungen häufig wegen unsubstanziierter Geringfügigkeiten zur Selbstentlastung ergehen und die zuständigen Behörden einfach nur mit viel Meldungsmüll zugeschüttet werden.

Fromme Wünsche

In einer internen Direktive »Anti Geldwäsche Policy – Deutsche Bank Group« wird schon in der Überschrift behauptet, dass die Deutsche Bank auch bei der Geldwäschebekämpfung von der »Leistung aus Leidenschaft« (»Passion to Perform«) bestimmt wird. Es ist wohl unvermeidlich geworden, dass sich auch die »Deutsche« Bank in ihren Verlautbarungen eines deutsch-englischen Kauderwelschs bedient, statt die hinreichend geeignete deutsche Sprache für klare Mitteilungen zu nutzen. Sie leistet damit auch ihren eigenen Beitrag zur sprachlich-kulturellen Verkommenheit, die im Fall ihrer »Strategie 2020« für normale Bundesbürger zur Unlesbarkeit oder Unverständlichkeit führt.

Es geht hier aber nicht vornehmlich um philologische Kleinkrämerei oder Sprachästhetik. Wichtiger ist der reizvolle Widerspruch zwischen den erwähnten Vorwürfen und der Selbstverpflichtung der Deutschen Bank. Es wird behauptet, dass die Deutsche Bank beim Thema Geldwäsche »höchsten Standards« verpflichtet sei. Angeblich wird von allen Mitarbeitern und Führungskräften deren Einhaltung verlangt, um zu verhindern, dass die »Produkte« und Dienstleistungen dieses Geldhauses missbraucht werden. Die Deutsche Bank lässt den Rest der Welt auch wissen, dass sie laufend ihre Anti-Geldwäsche-Strategie überprüft und ein leistungsfähiges, konzernweites Anti-Geldwäsche-Programm unterhält, das den Bedürfnissen eines globalen Finanzdienstleisters mit einer diversifizierten Produktpalette angepasst ist. Jeder ihrer Mitarbeiter wird dafür verantwortlich gemacht, sich an das Anti-Geldwäsche-Programm der Deutschen Bank zu halten.

Dieses Programm wird, wie könnte es anders sein vom »Global Head of Anti Money Laundering« formuliert und gesteuert. Es beinhaltet Sorgfaltspflichten in Bezug auf Kundenverbindungen und die Verpflichtung, Transaktionen zu überwachen. Dazu gehören Kenntnisse über den Kunden selbst (»know your customer«), einschließlich der Verpflichtung zur Feststellung der Identität des wirtschaftlich Berechtigten und Embargo-Richtlinien, Aufzeichnungs- und Aufbewahrungspflichten sowie Verdachtsanzeigepflichten gemäß den jeweils einschlägigen rechtlichen Vorschriften sowie Anti-Geldwäsche-Schulungen.

Die in dieser »Policy« festgelegten Standards sind Mindeststandards auf Basis der einschlägigen rechtlichen regulatorischen

Vorschriften und gelten für den gesamten Deutsche-Bank-Konzern. Sie sollen die Deutsche Bank, ihre Mitarbeiter und Kunden davor schützen, für Geldwäsche, Terrorfinanzierung oder sonstige Finanzkriminalität »missbraucht« zu werden und setzen den Rahmen für den Kampf gegen Geldwäsche und Terrorfinanzierung.

Die Deutsche Bank gibt vor, verstanden zu haben, dass sie nach § 25 g des Kreditwesengesetzes (KWG) sicherstellen muss, dass die in diesem Gesetz und im Geldwäschegesetz festgelegten Pflichten auch von ihren nachgeordneten Unternehmen, Filialen und Tochterunternehmen in Deutschland und im Ausland eingehalten werden. Sofern Regelungen anderswo strenger sind als die in der »Policy« der Deutschen Bank festgelegten Mindeststandards, sind die jeweils strengeren Richtlinien anzuwenden. Besteht ein Konflikt zwischen einschlägigen Gesetzen und dieser »Policy«, hat die betroffene Konzerngesellschaft die lokale Rechtsabteilung und den »Global Head of Anti Money Laundering« zu informieren, um den Konflikt zu lösen. Soweit die Erfüllung der geldwäscherechtlichen Sorgfaltspflichten nach dem Recht eines anderen Staats tatsächlich oder rechtlich nicht zulässig ist, dürfen weder Geschäftsbeziehungen begründet oder Transaktionen durchgeführt werden. Wenn bereits eine Geschäftsbeziehung besteht, muss die Deutsche Bank sicherstellen, dass diese Geschäftsbeziehung ungeachtet anderer gesetzlicher oder vertraglicher Bestimmungen beendet wird.

Alle Transaktions- und Identifizierungsdaten müssen aufgezeichnet und mindestens sechs Jahre aufbewahrt werden, außerdem alle sonstigen im Zusammenhang mit Anti-Geldwäsche-Vorschriften erhobenen Daten und Unterlagen. Man wird also davon ausgehen dürfen, dass die neuesten Geldwäschevorwürfe restlos aufgeklärt werden. Oder auch nicht. Vielleicht könnte man sich aber auch einige Gedanken darüber machen, ob solche Vorgänge überhaupt stattfinden konnten, da doch alles bestens geregelt zu sein scheint.

Damit ist es Zeit, für eine kurze Zwischenbilanz

- Die Bedeutung und die Dringlichkeit einer wirksameren Bekämpfung der Geldwäsche sind trotz der zitierten kriminalpolitischen und rechtsdogmatischen Bedenken weitgehend unbestritten, wurde dieses Phänomen auf den Sondergipfel des Europäischen Rates im Oktober 1999 im finnischen Tampere doch sogar als das »Herzstück« der OK bezeichnet.
- Die Verhinderung und die Verfolgung der Geldwäsche darf man nicht alleine der Polizei und der Justiz überlassen, da es dabei nicht nur um Rechtsgüterschutz im strafrechtlichen Sinn geht.
- Illegale Kapitaltransaktionen können auch Auswirkungen auf die Geldpolitik haben, die strafrechtlich orientierter Prävention und Repression entzogen sind.
- Es muss eine noch leistungsfähigere Risikoabschätzung stattfinden, die sich unter anderem mit der Geschwindigkeit des Geldumlaufs beschäftigt, die durch Ströme illegaler Gelder zwischen Ursprungs- und Bestimmungsländern berührt wird, das Geldvolumen von Ländern berücksichtigt, die an Geldwäsche beteiligt sind, die Übertragungsmechanismen der Geldpolitik in den beteiligten Ländern analysiert und die Stabilität von Finanzmärkten beobachtet, die vom Kreislauf der Geldwäsche und in jüngerer Zeit auch durch in großem Maßstab organisierte rechtswidrige Devisenspekulation durch Banken beeinträchtigt werden kann.
- Kriminelle Handlungsweisen erzeugen Einkommen, die sich auf inländische und internationale Kapitalallokationen und auf das makroökonomische Gleichgewicht auswirken können – ein Zusammenhang, in dem die weite Verbreitung von Geldwäsche eine unabhängige Wirkung auf die Gesamtwirtschaft entfalten kann.
- Geldwäscher folgen einer eigenen Logik, weil sie nicht immer die denkbar höchste Rendite erzielen wollen, sondern sich für

Finanzplätze entscheiden, die ein erfolgversprechendes »Recycling« ermöglichen.

- Der Eigensinn der Geldwäsche kann zu »untypischen« Kapitalbewegungen führen, mit denen Geld aus Ländern mit erfolgreicher Wirtschaftspolitik und hochverzinsten Tätigkeiten in Länder mit weniger erfolgreicher Politik und weniger lukrativen Verzinsungsmöglichkeiten verlagert und damit die optimale Investition internationalen Kapitals verhindert oder zumindest gestört beziehungsweise verzögert werden, sodass »kontraintuitive« Kapitalbewegungen die politischen und wirtschaftlichen Entscheidungsträger verwirren und zu unangemessenem Handeln provozieren können.
- Eine scheinbare Geldnachfrage, die auf einer in der Wirtschaftsstatistik nicht widergespiegelte Geldwäsche zurückzuführen ist, kann die Zins- und Wechselkursvolatilität beeinflussen, genauso wie die sich tatsächlich aus der Geldwäsche ergebenden Finanzströme dies tun können.
- Eine Kontamination der vom Vertrauen der Teilnehmer abhängigen Kapitalmärkte durch kriminell kontrolliertes Geld führt zu Überreaktionen auf Gerüchte, deren Entstehung durch falsche Statistiken begünstigt wird, sodass sich die Instabilität erhöht und letztlich Schlüsselelement im Funktionsmechanismus von Volkswirtschaften, zum Beispiel die Transparenz und Solidität der Finanzmärkte, weltweit bedroht und beschädigt werden.
- Geldwäsche setzt die an den Finanzmärkten Beschäftigten einem Korrumpierungsrisiko aus und erhöht die Instabilitäten bei den Verbindlichkeiten der Finanzinstitute.
- Im Hinblick auf die Aktiva sind durch die Veräußerung »schwarzen« Geldes auch länderspezifische Verteilungseffekte beziehungsweise »Preisblasen« zu befürchten, die schließlich in systemimmanente Gefährdungen für die Stabilität des Finanzsektors und die geldpolitische Entwicklung insgesamt übergehen können.

- Geldwäsche führt auch zu einer mangelhaften Erfassung von Einkommen und Vermögen, wodurch nachteilige Wirkungen auf die Steuererhebung und die Allokation öffentlicher Mittel entstehen und schließlich jedes rechtsgeschäftliche Handeln in vielfältiger Weise durch Vertrauensverlust beeinträchtigt wird.

Bestrafung und Bewährung

Schattenbank

Im Dezember 2012 sah es so aus, als ob der Rechtsstaat endlich auch bei der Deutschen Bank mal vorbeischaut.[1] Grund dafür war eine öffentlichkeitswirksame »Razzia«, bei der es um mögliche Umsatzsteuervergehen ging. Wenige Monate zuvor hatten Anshu Jain und Jürgen Fitschen die Führung dieses Geldhauses von Josef Ackermann übernommen, um nach der Finanzkrise einen Neustart zu organisieren. Sehr frühzeitig wurden Bedenken laut, dass man zumindest mit der Ernennung von Jain den »Bock zum Gärtner« gemacht hätte. Mittlerweile ist evident, dass diese Bedenken berechtigt waren. Nie zuvor stand die Führung der Deutschen Bank unter einem derartigen juristischen Beschuss.

Die Frage, was die obersten Chefs wann wussten oder warum sie so wenig wussten, ist nach wie vor unbeantwortet. Dabei musste die Deutsche Bank 2014 insgesamt etwa 1,6 Milliarden Euro an Bußgeldern zahlen – die Angaben schwanken ständig. Zur Bilanzvorlage für 2014 war noch von sechstausend Prozessen gegen die Deutsche Bank die Rede; nach anderen Angaben soll es sich gar um siebentausend Rechtsstreitigkeiten handeln. Für das erste Quartal 2015 waren Rückstellungen für Rechtskosten in Höhe von insgesamt 4,8 Milliarden Euro im Gespräch. Es sind inzwischen Zweifel aufgekommen, ob selbst dieser Betrag ausreicht. Bei vielen Beobachtern ist der Eindruck entstanden, dass es sich bei der Deutschen Bank um eine »Rechtsabteilung mit angeschlossener Bank« handelt.

Die Deutsche Bank wurde aber nicht erst jetzt zum Schatten ihrer selbst. In der Liga globaler Finanzkonzerne hat sie den Anschluss zu den vorderen Rängen schon seit einiger Zeit verloren.[2] Das Geldinstitut stand unter einer überforderten Führung. Deren Bemühen hätte darauf gerichtet sein müssen, die Bank aus einer Lage heraus zu bugsieren, in die sie die Verantwortlichen selbst hineingebracht hatten. Der vormalige Ko-Vorstandsvorsitzende Anshu Jain und sein Kollege Jürgen Fitschen hatten einen Neuanfang versprochen. Das war insofern bemerkenswert, als es vor allem das von Jain zuvor geführte angelsächsisch geprägte Investmentbanking war, das den Abstieg der Deutschen Bank einleitete. Leitbild war seitdem nicht mehr das klassische Kreditgeschäft, sondern der schnelle »Deal«. Profit und Boni charakterisierten das Handeln. In den wilden Jahren vor dem Ausbruch der Weltfinanzkrise haben vor allem die Investmentbanker ihre Macht missbraucht: Sie haben, wie schon betont, über Jahre betrogen, manipuliert und sich die eigenen Taschen gefüllt. Ihr Vorgesetzter war Jain, ein britischer Staatsbürger indischer Herkunft, der das Erbe seines Vorgängers, des Schweizers Josef Ackermann, nach Kräften ausbaute.

Man mag die Folgen der Übernahme der Deutschen Bank durch die Investmentbanker als »Sittenverfall« bezeichnen, aber das wäre eine unangemessene Verniedlichung. Es ist nicht zu verbergen, dass »die Deutsche« heute für systematisch betriebene kriminelle Aktivitäten Strafen beziehungsweise Vergleichsbeträge in Höhe von mehreren Milliarden Dollar und Euro bezahlen muss. Es ist auch nicht zu bestreiten, dass die Bank mittlerweile in einer strategischen Sackgasse gelandet ist. Ihre Führer haben sich von jenen Händlern abhängig gemacht hat, die für einen Großteil der Gewinne verantwortlich waren und jetzt Strafen in astronomischer Höhe provozieren.

Vorstand und Unverstand

Mittlerweile kann man sogar am Realitätssinn des ehemaligen Angestellten der amerikanischen Investmentbank Goldman Sachs und ehemaligen Finanzvorstands des Allianz-Konzerns Paul Achleitner zweifeln. Dieser österreichische Staatsbürger bemüht sich zwar immer noch darum, der Aufsichtsratsvorsitzende der Deutschen Bank zu sein. Seine Erwartung, dass ausgerechnet Jain im Investmentbanking konsequent hätte aufräumen können, weil er zuvor dafür verantwortlich war, ist, gelinde gesagt, abwegig. Achleitner scheint noch nicht ganz begriffen zu haben, was ihm mehrere nationale und internationale Aufsichtsbehörden bescheinigt haben: Die Deutsche Bank hat die Aufklärung der »Skandale« immer wieder behindert. Bei dem Begriff »Skandal« handelt es sich übrigens schon wieder um eine Verniedlichung: Sie verdeckt die Tatsache, dass sich dieses Geldhaus schon jetzt als schadensträchtiger erwiesen hat, als jede in der Kriminalgeschichte bekannt gewordene Mafia-Organisation.

Fitschen sollte im Kreise der Experten und Führungskräfte das Bindeglied zwischen angelsächsischen Investmentbankern und deutschen »Traditionalisten« sein. Als derzeitiger Angeklagter könnte er immerhin die Verhandlungspausen im Verfahren vor dem Landgericht München dazu nutzen, sich mit den Nachbarn auf der Anklagebank, seinen Vorgängern Josef Ackermann und Rolf-Ernst Breuer, nicht nur zum Thema der Anklage (Versuchter Prozessbetrug) zu verständigen, sondern sich auch über Kompetenz und Inkompetenz zur Führung einer Bank in historischer Perspektive zu unterhalten.

Selbst Achleitner könnte irgendwann verstehen, dass es den Bankangestellten Jain und Fitschen nicht darum ging, mit Hilfe einer gut durchdachten neuen Strategie die aktuellen Probleme der Deutschen Bank zu lösen, sondern sich an der Macht zu halten und nicht von den Gehalts- und Bonströgen vertrieben zu werden. Sie hatten offensichtlich nicht begriffen, dass Deutschland keine Deutsche Bank mit einem riesigen Handelsgeschäft braucht, die mit Hedgefonds und anderen Finanzkonzernen schnelle Geschäfte macht und bei denen Risiko und Ertrag in keinem angemessenen Verhältnis stehen. Vielleicht glaubten sie ernsthaft, dass die Probleme ihres Arbeitgebers dadurch entstanden sind, dass sich Ermittler, Regulierer und Medien gegen sie verschworen haben. Das ist nicht nur Larmoyanz – im schlimmsten Fall ist es eine fachärztlich behandlungsbedürftige Indikation. Es kann hier offenbleiben, in welchem Mischungsverhältnis geistige Verwirrung, fachliche Inkompetenz und kriminelle Energie auf den Führungsetagen und den nachgeordneten Ebenen der Deutschen Bank stehen.

Zwei Dinge sind immerhin sicher: Solch eine Führung hat die Deutsche Bank nicht verdient – und Deutschland selbst hat eine bessere Bank verdient. Inzwischen stellte der Journalist Stefan Willeke in der *Zeit* vom 23. April 2015 die Frage, ob die Deutsche Bank ein normales Geldinstitut oder eine kriminelle Vereinigung ist.[3] Ehrenwerte Banker, soweit noch vorhanden, werden diese Frage natürlich empört zurückweisen. Die neuesten Entwicklungen in der Deutschen Bank zeigen aber, wie aktuell und berechtigt sie ist.

Sollten Vorwürfe Münchener Staatsanwälte zutreffen, dann hat man in der Deutschen Bank nicht nur gelogen und betrogen. Das Lügen und Betrügen wurde sogar trainiert, und Lügner und Betrüger haben sich gegenseitig gedeckt. Das System der Täuschung schien ganz oben angekommen zu sein: im Vorstand. Die Chefs haben dieses Geschäft allem Anschein nach glänzend beherrscht. Dabei spielt es keine Rolle, dass die Staatsanwälte in der Anklage gegen einen noch amtierenden und vier ehemalige Vorstände der Bank nicht von »Lügen«, sondern von »Unwahrheiten« sprechen. Die zuständige Wirtschaftsstrafkammer am Landgericht München nahm die Anklageschrift jedenfalls unverändert an. Seit dem 28. April 2015 wird in der Strafsache 401 Js 160239/11 vor dem Landgericht München gegen den Noch-Vorsitzenden Jürgen Fitschen, seine beiden Vorgänger Josef Ackermann und Rolf-Ernst Breuer, den ehemaligen Aufsichtsratsvorsitzenden Clemens Börsig und das frühere Vorstandsmitglied Tessen von Heydebreck verhandelt. Es geht in dem Verfahren um die dreizehn Jahre zurückliegende Pleite des Medienunternehmers Leo Kirch und um die Frage, ob die Deutsche Bank sie mitverursacht hat, weil sie das milliardenschwere Imperium verkaufen wollte. Klärungsbedürftig ist, ob die verantwortlichen Banker dies wider besseres Wissen bestritten haben, nachdem Kirch sie auf Schadenersatz in Milliardenhöhe verklagt hatte. Es wird aber nicht nur über diese Ereignisse verhandelt: Zum Thema gehören auch das Ansehen, der Ruf und die Glaubwürdigkeit der Deutschen Bank. Die Frage ist banal: Kann man den Chefs der Deutschen Bank – und damit der Bank insgesamt – noch glauben, oder ist diesem Institut der Gewinn wichtiger als die Wahrheit?

Diese Frage stellt sich nicht nur wegen des Falls Kirch. Das Umfeld der Bank ist auch durch Stichworte wie »Libor«, »Forex«, »CO_2« oder »Subprime« charakterisiert. Es geht unter anderem um die Manipulation von Zinsen und Devisenkursen, um Steuertricks beim Handel mit Verschmutzungsrechten und zweifelhafte Hypothekengeschäfte in den USA. Im Skandal um den Umsatzsteuerbetrug im Handel mit Emissionszertifikaten erwartet die Deutsche Bank übrigens keine neuen Ermittlungen gegen den Vorstand, da von der Generalstaatsanwaltschaft angeblich eine entsprechende Mitteilung gekommen sei – eine Behauptung, die von der Behörde zunächst nicht kommentiert wurde. Gegen Fitschen und den (ehemaligen) Strategievorstand Stefan Kraus wird indessen weiter ermittelt, weil sie eine Steuererklärung unterschrieben haben sollen, die sich später als falsch herausgestellt habe. Die behördlichen Ermittlungen laufen im Übrigen seit drei Jahren und richten sich gegen sechsundzwanzig Mitarbeiter, von denen einige von der Bank freigestellt wurden, während andere weiter dort arbeiten.[4] Die Unschuldsvermutung gilt natürlich für alle Betroffenen.

Todesanzeige

Man scheint sich nicht mehr an einen Satz des ermordeten Vorstandssprechers der Deutschen Bank (1985 bis 1989) zu erinnern. Alfred Herrhausen hatte vorausgesagt, dass ein Unternehmen an dem Tag zu sterben beginnt, an dem die Manager vergessen, dass es nicht weiter bestehen kann, wenn die Gesellschaft seine Nützlichkeit nicht mehr empfindet oder sein Gebaren als unmoralisch betrachtet.[5] Heute ist also klärungsbedürftig, wie viel Unmoral sich die Deutsche Bank erlauben kann und was es bedeutet, wenn immer mehr Deutsche dieses Geldhaus nicht mehr als nützlich empfinden, weil es all die Ermittlungen, Skandale und Milliardenstrafen gibt.

In einem anderen Verfahren, das in Frankfurt am Main betrieben wird, geht es wiederum um den Handel mit Verschmutzungsrechten (CO_2-Zertifikate). Sieben Händler der Deutschen Bank und deren Mitarbeiter, die in diesem Bereich arbeiteten, wurden suspendiert. Mittlerweile sind auch schon erste Anklagen erhoben worden. Der Handel mit diesen Zertifikaten sollte eigentlich den Ausstoß von Schadstoffen verteuern und so der Umwelt helfen. Stattdessen hintergingen kriminelle Banden aus Deutschland und anderen Staaten den Fiskus, indem sie sich Umsatzsteuern erstatten ließen, die sie gar nicht gezahlt hatten. Die teuren Emissionsrechte wurden über viele Stationen im In- und Ausland so schnell im Kreis an- und verkauft, teils innerhalb von Sekunden, dass die Finanzbehörden gar nicht mehr durchblickten.

Bei diesen Geschäften war die Deutsche Bank mittendrin. In einem ersten großen Prozess waren vor einigen Jahren sechs Geschäftsleute, die mit ihren Handelsfirmen den Staat ausnahmen, als erste von mehr als hundertfünfzig Beschuldigten zu teils langen Haftstrafen verurteilt worden. Dies kam schon damals einer Abrechnung der Justiz mit der Deutschen Bank gleich, die übrigens früh vom britischen Fiskus vor entsprechenden betrügerischen Deals gewarnt worden war. Angeblich haben das Jain und andere Top-Leute auch gewusst.[6]

In einem anderen Bereich braucht man dagegen auf rechtliche Würdigungen und Entscheidungen nicht mehr zu warten. Am 23. April 2015 wurde bekannt, dass Aufsichtsbehörden aus Großbritannien und den USA gegen die Deutsche Bank eine Strafe von 2,5 Milliarden Dollar verhängt haben. Nach einer Erklärung des amerikanischen Justizministeriums hatten Mitarbeiter der Deutschen Bank rund um den Globus illegal Zinssätze manipuliert. Es handelt sich um die bislang höchste Strafe, die je gegen eine Bank im Zusammenhang mit Absprachen bei der Festlegung von Referenzzinsen wie etwa dem Libor verhängt wurde.

Der Libor ist der Zinssatz, zu dem sich Banken untereinander Geld leihen. Er wird in London notiert und war leicht zu manipulieren, weil er aus einer Umfrage von acht bis sechzehn Großbanken ermittelt wurde, die täglich um 11 Uhr an den Britischen Bankenverband meldeten, zu welchem Zins sie sich von anderen Banken Geld liehen. Dieser Zinssatz hat, worauf schon hingewiesen wurde, weltweit eine enorme Bedeutung, weil Finanzprodukte in Höhe von mehreren Hundert Billionen Euro an ihn gekoppelt sind. Es geht dabei auch um Derivate, also Wetten auf Aktien, Anleihen oder Währungen, die sich auf einen Basis-Zinssatz beziehen. Das gilt häufig auch für Sparprodukte von Banken mit einem flexiblen Zinssatz. Inzwischen wurde dem Britischen Bankenverband die Verantwortung für die Feststellung des Libor entzogen, dafür ist nun eine unabhängige Organisation zuständig. Zudem haben die internationalen Aufseher darauf gedrungen, die Feststellung der Zinsen in den Banken besser zu kontrollieren. Angeblich hat die Deutsche Bank der Überwachung durch einen behördlich entsandten Aufpasser zugestimmt.[7]

Die einschlägigen Manipulationen spielten sich mindestens zwischen 2003 und 2011 ab. Die Motive waren eindeutig: Zum einen wollten die Banker insbesondere auf dem Höhepunkt der

Finanzkrise 2008 die eigene Situation beschönigen. Sie meldeten deshalb einen niedrigeren Zinssatz, als sie eigentlich zahlen mussten, da ein hoher Zins als Alarmsignal gilt. Zum anderen verfolgten sie schlicht eine Bereicherungsabsicht: Wer weiß, wie ein Zins sich entwickelt, kann die Handelsposition der Bank darauf abstellen und Wetten abschließen. Das nutzte natürlich auch den Händlern selbst: Je mehr Gewinn sie erzielten, umso höher war ihr Bonus.

Die Bezifferung des Schadens ist schwierig. Dazu müsste bekannt sein, in welche Richtung der Libor in welchem Zeitraum manipuliert wurde. Erst dann könnten Bankkunden anhand ihrer damaligen Wertpapierpositionen sagen, welchen Schaden sie erlitten haben. Eine Reihe von Investoren möchte klagen. Anwälte sind mit Analysen beschäftigt, wie sich der Libor ohne die Manipulationen entwickelt hätte. Nach Schätzungen soll Bankkunden ein Schaden von rund 17 Milliarden Dollar entstanden sein.

Der Deutschen Bank werden auch von der britischen Financial Conduct Authority (FCA) Fehlinformation und Verzögerungstaktik vorgeworfen. Sie hat sich bislang von zwölf Händlern getrennt, die mit der Feststellung des Libor betraut waren, neun weitere wurden versetzt. Im April 2015 drängten die Behörden darauf, dass die Bank mindestens sieben weitere Mitarbeiter entlässt. Für Rechtsrisiken musste die Deutsche Bank alleine im ersten Quartal 2015 etwa 1,5 Milliarden Euro aufwenden. Zur Erinnerung: Schon Ende 2013 hatte sie wegen der Zinsmanipulationen 725 Millionen Euro an die EU-Kommission zahlen müssen.

Jenseits der Frage, ob der angekündigte »Kulturwandel« ein notwendiges und schon lange überfälliges Zwischenstadium auf dem Weg zu einem auch nur halbwegs akzeptablen Compliance-Niveau im größten deutschen Geldinstitut ist, steht fest, dass die Vorwürfe internationaler Aufsichtsorgane nicht zu der hehren Absicht passen, auf diese Weise das Vertrauen unter den

Kunden wiederherzustellen. Bei den Investmentbankern in London oder New York ist von einem Kulturwandel immer noch wenig zu spüren. Es ist bis jetzt nicht hinreichend deutlich geworden, dass man im Kreise der Investmentbanker eine Kultur einrichten konnte, die sich in nennenswerter Weise vom bisherigen Comment kriminell-pathologischer Bereicherungsgier unterscheidet. Daran wird sich auch nichts ändern, wenn immer nur Händler aus den unteren Ebenen gefeuert werden, die Führungskräfte, die letztlich sowohl für »Governance« als auch für »Compliance« verantwortlich sind, aber verschont bleiben. Ihr umfassendes Versagen hat die Deutsche Bank geradezu in strategische Nöte geführt.

Verschwörung

Für Nachsicht sollte kein Raum sein.[8] Jain hatte das Investmentbanking bis Juni 2012 verantwortet und hätte sich in seinem Beritt um ordentliche Führung und Regelbefolgung kümmern müssen. Das geht natürlich nicht ohne eine seriöse Kontrolle. Wie mittlerweile veröffentlichte E-Mail-Protokolle zeigen, war es damit allerdings nicht weit her. Aus den Unterlagen geht hervor, wie sich Händler der Deutschen Bank ohne jede Skrupel absprachen, in welche Richtung die Referenzzinsen getrieben werden sollten. Sie beruhten lange Zeit nur auf Meldungen der Banken zu ihren Finanzierungskonditionen und nicht auf unabhängigen Preisen wie Börsenkursen. Die Deutsche Bank behauptet aber weiterhin unverdrossen, dass kein gegenwärtiges oder ehemaliges Vorstandsmitglied Kenntnisse über das Fehlverhalten im Handelsbereich gehabt habe. Eine Beteiligung an derartigen Aktivitäten habe man auch nicht feststellen können.

Ende Juni 2015 stellte sich die Sachlage schon etwas anders dar. Die Frage, was der ausgeschiedene Ko-Vorstandsvorsitzende Jain über die Zinsmanipulationen wusste, brachte die Deutsche Bank noch mehr als bisher in Bedrängnis. Am letzten Wochenende des genannten Monats wiesen Jain und die Bank Vorwürfe zurück, wonach er die Bundesbank in einem Gespräch 2012 getäuscht habe. Damals soll Jain auf die Frage, wann er zum ersten Mal von Gerüchten über Manipulationen von Referenzzinsen wie dem Libor gehört habe, geantwortet haben: im Jahr 2011.

Tatsächlich soll es aber erste Berichte über Absprachen schon drei Jahre zuvor gegeben haben. Die zuständige Abteilungsleiterin der BaFin wirft Jain folglich schwerwiegende Verfehlungen vor. Er habe ein Umfeld geschaffen, in dem das Ausnutzen von Interessenkonflikten gefördert worden sei. Die bisherigen Antworten des früheren Chefs des Investmentbankings der Deutschen Bank könnten mindestens als »irreführend« angesehen werden, gab es doch schon 2008 Medienberichte über Absprachen bei der Festlegung von Interbankenzinsen. Jain hält die Vorwürfe gleichwohl weiter anscheinend unbeeindruckt für »gegenstandslos«. Er habe die Bundesbank natürlich nicht täuschen wollen. Die ihm gestellte Frage hat er angeblich auf mögliche Manipulationen bei der Deutschen Bank bezogen, nicht aber auf allgemeine Manipulationsgerüchte am Markt.

Jain scheint also dabei bleiben zu wollen, dass er über die (damals noch mutmaßliche) Verwicklung von Mitarbeitern der Deutschen Bank in die Zinsmanipulationen erst im Jahr 2011 erfahren habe. Dessen ungeachtet ist in einem neueren BaFin-Bericht davon die Rede, dass ein Händler der Deutschen Bank zum Nachteil des Kunden Pimco, einer auf Anleihen spezialisierten Fondsgesellschaft, einen Referenzzins für Zinstauschgeschäfte manipuliert haben soll.

Wie auch immer: Bereits im Sommer 2013 hatte die BaFin der Deutschen Bank vorgeworfen, die »Zinsaffäre« mangelhaft aufgearbeitet zu haben. Die FCA berichtete sogar von einer bewussten Falschmeldung auf ihre Anfrage, ob die Systeme und Kontrollen für das Libor-Verfahren angemessen gewesen sind. Ein Mitarbeiter der Deutschen Bank habe die Frage bejaht, obwohl er wusste, dass dies nicht der Fall war. Man habe auch bewusst wahrheitswidrig erklärt, dass die deutsche Aufsicht die Weiterleitung eines Zwischenberichts der BaFin untersagt habe. Die Deutsche Bank habe (angeblich »irrtümlich«) die Zerstörung von Tonbändern veranlasst, auf denen Telefongespräche aufgezeichnet waren, deren Archivierung von der FCA verlangt worden war.

Jain und Fitschen zeigten unterdessen einen erstaunlichen Großmut, indem sie erklärten, dass sie die Ergebnisse der Aufsichtsbehörden »akzeptierten«. Sie verwiesen auch auf inzwischen angeblich getroffene Maßnahmen wie etwa die Verbesserung der Kontrollprozesse oder die Archivierung von Aufzeichnungen. Sie behaupteten, dass sie die Angelegenheit bedauerten. Gleichzeitig zeigten sie sich aber zufrieden, die Probleme gelöst zu haben.[9]

Bemerkenswerterweise ist die Deutsche Bank in den Untersuchungen wegen Manipulationen am Devisenmarkt immer noch ungeschoren geblieben, obwohl Mitarbeiter in New York und London bereits entlassen wurden.[10] Auch insoweit wird der Nachfolger Jains vermutlich einige Zeit brauchen, um das desaströse Bild zu verarbeiten, das sein neuer Arbeitgeber bietet. Er wird sich nicht nur mit diesen Hinterlassenschaften befassen müssen: Die Deutsche Bank wird demnächst womöglich von amerikanischen Aufsichtsbehörden wieder einmal wegen Hypothekenanleihen herangezogen werden, bei denen es um falsche Angaben gegenüber Investoren beim Verkauf dieser mit riskanten Immobilienkrediten unterlegten Wertpapiere geht.

Die Deutsche Bank stand in ihrer fast hundertfünfzigjährigen Geschichte wohl noch nie so schlecht da wie heute. Alles liegt am Boden: das Ansehen der Bank in der Öffentlichkeit, der Aktienkurs, die Rendite, die Kapitalisierung, das Vertrauen der Investoren. Man spricht von einem »Ur-Fehler«, der die Bank dorthin gebracht habe: die Berufung des früheren Investmentbanking-Chefs Anshu Jain zum Vorstandsboss vor drei Jahren, zusammen mit Jürgen Fitschen.

Das Modell der »Doppelspitze« gilt inzwischen als »komplett gescheitert«. Jain hatte Fitschen rasch an den Rand gedrängt, seine Leute aus London (»Anshus Army«) in zentrale Positionen gebracht und sich die Bank untertan gemacht. Fünf Jahre nach Ausbruch der Finanzkrise war er aber der falsche Mann: Jetzt gaben die Regulierer und Risikobegrenzer den Ton an. Jain schien aber geglaubt zu haben, dass er immer so weitermachen könne, wie er es gelernt hatte. Deshalb kam er auch zu der katastrophalen Fehleinschätzung, es sei mit einigen kosmetischen Korrekturen getan. Tatsächlich aber hat Jain die Bank in eine völlig falsche Richtung bugsiert. Sein Nachfolger wird unter anderem beweisen müssen, dass er eines verstanden hat: Die Deutsche Bank ist ohne ein starkes Privatkundengeschäft, ohne ausreichende Filialen, ohne Kundenkontakt und ohne gesellschaftliche Verankerung nicht denkbar.[11]

Das Investmentbanking soll nach den Vorstellungen von Achleitner auch nach dem Weggang von Jain dennoch eine entscheidende Bedeutung behalten. Die deutschen Unternehmen, die in der ganzen Welt (noch) eine führende Rolle spielen, bräuchten nämlich eine Partnerbank, die sie überall begleiten kann. Das Geschäft an den Kapitalmärkten solle nicht allein den amerikanischen Banken überlassen werden. Vor diesem Hintergrund wird die Geduld erklärbar, die Achleitner für die »Sünden« der Investmentbanker und deren Kostenfolgen bis dahin aufgebracht hatte.[12]

Es bleibt abzuwarten, ob er insoweit die notwendige strategische Intelligenz zeigt – bisher ist sie jedenfalls nicht besonders augenfällig geworden. Achleitner war immerhin von 2000 bis 2011 Finanzvorstand des Versicherungskonzerns Allianz. Er steht auch in Verbindung mit der Übernahme der Dresdner Bank. Seine Idee zur Schaffung eines »Allfinanzkonzerns«, kostete seinen damaligen Arbeitgeber sehr viel Geld. Immerhin gelang Achleitner vor fünf Jahren der Verkauf der Dresdner Bank an die Commerzbank – übrigens die Bank, die später mit Hilfe vieler Milliarden Steuergelder aufgefangen werden musste.

Wirrnisse

Am 24. April 2015 traf der Vorstand der Deutschen Bank weitreichende Entscheidungen hinsichtlich des Privatkundengeschäfts. Der Aufsichtsrat stimmte dessen Vorschlag einstimmig zu, die Trennung von der Postbank in die Wege zu leiten, bei der man erst 2008 eingestiegen war. Die Filialen der Deutschen Bank werden zwar im Konzern bleiben, sollen aber zahlenmäßig erheblich schrumpfen – so viel zu den angeblichen Bemühungen der Deutschen Bank, ihre Kunden überall dahin zu begleiten, wo sie ihre Geschäfte tätigen. Unabhängig vom unternehmerischen Sinn dieser und anderer Maßnahmen ist in Zukunft jedenfalls eine qualifiziertere und rechtstreue Führung nötig.

Im ersten Quartal 2015 fiel der Gewinn der Deutschen Bank vor Steuern um 12 Prozent auf 1,48 Milliarden Euro, doch nach dem zweiten Quartal 2015 gab man sich allerdings wieder etwas frohgemuter. Die Freude wegen der in diesem Zeitraum aufgetretenen überschaubaren Gewinnsteigerungen sollte sich aber besser in Grenzen halten, mussten doch für den Libor-Skandal die schon genannten 1,5 Milliarden Euro für Rechtsstreitigkeiten aufgewendet werden. Die absehbar »entkonsolidierte« Postbank hatte dazu übrigens 200 Millionen Euro beigesteuert.

Jain hoffte während seiner Amtszeit vielleicht noch, vom deutlich verringerten Engagement anderer Großbanken wie Barclays oder UBS im Investmentbanking profitieren zu können. Diese Hoffnung hat sich nicht erfüllt, zumal auch die Minizinsen und die teuren Strafzahlungen die Gewinne belasten. Die Renditen der Deutschen Bank sollten bei 12 Prozent liegen, betrugen aber zuletzt noch nicht einmal 3 Prozent. In dieser Situation war die Einleitung eines Schrumpfungsprozesses wohl alternativlos. Auch im Investmentbanking sollen Geschäfte von bis zu 200 Milliarden Euro wegfallen – etwa ein Fünftel der gesamten Bilanzsumme! Gleichwohl gibt es Warnungen, dass sich durch den Verkauf der Postbank die Gewichte weiter in Richtung Investmentbanking verschieben werden.

Die Privatkundensparte gilt als der eigentliche Verlierer. Aufgrund der beschlossenen strategischen Änderungen dürfte die Deutsche Bank zukünftig noch weniger deutsch sein und endgültig von London aus geführt werden. Im Lager der Privatkundenbetreuer ist die Befürchtung zu hören, dass die einst stolze Deutsche Bank als Investmentboutique oder in den Armen einer internationalen Großbank enden könnte.[13] Aufgrund des miserablen Aktienkurses hatten Fitschen und Jain seinerzeit aber möglicherweise keine andere Wahl: Sie mussten einen Prozess des Gesundschrumpfens einleiten. Das Ergebnis dieser Geschäftspolitik ist jedenfalls verblüffend: Die Deutsche Bank wird nach dem Umbau wieder genauso aussehen wie vor der Finanzkrise, nur ein bisschen kleiner. Sie wird wieder eine Investmentbank sein, die sich nebenbei ein Privatkundengeschäft für die gehobene Klientel hält.

Schon in der Ära Ackermann hatte man offensichtlich nicht verstanden, welche Lehren aus dem 15. September 2008, dem Untergang von Lehman Brothers, und der sich daran anschließenden heißen Phase der Finanzkrise zu ziehen waren. Die Deutsche Bank schien damals die Krise zunächst zwar relativ gut zu überstehen, sodass man keinen Grund für eine Neuorientierung der Führung hatte. Auch in Sachen »Governance« und »Compliance« glaubte man, die gewohnte Lethargie fortsetzen zu können. Unter dem Eindruck der Folgen der Finanzkrise ist inzwischen aber eine zornige Öffentlichkeit entstanden: Sie zwingt Politiker und Regulierer immer mehr, den Banken auf die Finger zu schauen. Von selbst sind sie nicht zu realitätsgerechten Einsichten gelangt und müssen jetzt beispielsweise durch neue Eigenkapitalregeln gezwungen werden, ihre Geschäfte besser abzusichern. Auch das ist eigentlich schon ein Gebot klassischer Governance- und Compliance-Regeln.

Die neuen Regeln betreffen global operierende große Banken härter als die anderen, denn sie müssen höhere Reserven bilden als ihre kleineren Mitbewerber. Auch in der Deutschen Bank wird man lernen müssen, dass sich zudem die Einstellung der Regulierer selbst in Ländern mit langer Kapitalmarkttradition geändert hat: In den USA und Großbritannien hat sich eine »Null-Toleranz-Politik« etabliert. Drakonische Strafen sind fast schon an der Tagesordnung. In den Handelsräumen wurden die zuständigen Behörden aber lange Zeit nicht ernst genommen. Insoweit wird die Deutsche Bank noch einen »sinnlichen« Bezug zu Compliance-Fragen bekommen. Ihre Führung lernt anscheinend nur durch und unter Schmerzen. Dafür könnte die US-Finanzaufsicht sorgen: Die amerikanische Notenbank verhandelt bereits seit Jahren mit der Nordamerika-Tochter der Deutschen Bank, weil sie deren Finanzberichte für »von geringer Qualität, ungenau und nicht verlässlich« hält. Und noch schlimmer: Die Deutsche Bank fiel in der zweiten Runde der Stresstests der Fed wegen Mängeln im Berichtswesen durch. Das ist ein gefährlicher Tatbestand, wenn man weiter im globalen Geschäft der Investmentbanken vorne mitspielen möchte.

Voodoo

Zwischenzeitlich hatten Jain, Fitschen und Achleitner knapp drei Jahre lang erklärt, sie wollten die größte deutsche Bank zur führenden globalen Universalbank machen. Es war ihr Ziel, dass die Deutsche Bank zu den drei größten und besten Banken der Welt gehören sollte. Sie revidierten ihr Ziel aber: Irgendwann hätte es ihnen genügt, wenn ihr Arbeitgeber unter den ersten fünf gelandet wäre – doch auch dieses Ziel wurde nicht erreicht. Dennoch haben sie vielleicht nicht komplett versagt, gehört die Deutsche Bank in manchen Bereichen des Investmentbankings (Handel mit Anleihen, Währungen und Derivaten) global immerhin zu den drei führenden Instituten. In einer zentralen Hinsicht gilt die Führung jedoch (ebenfalls) als »krachend gescheitert«; In der Rangliste der wertvollsten Banken der Welt spielt die Deutsche Bank keine Rolle. Gemessen am Börsenwert können die Aktionäre froh sein, wenn ihre Bank unter den fünfzig wertvollsten Banken überhaupt auftaucht.

Eines ist also klar: Die neue Strategie der Deutschen Bank ist die alte, vielleicht in etwas strafferer Form. Berechtigterweise stellt sich daher die Frage, welche strategischen Probleme damit gelöst werden sollen. Für dieses Ergebnis hätten Aufsichtsrat und Vorstand die Bank in der Tat nicht monatelang lahmlegen müssen. Das dort verstreute »Führungspersonal« hat wohl immer noch nicht ganz verstanden, dass die Deutsche Bank über zu wenig Kapital verfügt und dass die Börse wenig Neigung verspürt, ihr mehr Geld zu geben. Dennoch scheint das »Strategietheater« einen Zweck erfüllt zu haben: Nachdem Anfang 2015 die Trennung von der Postbank durchgestochen worden war, kam der Aktienkurs auf Trab. Dieses Spiel der Investmentbanker über die Bande sorgte für Rückenwind an der Börse und entschied vorerst über den Ausgang der Debatte. Dafür dürfte es für absehbare Zeit aber keine großartigen Kurssprünge mehr geben.

Die Absicht, das Geschäft an den Kapitalmärkten nicht alleine den amerikanischen Banken zu überlassen, mag berechtigt gewesen sein. Man sollte aber nicht verkennen, dass ein Großteil des Investmentbankings der Deutschen Bank den deutschen Unternehmen nur wenig dient, etwa der exzessive Handel mit Derivaten. Davon profitieren tatsächlich nur die »Bonus-Banker«, nicht die Aktionäre oder Kunden. Wenn Governance, verstanden als Wiederherstellung und Aufrechterhaltung von »Balance«, nötig ist, dann hier. Jain und Fitschen hatten den Kapitalmarkt hingegen zweimal angepumpt, um höhere Eigenkapitalanforderungen der Aufsicht zu erfüllen und um zu investieren. Die Wahrheit ist jedoch, dass sie in kurzer Zeit mehr als die fast zwölf Milliarden Euro, die sie in zwei Kapitalerhöhungen aufgenommen hatten, verbrannten. Das Geld verdampfte in Rechtsstreitigkeiten, in Verlusten aus toxischen Wertpapieren und in Strafen für Betrug oder Manipulationen in so ziemlich allen Märkten und Ländern.

Wie schon erwähnt: Ausgerechnet der vorher verantwortliche Chef der Investmentbanker sollte den »Saustall« besser ausmisten können als andere. Diese Erwartung dürfte nur solange tragfähig sein, wie Jain keine Kenntnis bestimmter Vorgänge nachzuweisen ist. Das muss sich beispielsweise in den angeklagten und noch zu untersuchenden Fällen des Umsatzsteuerbetrugs im Handel mit Emissionszertifikaten aber erst noch zeigen.[14]

Wie auch immer: In Wahrheit ist eine Wette darauf abgeschlossen worden, dass die Bank das Geschäft mit Beratung, Wertpapieremissionen und Firmenfusionen besser beherrscht, als all die Konkurrenten. Der Erfolg dieser Strategie hängt davon ab, ob der ausgerufene »Kulturwandel« vor allem im Investmentbanking wirklich stattfindet.[15] Alles wird sich danach entscheiden, ob man es schafft, in einem Milieu hemmungsloser Bereicherungssucht Rechtsgehorsam zu üben. Über die Wahrscheinlichkeit eines Gelingens lässt sich nur spekulieren. Damit ist man wieder bei der »Kernkompetenz« in diesem Bankgeschäft angelangt. Nach den bisherigen Erfahrungen besteht insoweit keinerlei Anlass für Vertrauen in die Fähigkeiten der Bankführung.

Die Kritik betrifft nicht nur Einzelfälle. Deutsche Staatsanwälte können ein Lied davon singen, wie die Deutsche Bank herumlaviert. Ihre sehr begrenzte Kooperationsbereitschaft war der Grund dafür, dass Razzien stattfanden und Verfahren immer länger wurden. Die Führungsgestalten der Deutschen Bank haben einen höchst eigenartigen Blick auf die Welt. Das Verhältnis der Manager drinnen zu den Menschen draußen ist offensichtlich gestört. Ihre Haltung könnte man als »neurotisch« bezeichnen, wenn das Wesen der Neurose im Auseinanderfallen zwischen innerer und äußerer Wirklichkeit liegt.

Die Zinsmanipulationen, die hier schon erwähnt wurden, sind ein deutliches Zeichen nicht nur für Kontroll- und Wahrnehmungsdefizite, sondern vor allem für eine tief verwurzelte fragwürdige »Kultur«. US-Behörden werfen Führungskräften deshalb vor, dass sie trotz Warnsignalen untätig blieben, und nennen unter anderem Michele Faissola, den Chef der Vermögensverwaltung und Mitglied des operativen Führungsgremiums, der als enger Vertrauter Jains galt. Doch wie verantwortlich ist ein Vorstand für seine engsten Mitarbeiter? Für Jain jedenfalls bedeutete Verantwortungsübernahme für (zu) lange Zeit sicherzustellen, dass es nicht mehr zu solchen Vorfällen kommen könne. Doch eigentlich ist ein Verantwortlicher immer gefordert, unabhängig davon, was er wusste und was nicht.

Stattdessen posaunte Jain seinen Stolz auf die angeblich starke operative Leistung der Bank hinaus und beklagte, dass sie von den negativen Nachrichten, den Überschriften über frühere Rechtsverstöße und »unangebrachtes Verhalten Einzelner« überdeckt und so der Anspruch, eine führende globale Bank zu sein, konterkariert werde. Fitschen hatte seinerzeit immerhin noch erkannt, dass da noch einiges zu tun ist. Auch sein Kollege Jain hatte eingeräumt, dass »Fehler« gemacht wurden – aber man habe daraus gelernt. Er erinnerte sich immerhin auch noch selbst daran, dass er Leiter des Investmentbankings war und wollte sich angeblich nicht im Nachhinein herausreden. Jain behauptete, dass er der Bank am besten dadurch dienen könne, dass er deren Probleme löse, sie neu aufstelle und ihre Leistung optimiere. Diese »Mission« sei noch nicht zu Ende.[16]

Nach der Aufsichtsratssitzung vom 20. Mai 2015 und der Hauptversammlung vom 21. Mai 2015 war dagegen zunächst die Mission des einen oder anderen Kollegen beendet. Weitere Konsequenzen gab es wenige Tage danach: So musste der für das Privatkundengeschäft zuständige und allseits geschätzte Rainer Neske seinen Stuhl räumen, der künftig von Christian Sewing besetzt wird;[17] seinen Posten als Rechtsvorstand sollte er allerdings zunächst auch noch behalten. Strategie- und Finanzvorstand Stefan Krause übernimmt die Verantwortung für den Zahlungsverkehr und die Handelsfinanzierung sowie die konzerninterne »Bad Bank«. Seine bisherige Zuständigkeit für »Strategie« sollte erst von Jain höchstselbst übernommen werden. Neuer Finanzvorstand wurde Marcus Schenck. Damit hat sich die Zahl der Vorstandsmitglieder von acht auf sieben verringert. Aus dem erweiterten Vorstand mussten Alan Cloete, Chef der Asien-Pazifik-Region und wegen seiner Rolle im Tatkomplex »Libor« heftig kritisiert, der Großbritannien-Chef Colin Grassie sowie Christian Ricken, Stellvertreter des Privatkundenvorstands Neske, ausscheiden.

Nach diesen Rochaden schien es zunächst so, dass Jain gestärkt und Fitschen geschwächt worden war. Diese Machtverschiebung entsprach dem bis dahin von Jain geprägten neuen Kurs der Deutschen Bank, die sich zukünftig stärker auf die Firmenkunden, vermögende Privatkunden und auf das Investmentbanking konzentrieren sollte. Sie sollte (dennoch) eine »Universalbank« bleiben, hieß es. Diese Personalentscheidungen wurden indessen bald so interpretiert, dass Jain nach dem Auslaufen des Vertrags von Fitschen, also in spätestens zwei Jahren, die Deutsche Bank alleine führen solle. Es war jedoch schon damals höchst zweifelhaft geworden, ob dieser Investmentbanker, in dessen Amtszeit sich existenzbedrohende Risiken aufgebaut hatten und enorme wirtschaftliche Schäden entstanden waren, der richtige Kandidat für eine derartige Aufgabe war.

Revolte und Revolution

Auf der Hauptversammlung vom 21. Mai 2015 wurde die Frage nach der Eignung des Führungspersonals endlich sehr laut gestellt. Mächtige Fondsgesellschaften und Aktionärsgruppen griffen nicht nur Jain heftig an, sie entzogen ihm und Fitschen gleichermaßen das Vertrauen. Die Attacken gingen weit über das in Hauptversammlungen Übliche hinaus. Jain mag ein hochintelligenter Manager (gewesen) sein, viele bezweifeln aber, dass er ein politischer Kopf ist, der nicht nur die Interessen der Aktionäre, sondern auch jene des Landes im Blick hat. In Deutschland war dieser Banker jedenfalls nie angekommen.[18] Es ist immer noch nicht erkennbar, ob dies jemals zu seinen leidenschaftlich verfolgten Ambitionen gehörte. Doch das ist inzwischen auch völlig egal.

Im Vorfeld der Hauptversammlung vom 21. Mai 2015 schien Achleitner als Aufsichtsratsvorsitzender jedenfalls erst einmal Handlungsstärke beweisen zu wollen. In Wahrheit reagierte er aber nur auf enormen Druck. Nicht nur die britische Aktionärsberatung Hermes Equity Ownership Services hatte dem bis dahin amtierenden Vorstand das Misstrauen ausgesprochen. Wichtige Stimmrechtsberater wie Institutional Shareholder Service, Glass Lewis und die deutsche Ivox hatten den Anteilseignern geraten, die Entlastung zu verweigern.

Die Ausgangslage war für das Management der Deutschen Bank unmittelbar vor der Hauptversammlung dennoch nicht ganz ungünstig. Anders als bei vielen anderen Dax-Unternehmen befinden sich bei der Deutschen Bank nennenswerte Anteile nicht in der Hand von Großaktionären: 94 Prozent der Aktien sind in Streubesitz. Das Management musste für eine Entlastung außerdem gar nicht so viele Anteilseigner für sich gewinnen, weil in Deutschland bei Hauptversammlungen in der Regel nur 30 bis 40 Prozent des stimmrechtsfähigen Kapitals anwesend sind: Sind also insgesamt nur 15 bis 20 Prozent der Aktionäre für eine Entlastung, reicht dies formal aus. Dies galt auch unmittelbar vor Beginn der Eröffnung der Hauptversammlung als ausreichend, da drei der großen Aktionäre, die als Unterstützer von Jain und Fitschen bekannt waren, schon zusammen rund 14 Prozent der Anteile hielten. Dazu zählte die US-Fondsgesellschaft Blackrock, deren Chef Larry Fink mit Jain befreundet sein soll. Die Paramount Services Holding aus Katar und die Deutsche Asset Management Americas, die konzerneigene Vermögensverwaltung, schienen ebenfalls eng mit Jain verbunden gewesen zu sein.[19]

Einen Tag nach der Hauptversammlung vom 21. Mai 2015 verfiel die Deutsche Bank zunächst in Schweigen. Die Anteilseigner hatten ihrer Führung ein beispielloses Misstrauen ausgesprochen. Nie zuvor hatten 39 Prozent der Aktionäre dem Vorstand die Entlastung verweigert. Selbst langjährige Beobachter konnten sich an eine derartige Ohrfeige nicht erinnern.[20] Als normal gelten Ablehnungsquoten von 1, 2 oder höchstens einmal 5 Prozent. Schlimmer noch: Die Verweigerung kam diesmal nicht von ein paar krakeelenden Kleinaktionären, sondern von Großinvestoren und Aktionärsberatern, denen die ganze Richtung nicht passte. Das war (und ist) für die Deutsche Bank eine echte Bedrohung. Von dort kommt nämlich etwas für sie Unverzichtbares: Kapital. Jain und Fitschen konnten damals nur deshalb entlastet werden, weil so wenige Aktionäre anwesend waren. Bei dem Tagesordnungspunkt »Entlastung« stimmten nur 30 Prozent mit. Ein großer Teil der Zustimmung kam von der Fondsgesellschaft Blackrock und vom Scheich von Katar.[21]

Kurz vor der Hauptversammlung hatte Jain noch zuversichtlich herumgetönt, dass die Unterstützung der Investoren stark sei. Am »Tag danach« war immerhin klar, dass es keine weitere Chance geben würde. Weder die Vorstandsvorsitzenden noch der Aufsichtsrat hätten sich auf einer Hauptversammlung eine weitere Schlappe erlauben können. Wenige Tage später forderten sowohl Mitarbeiter als auch Aktionäre auf einem Flugblatt den Rücktritt von Jain, weil er als ehemaliger Chef des Investmentbankings die vielen Rechtsrisiken und Milliardenstrafen zu verantworten habe.[22]

Die »Strategie 2020« galt als demaskiert und wurde als Stärkung des Investmentbankings zulasten des Privatkundengeschäfts verstanden. Die Kritik an der Macht der angelsächsisch geprägten Investmentbanker innerhalb der Bank und den von ihnen verschuldeten hohen Strafzahlungen zog sich seinerzeit auf der Hauptversammlung durch die Redebeiträge fast aller Anteilseigner. Die Rekordstrafe wegen der Manipulationen am Referenzzinssatz Libor wurde als Schlag in das Gesicht des propagierten Kulturwandels bezeichnet.[23] Die Aktionäre zahlten die Zeche für die Kasinozockereien der Investmentbanker der Deutschen Bank. Man artikulierte die Furcht, dass die Bank den Investmentbankern dauerhaft in die Hände fällt, diese aber ihr Ertragsversprechen vor allem gegenüber sich selbst und nicht gegenüber der Deutschen Bank einlösen. In dem Applaus für den scheidenden Privatkundenvorstand Neske drückte sich offensichtlich nicht nur Anerkennung für ein Vierteljahrhundert guter und loyaler Arbeit aus, sondern auch Wehmut angesichts seines verlorenen Machtkampfs gegen die Investmentbanker. Umso berechtigter erscheint dann die Frage, warum die Postbank noch ein Jahr zuvor als Bestandteil der Deutschen Bank gerühmt und nun als Fremdkörper beschrieben wurde. Wie auch immer: Eine Bank, die in siebentausend Rechtsstreitigkeiten verwickelt ist und unterdurchschnittliche Ergebnisse erzielt, ist nicht nur schlecht geführt, die Deutsche Bank hat auch ihr in fast hundertfünfzig Jahren aufgebautes Ansehen verspielt. Es hat jedenfalls die Furcht um sich gegriffen, dass die Deutsche Bank die versprochene Wende zum Besseren vielleicht nicht schaffen wird.

Bessere Jahresergebnisse und ein höherer Aktienkurs werden nicht genügen, um die Entfremdung zwischen der Deutschen Bank und einem nicht geringen Teil der deutschen Öffentlichkeit zu überwinden. Entscheidend war in der Tat die Frage, wie lange man Jain noch als den richtigen Mann betrachten würde, der die Reputation der Bank und ihrer Führung verbessern kann. Die Hauptversammlung vom 21. Mai 2015 hat deutlich gemacht, dass viele Aktionäre nicht dieser Meinung waren.[24] Jain und Fitschen schienen beide die Botschaft aber erst zwei Wochen später verstanden zu haben.

Aus die Maus

Am Sonntag, dem 7. Juni 2015 war der Paukenschlag nicht nur in der Bankenwelt zu hören. An einem neuen »Tag danach« war den Titelseiten der Zeitungen zu entnehmen, dass Jain die Deutsche Bank zum Ende des gleichen Monats verlassen, aber von Juli 2015 bis Januar 2016 noch als »Berater« zur Verfügung stehen würde: Doch welche guten Ratschläge erwartet man denn von solch einem ehemaligen Mitarbeiter? Fitschen hingegen soll bis zur nächsten Hauptversammlung im Frühjahr 2016 an Bord bleiben und danach die Bank verlassen.

Der Brite John Cryan soll im Juli 2016 der alleinige Nachfolger werden. Aufsichtsratschef Achleitner konnte es sich nicht verkneifen, den bisherigen Vorstandsvorsitzenden dafür zu danken, dass die Deutsche Bank ihre (angeblich) weltweite Führungsposition aufgrund ihres jahrzehntelangen Einsatzes erreicht habe. Die Rücktrittsentscheidung zeige zudem auf beeindruckende Weise deren Einstellung, die Interessen der Bank vor ihre eigenen zu stellen.

Es ist fraglich ist, ob Achleitner überhaupt noch weiß, was er redet, hatte Jain doch – was inzwischen jeder wissen dürfte und woran nicht oft genug erinnert werden kann – zehn Jahre lang das Investmentbanking des Konzerns geleitet, also jene Sparte, in welcher der Großteil der Skandale geschehen ist, deren juristische Aufarbeitung die Bank inzwischen annähernd einen zweistelligen Milliardenbetrag gekostet hat! Obschon Jain bis jetzt noch keine direkten persönlichen Verfehlungen nachzuweisen sind, steht immerhin schon fest, dass es angesichts der hohen Strafzahlungen und der zu geringen Verringerung der Kosten im operativen Geschäft weder ihm noch seinem Kollegen Fitschen gelungen ist, die Ertragsschwäche der Deutschen Bank zu überwinden. Strategische Entscheidungen wie der Verkauf der Postbank, die Schließung von zirka zweihundert Filialen oder eine neue Aufgabenverteilung im Vorstand blieben bis jetzt wirkungslos. Fairerweise ist einzugestehen, dass noch einige Zeit vergehen muss, um eine seriöse Beurteilung vornehmen zu können.

Der Führungswechsel gilt jedoch, wie bereits angedeutet, als »überhastet und verkorkst«. Die Deutsche Bank erweckt den Eindruck, als ob sie fast hilflos nach einem neuen Geschäftsmodell sucht – ein umfassender Neuanfang ist nicht in Sicht. Der in peinlicher Bemühtheit immer wieder propagierte »Kulturwandel« ist nicht geglückt. Mittlerweile sprechen selbst konservative Mittelständler über die Deutsche Bank mit Hohn und Spott. Was soll man auch von einer Führungskraft wie Jain halten, der immer wieder darüber herumfaselte, dass er für das Verhalten der von ihm zu führenden Mitarbeiter im Investmentbereich die Verantwortung trägt, aber selbst keinerlei Konsequenzen ziehen wollte? Mit dieser Einstellung hätte er auch als Politiker eine veritable Karriere machen können.

Auch der Aufsichtsrat scheint den Schuss noch nicht gehört zu haben. Der Verbleib des Vorstandsvorsitzenden Fitschen im Amt zeigt, dass jedenfalls zunächst kein Neuanfang stattfinden soll. Das alte System wird erst einmal fortgesetzt. Eine »lahme Ente« (Fitschen) soll einen international geprägten Manager (Cryan), der in der »Welthochfinanz« zu Hause ist, einarbeiten und sich gleichzeitig für den Vorwurf des versuchten Betrugs vor einem deutschen Strafgericht verantworten. Insoweit wird teilweise die Tradition des Vorgängers Josef Ackermann fortgesetzt, der seinerzeit im Mannesmann-Prozess vor einem Strafgericht in Düsseldorf »seinen Mann gestanden« hatte. Anders als Ackermann haben seine Nachfolger aber nicht durchgehalten, und ihre Ablösung erfolgte in einem kommunikativen Durcheinander ziemlich abrupt.

Immerhin kann Jain seine Versuche einstellen, die deutsche Sprache zu erlernen. Und er wird auch seinen angeblich »angegriffenen Gemütszustand«[25] konsolidieren können. Der 52 Jahre alte Manager wird sich in jedem Fall früher oder später mit blendenden Karriereaussichten trösten können: Er ist in der britischen und amerikanischen Finanzszene gut vernetzt und könnte ohne Weiteres einen eigenen Hedgefonds gründen. Jain verfügt über besonders enge Beziehungen zum Vorstandsvorsitzenden des weltgrößten Vermögensverwalters Blackrock und zu dem »Starinvestor« Warren Buffett.[26] Man wird sich um ihn jedenfalls keine Sorgen machen müssen.

Das ist beim Geisteszustand der Mitglieder des Aufsichtsrats der Deutschen Bank möglicherweise anders. Einen Tag vor der verheerenden Abstimmung auf der Hauptversammlung vom 21. Mai 2015 hat es diesem Gremium noch gefallen, diesem (ehemals) führenden Mitarbeiter (Jain) sogar noch die Zuständigkeit für das Ressort Strategie zu übertragen. Die Erarbeitung einer Strategie war zuvor verpatzt worden, obschon deren Notwendigkeit seit dem vergangenen Jahr offensichtlich war.[27]

Dem Nachfolger Cryan wird indessen bescheinigt, dass er sich auf kommenden Hauptversammlungen in deutscher Sprache mitteilen könne – ein echtes »Asset«, wenn man die Deutsche Bank führen soll –, sehr intelligent, sehr ruhig, sehr ehrlich, ja sogar »anständig« sei, überlegt handele und viel Vertrauen bei den Investoren genieße, das er sich in seiner Zeit als Finanzchef der UBS erarbeitet habe.[28] Damit hätte er schon mal einiges, was der Deutschen Bank fehlt.[29] Angeblich hat er mit seinen bohrenden, aber im Ton sachlichen Fragen in jüngerer Zeit mehr und mehr die Hochachtung des Aufsichtsratsvorsitzenden Achleitner gewonnen, der auf sich selbst auch so stolz ist, weil er mehr Fragen stellt als Antworten gibt. Cryan galt deshalb seit mindestens einem Jahr als Kandidat für den Sprung von der Kontrolleursbank auf die Vorstandsbank, obwohl er selbst noch nie eine Bank geführt hat.[30]

Der Österreicher Achleitner hat den Engländer Cryan nicht aus dem Hut gezaubert. Er ist angeblich davon überzeugt, dass nur eine Rückkehr zu den Wurzeln der Deutschen Bank, die internationale Finanzierung von Unternehmen, die Zukunft sichern kann.[31] Vielleicht hilft ein Blick zur schweizerischen Großbank UBS, gelenkt von dem deutschen Verwaltungsratsvorsitzenden Axel Weber: Diese Bank ist einer der führenden Vermögensverwalter der Welt. Sie agiert nicht nur in der Schweiz als Universalbank und betreibt global Unternehmensfinanzierung und Kapitalmarktgeschäfte, hat aber ihren früheren Anspruch aufgegeben, eine der führenden Banken zu sein. Eine derartige zukunftsorientierte Schwerpunktsetzung ist bei der Deutschen Bank nicht erkennbar. In der Vermögensverwaltung ist sie zwar gut vorangekommen, sie ist aber global keine erstrangige Kraft. Bei der Abwicklung von Finanzgeschäften (»Global Transaction Banking«) gilt sie indessen als »mindestens respektabel«, aber nicht als »Weltspitze«. Sie betreibt Filialgeschäfte nicht nur in ihrem Heimatland, sondern auch in Italien und Spanien. Im Investmentbanking wird ihr in erster Linie die Ausrichtung und die Mentalität eines sehr großen, global agierenden Handelshauses zugeschrieben, wohlwissend, dass gerade das Handelsgeschäft durch neue Regulierungen an Attraktivität verloren hat.

Die Deutsche Bank steht vor der Herausforderung, ihren Geschäftsbetrieb effizienter zu gestalten. Bislang ist sie niemals primär über die Kostenseite gesteuert worden. Das entsprach der Attitüde einer Bank in der Expansion, die bereit war, mit Blick auf die erhofften Erträge und Marktanteile hohe Kosten zu akzeptieren. Das ist – in Verbindung mit der Händlermentalität großer Teile der Mitarbeiter – aus der Sicht der Aktionäre ein Grund, warum das Investmentbanking viel weniger gebracht hat als erhofft. Manche sehen den Grund für das Scheitern von Jain und Fitschen vor allem darin, dass sie einer Konsolidierung das Wort redeten, sie aber nicht konsequent lebten.

Als das Kernproblem der Deutschen Bank gilt allerdings, dass sie nicht sehr viel margenstarkes Geschäft betreibt. Höhere Erträge würden eine erhebliche Geschäftsausweitung erfordern, die aber durch die Eigenkapitalausstattung beschränkt ist. In solch einer Situation bleibt in der Tat wohl nur Kostenoptimierung. Für eine Reduzierung überzogener Ansprüche ist eine bodenständige Führung erforderlich, die im Idealfall auf Deutsch und Englisch »Nein« sagen kann.

Der Deutsche Axel Weber hat das vorexerziert, der Engländer Cryan wird diesem Beispiel folgen müssen.[32] Die Deutsche Bank wird sich entscheiden müssen: Will sie eine an die Realwirtschaft gekoppelte international orientierte Bank der deutschen Wirtschaft sein oder endgültig zu einem »globalen Spieler« mutieren, der zwischen London, New York, Tokio und Hongkong das große Rad dreht?[33] Es gab einmal eine Zeit, in der sich diese Deutsche Bank ihrem Land verpflichtet fühlte.

Jain ist vielleicht auch deshalb gescheitert, weil er mit Deutschland und dessen Sprache allzu sehr gefremdelt hat. Er und sein deutscher Mittäter Fitschen wollten anscheinend die durch das Land geprägte Geschichte der Bank hinter sich lassen und ein »deutsches Goldman Sachs« schaffen, also eine international tätige Investmentbank ohne große nationale Bindung.[34] Dieser Plan ist gescheitert – und das ist auch gut so.

Immerhin gab es unmittelbar nach den Rücktrittsankündigungen ermutigende Zeichen. Der Aktienkurs sprang einen Tag später in der Spitze um acht Prozent nach oben. Das mag man als Vorfreude auf die neue Führung auslegen – es war aber auch eine Ohrfeige für die alte Führung der Deutschen Bank, die damit ihren Unternehmenswert kurzfristig um fast drei Milliarden Euro gesteigert hatte. Vor allem für Jain, der wie kein Zweiter das Urteil der Kapitalmärkte für unfehlbar und maßgeblich hält, dürfte es bitter gewesen sein: Keine Nachricht in seiner drei Jahre währenden Amtszeit als Ko-Vorstandsvorsitzender hatte den Aktienmarkt mehr begeistert als sein Rücktritt. Am Abend des 8. Juni 2015 lag der Kurs immer noch 3,6 Prozent im Plus.[35]

Mit dem Wechsel an der Spitze hat sich die Deutsche Bank bei dem Versuch, verlorenes Ansehen zurückzugewinnen zwar vielleicht etwas Luft verschaffen können. Das dürfte aber nichts daran ändern, dass sich die Mitarbeiter der größten Bank in Deutschland weiter wie Ausgestoßene fühlen müssen. Als »gute« Bank wird sie schnell profitabler werden und ihre Strategie konkretisieren müssen. Dazu gehört insbesondere eine Neuausrichtung des Investmentbankings, das sich geradezu als kriminogenes Milieu erwiesen hat. Die Bank wäre auch gut beraten, wenn sie sich stärker um ihre deutschen Kunden bemühte, statt auch noch dem letzten Hedgefonds in New York gefallen zu wollen. Die Verantwortlichen sollten zudem sehr rasch ihr unkooperatives Verhalten gegenüber den Ermittlungsbehörden ändern, und sie sollten alles tun, um zu vermeiden, dass ständig neue Vorwürfe, wie etwa die jüngeren wegen Geldwäsche, erhoben werden. Vor diesem Hintergrund ist es schon bemerkenswert, dass dem neuen Ko-Vorstandsvorsitzenden und künftigen alleinigen Chef John Cryan Vorschusslorbeeren zuteilwurden.[36] In der obersten Etage der Bank gilt er als »eierlegende Wollmilchsau«.[37] Man wird vielleicht schneller als manchem lieb ist, erfahren, ob diese Einschätzung zutrifft.

Tatsächlich wollen nicht nur Mitarbeiter, sondern auch Investoren, Kunden und letztlich die gesamte deutsche Öffentlichkeit wissen, wie Cryan die Deutsche Bank aus der größten Krise ihrer Geschichte herausführen will. Er machte in einem veröffentlichten Brief anlässlich seines Dienstantritts am 1. Juli 2015 deutlich, dass dies kein Spaziergang wird und die hunderttausend Mitarbeiter sich auf weitere Personalentscheidungen einstellen müssen. Cryan verzichtete bei dieser Gelegenheit auf den Begriff »Kulturwandel«, den Jain und Fitschen wie eine Monstranz vor sich herzutragen pflegten. Das »Narrativ«, dass man mit ein paar Mitarbeiterseminaren einer partiell kriminellen Geschäftspraxis ein Ende bereiten könnte, hat also ausgedient.

Aus der Sicht des neuen Chefs hatte man sich zu sehr nach innen ausgerichtet und war dadurch noch bürokratischer geworden. Cryan sprach von »schwerwiegendem Fehlverhalten«, »hohen Strafzahlungen« und »langsamen Entscheidungsprozessen«. Er scheint dennoch an der umstrittenen »Strategie 2020« festhalten zu wollen. In jedem Fall sollen das Geschäftsmodell vereinfacht und die Kosten gesenkt werden. Selbst den Investmentbereich will man verkleinern.

Der Rechtsstaat tritt ein

Der schon erwähnte Paukenschlag war noch nicht ganz verhallt, als nur zwei Tage später, am 9. Juni 2015, wieder einmal Staatsanwälte und Polizisten mit einem richterlichen Durchsuchungsbeschluss Einlass in die Frankfurter Zentrale der Deutschen Bank forderten – ein Vorgehen, an das man sich dort mittlerweile vielleicht schon gewöhnt hat. Nun fanden aber zum ersten Mal bei der Deutschen Bank wegen »Cum-ex-Aktiendeals« Ermittlungen statt, bei denen der Fiskus systematisch betrogen worden sein soll.

Heutige Deutsche-Bank-Beschäftigte gehören nach dem bisher bekannten Ermittlungsstand zwar nicht zu den Beschuldigten, das Institut als solches scheint aber dennoch in den Fall verwickelt zu sein. Einige frühere Manager der Deutschen Bank sollen sich mit einer Gesellschaft in Luxemburg selbstständig gemacht und dort die genannten Deals betrieben haben. Daran soll auch die Filiale der Deutschen Bank in London beteiligt gewesen sein. Sie hat angeblich einer an dem Handel beteiligten Firma bescheinigt, Kapitalertragssteuern an den Fiskus abgeführt zu haben, die gar nicht gezahlt worden seien. So war der Verdacht aufgekommen, die Beschuldigten hätten versucht, sich mit Hilfe dieser Bescheinigungen nicht entrichtete Abgaben vom Fiskus erstatten zu lassen.

Beim Handel von Aktien mit (»cum«) und ohne (»ex«) Dividende ließen sich in der Vergangenheit allerdings zahlreiche Banken und Fonds eine nur einmal gezahlte Kapitalertragssteuer von den Finanzämtern mehrmals zurückgeben. Der dadurch entstandene Schaden für die Allgemeinheit soll sich auf mehr als zehn Milliarden Euro belaufen. Erst nach 2012 wurde die Gesetzeslücke geschlossen, die solche Geschäfte ermöglicht hatte. Inzwischen haben bei mehreren Banken, nicht nur bei der Deutschen Bank, Prüfungen zur Strafbarkeit solcher Geschäfte begonnen.

Die zuständige Finanzbehörde hatte die Deutsche Bank schon vor einigen Jahren gebeten, Auskünfte zu bestimmten Aktiendeals zu erteilen, um zu klären, ob auch diese Bank ihren Kunden zu Unrecht bescheinigt hatte, Kapitalertragssteuern abgeführt zu haben. Die Deutsche Bank hatte schon im März 2012 behauptet, dass sie in bestimmten Fällen weder prüfen konnte noch musste, ob diese Steuern auch an den Fiskus überwiesen wurden. Sie vertrat die Auffassung, dass der Gesetzgeber bis 2012 die Gesetzeslücke billigend in Kauf genommen habe und deshalb insoweit die Politik verantwortlich sei. Auf Behördenseite ist man hingegen der Meinung, dass die Bank ihre Geschäfte viel konsequenter hätte untersuchen müssen.

An der Börse war man über das erneute Auftreten von Polizei und Justiz jedenfalls nicht amüsiert. Nach den Meldungen über die Razzia sank der Aktienkurs deutlich und verlor bis kurz vor Handelsschluss 3,3 Prozent.

Risiko ist überall

Die Zukunft der Deutschen Bank ist in ein diffuses Licht getaucht. Gegenwärtig ist es politisch fast unmöglich, etwas Gutes über diese Bank zu sagen, weil sie mit ihren Affären und Prozessen die Erinnerung an die Zockerei vor der Finanzkrise wachhält. Ökonomisch lässt sich ebenfalls kaum ein positives Urteil fällen, weil die Bank an der Börse stagniert und noch viele Belastungen vor sich hat.[38]

Die Deutsche Bank ist in einem miesen Zustand und droht abhandenzukommen. Das versetzt besonders diejenigen in Sorge, die der Überzeugung sind, dass Deutschland eine Bank von Weltrang braucht. Fraglich ist aber, ob gerade die Deutsche Bank mit dem gegenwärtigen Zuschnitt die bestehenden Bedürfnisse befriedigen kann. Zu den damit verbundenen Fragen wird man eine politische Haltung entwickeln müssen, in der sich ausnahmsweise einmal Kompetenz und Gemeinwohlorientierung verbinden. Schon deshalb ist sehr viel Geduld vonnöten.

An dieser Stelle ist deshalb an einige der schon vorgestellten Ergebnisse zu erinnern, die nur wenige allgemeine Schlussfolgerungen zulassen:

- Die anhaltende Finanzkrise ist auch die Folge eines strategischen Versagens, das in Gestalt klientelorientierter Deregulierung der Finanzmärkte etlichen Akteuren der Finanzindustrie zahllose Gelegenheiten für organisierte kriminelle Taten eröffnet hat, die von den gegebenen Governance- und Compliance-Strukturen nicht verhindert werden konnten.
- In durch Inkompetenz korrumpierten Bereichen der Politik haben Amtsträger ein Milieu der Gefälligkeit geschaffen, in dem die Gemeinwohlorientierung verloren ging.
- Die sich über viele Jahre hinziehenden Verstöße gegen wichtige Vorschriften in zahlreichen großen Geldinstituten überall

auf der Welt haben dazu geführt, dass sich systematischer Rechtsbruch in ein kommerzielles Prinzip verwandelt hat.

- Auch die Floskeln politischer Korrektheit und eine mit Anglizismen gespickte verniedlichende Sprache können nicht verdecken, dass in vielen privaten und öffentlichen Banken eine Erosion der rechtlichen Gesinnung stattgefunden hat.
- Das ganze modische Gerede über »Governance« und »Compliance« ändert nichts daran, dass inzwischen jeder Capo jedweder Mafia bewundernd zu bestimmten hochkriminellen Cliquen mancher Finanzmanager aufschaut.
- »Finanzexperten« haben etwas geschafft, wozu nicht einmal die abgefeimtesten Wirtschaftskriminellen in der Lage sind – nämlich die Bedrohung der gesamten marktwirtschaftlichen Ordnung durch selbstsüchtiges und riskantes Verhalten.
- Die natürliche Intelligenz von Gangstern ist glücklicherweise der vieler Banker überlegen, da die meisten von ihnen verstanden haben dürften, dass man eine Ordnung nicht zerstören darf, wenn man weiter Gewinne aus ihr ziehen möchte.
- Die Bedrohungen und Gefahren für die globale Marktwirtschaft kommen nicht aus ärmlichen Schafställen auf Sizilien, sondern aus großen Gebäuden aus Beton, Stahl und Glas in New York, London, Frankfurt am Main und in noch ein paar Städten, die überall in der Welt verstreut sind.
- Banken verstehen nur die Sprache des Geldes, weshalb der Einsatz des einzig wirksamen Hebels, also des Eigenkapitals nötig ist, um die von angeblich »systemrelevanten« Banken ausgehenden Gefahren zu verkleinern.
- Die Deutsche Bank konnte dem Rest der Welt unbegreiflicherweise weismachen, dass sie mit etwa 97 Prozent Fremdkapital arbeiten müsse, weil sie in ihrem Geschäft besonders gut ist.
- Die Tatsache, dass die Deutsche Bank eine Bank ist, bedeutet nicht, dass sich die Usancen in manchen ihrer Geschäftsbereiche von den Handlungsmustern der OK immer hinreichend deutlich unterscheiden lassen.

- Angesichts des in der Deutschen Bank erreichten Niveaus professionellen Könnens, des ethischen Standards und der zutage getretenen kriminellen Energie, wird es höchste Zeit, endlich auch in Deutschland die Bestrafung juristischer Personen zu ermöglichen.
- Die Verbesserung der Finanzaufsicht in jeder Hinsicht ist gegenwärtig eines der dringendsten und wichtigsten Gebote.

Dogma und Defizit

Frau Menke schreibt einen Brief

Im Mai 2015 erhielt der Vorstand der Deutschen Bank ein 37-seitiges Schreiben (»Personal/Confidential«) einer für die Aufsicht über Großbanken zuständigen Mitarbeiterin der BaFin, der Abteilungsleiterin Frauke Menke. Darin erhebt sie gegen vier amtierende Vorstände und zwei weitere hochrangige Manager der Deutschen Bank schwere Vorwürfe: Diese sollen ihre Kontrollpflichten nicht erfüllt und Aufseher bei der Aufarbeitung der gegen die Bank gerichteten Beschuldigungen unvollständig und teilweise falsch informiert haben. Das *Wall Street Journal* machte den Brief wenige Tage später im Internet in englischer Sprache zugänglich.

Die Vorwürfe waren von Anfang an ernst zu nehmen , hat die BaFin doch die Möglichkeit sogar Bankvorstände abzuberufen. Besonders pikant: Ausgerechnet der für Regelbefolgung (»Compliance«) zuständige Vorstand Stephan Leithner stand im Mittelpunkt der Kritik. Immerhin soll man in der Deutschen Bank schon im Jahre 2008 intern über die Manipulationsanfälligkeit des Libor-Zinssatzes gesprochen haben. Ein halbes Jahrzehnt später bat Leithner in einer E-Mail, nichts über einschlägige Diskussionen gegenüber der Presse zu erwähnen, da man ansonsten die Frage stellen könnte, warum damals niemand in der Deutschen Bank reagiert hatte.

Der für Informationstechnologie (IT) zuständige Vorstand Henry Ritchotte geriet ebenfalls ins Visier der BaFin. Frau Menke wirft ihm vor, dass die IT-Systeme der Deutschen Bank Fehlverhalten im Hause erst ermöglicht hätten. Ritchotte fiel zunächst nichts anderes ein, als zu behaupten, dass er seit seinem Amtsantritt an einer Verbesserung der Systeme arbeite.

Der ehemalige Finanzvorstand Stefan Krause wird beschuldigt, dass er bei seinen »Untersuchungen« die Sachverhalte nicht mit der gebotenen Genauigkeit geprüft habe. Dem Chefjustitiar Richard Walker, der beruflich inzwischen »das Zeitliche gesegnet hat« und dem Risikovorstand Stuart Lewis hält Frau Menke vor, dass sie Informationsgesuche amerikanischer Ermittler nicht ernst genug genommen und der BaFin gegenüber irreführende Angaben gemacht hätten. Auch dem Vermögensverwaltungschef Michele Faissola werden schwerwiegende Versäumnisse angelastet, da er ebenfalls Informationen zurückgehalten habe und trotz früherer Hinweise auf Manipulationen das Feststellungsverfahren beim Libor-Zins nicht geändert haben soll.

Dessen ungeachtet bleibt die Deutsche Bank bei ihrer Einschätzung, dass kein heutiges oder früheres Mitglied des Vorstands oder des erweiterten Vorstands Mitarbeiter angewiesen habe, die Zinssätze zu manipulieren. Außerdem habe kein »Top-Manager« von den Verfehlungen vor dem Juni 2011 Kenntnis gehabt.

Das Schreiben von Frau Menke bezieht sich auf einen beigefügten Bericht über die Ergebnisse einer Sonderprüfung (»Special Audit Report«), den die Wirtschaftsprüfungsgesellschaft Ernst & Young gemäß § 44 Absatz 1 Satz 2 KWG erstellt hat und der unter anderem die Vorgehensweise der Deutschen Bank bei der Behandlung von Referenzzinssätzen und das Geschäftsumfeld im Bereich des Investmentbankings zum Gegenstand hat. Frau Menke fügt ihrem umfangreichen Schreiben ihre eigene Analyse und Bewertung dieses Berichts bei und kündigt darüber hinaus eine sofortige Übersendung einer aufsichtsrechtlichen Bewertung an, die auch andere Bereiche betrifft, und in der Folge eine Prüfung aufsichtsrechtlicher Maßnahmen, die sie gegenüber der Deutschen Bank für erforderlich hält.

Unabhängig davon betont sie, dass der »Audit Report« in größerem Umfang Fehlverhalten verschiedener Händler der Deutschen Bank und mindestens eines Mitglieds der Führungsebene der Londoner Filiale der Deutschen Bank und in Teilen größeres Versagen weiterer Mitglieder von Führungsgremien (»Management Board« oder »Group Executive Committee«, GEC) beschreibt. Beklagt werden auch substanzielle organisatorische Mängel im Umgang mit Referenzzinssätzen und im Umfeld von »Submissions«, einschließlich der Kontrolleinrichtungen und der technischen Infrastruktur.

Diese Verhältnisse bestanden, ungeachtet vorhergehender Ereignisse, mindestens bis zum Beginn der Jahre 2013/2014. Ernst & Young hatte zwar keine Anzeichen dafür gefunden, dass Jain oder frühere Mitglieder des GEC, also des erweiterten Vorstands, über Manipulationen von Beschäftigen der Deutschen Bank vor dem Jahr 2011 informiert waren oder Mitarbeiter zu Manipulationen angewiesen haben. Frau Menke hebt aber hervor, dass in der Deutschen Bank ein Geschäftsumfeld geschaffen worden sei, das unkorrektes Vorgehen bei der Bestimmung des IBOR (»Interbank Offered Rate«), eines Referenzzinssatzes auf dem Geldmarkt, begünstigte, wenn nicht erst ermöglichte. Die Verantwortlichen für diesen Bereich werden beschuldigt, in nachlässiger Weise eine entsprechende Umgebung geschaffen zu haben, die die Ausnutzung von Interessenkonflikten erleichterte und in der die nach § 25 a KWG bestehenden organisatorischen Pflichten genauso wie das Risikomanagement und andere Rechtspflichten missachtet worden seien.

Nach der Auffassung von Frau Menke hätte die rechtzeitige Erfüllung von Managementpflichten oder eine insgesamt andere Herangehensweise der Deutschen Bank nicht nur immense Kosten erspart, sie hätte auch verhindert, dass die Glaubwürdigkeit der Bank einen derartigen Schaden nahm. Sie fasst ihre Erkenntnisse, die sich auf Einzelpersonen beziehen, zusammen, betont aber gleichzeitig, dass diese bei einer Gesamtschau extrem ernst erscheinen. Für Frau Menke ist bewiesen, dass einzelne Händler in Sachen IBOR ein auffälliges und unangemessenes Vorgehen geübt haben. Sie nennt weitere Namen: Christian Bittar, Guillaume Adolph, Mike Curtler, Carl Maine, Olesya Skofenko, Ardalan Gharagoziou, Kai-Uwe Kappauf, Markus Kiekenbeck und Jörg Vogt.

Ein anderer, David Nicholis, der bis Juli 2008 als »Head of Global Finance Europe« und auch danach an führender Stelle gearbeitet und direkt Alan Cloete berichtet hatte, soll in mindestens einem Fall eine unangemessene Weisung ausgegeben haben, welche die Manipulation des Libor-Zinssatzes zum Ziel hatte – ein Vorgang, den Frau Menke als ernst und schädlich innerhalb der Hierarchie der Deutschen Bank ansieht. Sie schließt nicht aus, dass Alan Cloete sogar schon vor dem Juni 2011 über Manipulationen durch Mitarbeiter der Deutschen Bank und auch über entsprechende Weisungen von Nicholis an Curtler informiert war. Ein entsprechendes Wissen soll ebenfalls über und zwischen anderen Akteuren der Szene bestanden haben.

All dies löst bei Frau Menke große Besorgnis aus. Sie fühlt sich besonders beunruhigt, da Cloete und Faissola seinerzeit Mitglieder des erweiterten Vorstands waren und in dieser sensiblen Position über jeden Verdacht hätten erhaben sein müssen. Dessen ungeachtet bestehen nach ihrer Auffassung Zweifel daran, dass Cloete und Faissola persönlich tatsächlich Kenntnis von Manipulationen hatten. Allerdings gab es schon in der ersten Hälfte des Jahrs 2008 Gerüchte über Manipulationen des Libor und darüber, dass Jain als damals für diesen Bereich Verantwortlicher informiert worden sei. Die folgenden Feststellungen zeigten nach der Bewertung von Frau Menke, wie dringend es jedenfalls bereits im Jahre 2008 gewesen wäre, die zuständige Abteilung der Deutschen Bank zu untersuchen. Dies war jedoch unterblieben. Nach ihren Erkenntnissen wurde Jain schon im Jahre 2008 über die Diskussionen im Markt über die Verdachtsgründe wegen der Libor-Manipulationen informiert. Diese Auffassung begründet sie mit einer umfangreichen und sehr detaillierten Darstellung der Interaktionen zwischen den genannten und anderen führenden Mitarbeitern der Deutschen Bank.

Im Hinblick auf die organisatorischen Parameter innerhalb der Deutschen Bank und das Umfeld des IBOR zeigen die Erkenntnisse, dass, beginnend im Jahr 2007, das Management der Deutschen Bank »wenigstens« bis zur Ebene von Jain und Cloete eine Geschäftskultur und ein Rahmenwerk geformt hatte, die problematische Verständigungen (»communication«) und (versuchte) IBOR-Manipulationen erleichterten. Die Rolle von Cloete scheint dabei in mehrfacher Hinsicht besonders prominent gewesen zu sein. Dies soll auch für Jain zugetroffen haben, wenn auch auf einer höheren und weniger direkten Ebene der Verantwortlichkeit.

Es fing damit an, dass Jain den Londoner Handelssaal im Jahr 2005 umbauen ließ. Die Händler, die mit Zinswetten sich und die Bank reich machten, saßen danach, so empfindet es Frau Menke, viel zu nah bei den »Submittern«, die jeden Mittag den Libor in einem Bieterwettbewerb mit anderen Banken festlegten. Der Libor wurde nach ihren Erkenntnissen in Europa und den USA über Jahre hinweg durch Absprachen der beteiligten Submitter mehrerer Banken manipuliert; teils tauschten sie sich dazu in obskuren Chatrooms mit Namen wie »Das Kartell« oder »Die Mafia« aus. Durch die neue Sitzordnung bei der Deutschen Bank in London seien die Interessenkonflikte zwischen Händlern und Submitter »verstärkt« worden.

Eine besondere Rolle spielte dabei der schon genannte Christian Bittar, der bestbezahlte und erfolgreichste Händler, den die Deutsche Bank wohl je hatte: Herr Bittar »verdiente« in seinem besten Jahr einen Bonus von 80 Millionen Euro! Jain hatte eine bemerkenswerte Beziehung zu diesem Leistungsträger: Er förderte ihn und setzte sich schon bei Ackermann für einen hohen Bonus ein. Bittar und Carl Maine, ein anderer Zinshändler, hätten »Berge an Geld« für die Bank verdient, enthüllte Jain in einem Telefonat mit Ackermann. Deshalb sollten sie einen Bonus von insgesamt 130 Millionen Euro bekommen. Die beiden seien »die besten Leute, die wir haben«, sie seien »gute Jungs«.

Frau Menke wirft die Frage auf, ob die Neuorganisation der Handelsabteilung in London nicht zuletzt auch deshalb geschehen ist, um den Händlern, unter ihnen Bittar, die Möglichkeit zu geben, direkt mit den Submittern zu reden, die jeden Tag den Libor ermittelten, und um dadurch höhere Profite im Handel zu erzielen. Sie hält es jedenfalls für bemerkenswert, dass die Profite der Abteilung anschließend kräftig gestiegen sind.

Später dann, im Jahr 2009, als die ersten Gerüchte aufkamen, der Libor sei manipuliert worden, hatte Jain zwar selber eine interne Untersuchung eingeleitet – dies rechnet die BaFin ihm auch als Pluspunkt an. Er hielt einen Teil der Untersuchungsergebnisse aber zunächst zurück und legte sie nicht dem Vorstand vor.

Dabei spielte Alan Cloete, einer der engsten Vertrauten von Jain in der Bank, eine entscheidende Rolle. Er leitete die Abteilung, in der die Manipulationen passierten. Frau Menke erkennt »substanzielle Verdachtsmomente« dafür, dass er von den Manipulationen wusste. Ihm wird auch eine verdächtige Anordnung an einen Händler zugeschrieben: »Schau, dass unsere Libors auf der niedrigen Seite sind.« Cloete, der im Vorstand für das Asiengeschäft verantwortlich war, wurde schon im Mai 2015, noch vor Jain, als eine Art Bauernopfer entlassen. Er teilte aber dem *Wall Street Journal* schon mit, dass der Bericht der BaFin »unausgewogen« sei und dass er dagegen vorgehen werde.

Auch gegenüber der Bundesbank soll Jain nicht mit offenen Karten gespielt haben. Frau Menke wirft sogar die Frage auf, ob Jain nicht am 5. Oktober 2012 in einer Befragung zum Libor-Skandal »wissentlich« falsche Angaben gemacht habe. Jain behauptete damals, er habe erst im ersten Quartal 2011 von den Gerüchten gehört, der Libor sei manipuliert worden. Frau Menke weist in ihrem Brief aber darauf hin, dass Jain schon im Frühjahr 2008 zwei Mails von seinem Vertrauten Cloete erhalten hatte, in dem es um Gerüchte dazu gegangen sei; zuvor war ein entsprechender Bericht des *Wall Street Journal* erschienen.

Einige Wochen nach der Veröffentlichung des Briefs von Frau Menke schrieb der Chef der BaFin, Felix Hufeld, am 15. Juli 2015 einen Brief an Jain. Danach gehe die Behörde nicht mehr davon aus, dass Jain 2012 vorsätzlich Vertreter der Deutschen Bundesbank bei einer Anfrage wegen Marktmanipulationen getäuscht habe. Dieser Brief steht im scharfen Kontrast zu dem kritischen Abschlussbericht der Aufsichtsbehörde, in dem sie Jain und anderen Vorstandsmitgliedern schwere Versäumnisse im Zusammenhang mit der Affäre um manipulierte Zinssätze vorwirft. Dort war auch von der vermeintlichen bewussten Täuschung der Regulierer die Rede. In Hufelds Brief steht nun unter anderem, er habe »nochmals alle Dokumente geprüft« und dabei sei ihm die Beschuldigung Jains nicht begründet erschienen. Die Angelegenheit werde keine Rolle mehr spielen, wenn die BaFin die Führung Jains und andere Punkte in der Deutschen Bank untersucht.[1]

Die Deutsche Bank mochte sich zu all den Vorwürfen im Detail zunächst nicht äußern. Es wäre »unangemessen, zum jetzigen Zeitpunkt Schlussfolgerungen hinsichtlich des Verhaltens der Bank oder einzelner Personen zu ziehen«, hieß es in einer Stellungnahme. Dies gelte insbesondere vor dem Hintergrund, dass ihre detaillierten Antworten aus »Respekt vor dem aufsichtsrechtlichen Prozedere« in nichtöffentlicher Form erfolgten. Das Schreiben von Frau Menke enthalte Aussagen, die aus dem Zusammenhang gerissen seien.

Auch Jain und die anderen belasteten Manager wollen sich nicht äußern. Im Umfeld der Deutschen Bank werden sie, wie lange auch immer, noch in Schutz genommen: Das Schreiben der BaFin basiert auf einem siebenhundertseitigen Prüfbericht von Ernst & Young, deren Kritik Frau Menke stark zugespitzt habe. Die Ergebnisse der Wirtschaftsprüfer seien bei Weitem nicht so dramatisch, wie sie das herauslese. Die BaFin stehe offenbar unter »Rechtfertigungsdruck«, weil die Untersuchung so teuer gewesen sei – die Rede ist von bis zu 200 Millionen Euro –, und schlage deshalb »einen deutlich schärferen Ton« als Ernst & Young an. Zudem mache es sich die BaFin zu leicht: Sie lege bei ihrer Betrachtung, was die Deutsche Bank schon vor Jahren hätte tun müssen, zugrunde, was man erst heute wisse, aber rückblickend sei man immer schlauer.

Man kann den Prüfbericht von Ernst & Young jedoch auch anders lesen. In der Einleitung steht zwar, dass der damalige Vorstand der Deutschen Bank an den Libor-Manipulationen nicht beteiligt gewesen sei und davon auch nichts gewusst habe. Danach folgt aber sehr wohl heftige Kritik: Auch Ernst & Young rügte die Verantwortlichen, weil sie bei der Organisation der Bank versagt hätten.

Wie schon zu Beginn kündigt Frau Menke zum Schluss ihres Briefs an, dass sie die Untersuchung gegen die Bank weiter vorantreiben, sie mit den Untersuchungen anderer Aufsichtsbehörden vergleichen und dann entscheiden werde, welche aufsichtsrechtlichen Maßnahmen gegen die Bank möglicherweise zu ergreifen sind. Wie diese aussehen könnten, entscheidet sich erst, wenn sie die Stellungnahme der Deutschen Bank ausgewertet hat – die immerhin fristgerecht eingegangen war. Als strengste Maßnahme kann die Behörde, für die Frau Menke arbeitet, Bankvorstände abberufen, wenn sie diese für nicht mehr zuverlässig hält.

Frau Menke erklärte unterdessen, dass sie über die Presseberichte in den vorausgegangenen Monate »erstaunt« gewesen sei. Angeblich habe die Untersuchung der BaFin das obere Management der Deutschen Bank und insbesondere Herrn Jain entlastet, und die Finanzaufsicht werde keine Maßnahmen ergreifen. Frau Menke dazu: »Das ist nicht korrekt.«

Frau Menke ist keine Staatsanwältin – ihr Blick auf die Deutsche Bank ist also nicht von den Vorschriften des Strafgesetzbuches und der Strafprozessordnung geprägt. Sie ist Abteilungsleiterin in einer Aufsichtsbehörde. Als solche muss sie andere Ziele verfolgen als eine Strafverfolgungsbehörde. Das heißt nicht, dass ihre Behörde nicht zu sehr einschneidenden Maßnahmen berechtigt wäre, sollten die einschlägigen aufsichtsrechtlichen Voraussetzungen vorliegen. Sie muss ihr Augenmerk allerdings auf die Frage der Zuverlässigkeit der in der Deutschen Bank wirkenden Angestellten richten und nicht die strafrechtliche Sanktionierbarkeit dieses Instituts insgesamt prüfen.

Das wäre in Deutschland gegenwärtig eine »nutzlose Leidenschaft«, gibt es doch in dem dort immer wieder emphatisch gerühmten rechtsstaatlichen System noch keine Möglichkeit, auch juristische Personen zu bestrafen. Deutschland befindet sich in der Frage der Unternehmensstrafbarkeit auf einem vormittelalterlichen Niveau. Allerdings gibt es jetzt einen Politiker, der nach einer viele Jahrzehnte dauernden und fruchtlosen Diskussion endlich Abhilfe schaffen will. Darauf ist später einzugehen. Führt man sich die Zustände in der Deutschen Bank vor Augen, ist es dafür allerhöchste Zeit!

Immerhin blieben die Feststellungen der BaFin im Hinblick auf Einzelpersonen in der Deutschen Bank nicht völlig folgenlos. Aber natürlich hat man auf den Führungsetagen der Deutschen Bank hier und dort Manieren, auch wenn das Rechtsbewusstsein ziemlich rudimentär ausgebildet zu sein scheint. Deshalb wurde der schon genannte Richard »Dick« Walker, der während der vergangenen vierzehn Jahre immerhin die Rechtsabteilung der Deutschen Bank geleitet hatte, nicht einfach nur »rausgeschmissen« – er will zum Ende des Jahrs 2015 seinen Posten als »General Counsel« auf »eigenen Wunsch« niederlegen, der Deutschen Bank aber weiterhin als »Vice Chairman Legal« zur Verfügung stehen. Vielleicht kann er ja in dieser Zeit seine Leistungen mit seinem Beraterkollegen Jain noch weiter vervollkommnen. Dessen ungeachtet sieht das alles auf den ersten Blick nach einem ehrenvollen und gut bezahlten Vorruhestand aus. Das Zweite wird ganz sicher zutreffen.

In Walkers Amtszeit fiel eine nahezu unübersehbare Fülle von Rechtsbrüchen, Versagen, Skandalen und Affären. In ihrem Abschlussbericht zur Libor-Affäre um manipulierte Zinsen lässt Frau Menke jedenfalls kein gutes Haar an ihm. In den nunmehr siebentausend Rechtstreitigkeiten, in die die Deutsche Bank verstrickt sein soll, hat sich die von Walker geführte Abteilung auch nicht gerade als kooperatives »Center of Excellence« gezeigt. Was bedeutet es, dass der neue Ko-Vorstandsvorsitzende Cryan auch noch die Leitung dieser Abteilung des übernommen hat?

Zum Zeitpunkt der Niederschrift dieses Manuskripts war im Gespräch, dass Frau Nadine Faruque mittelfristig zum Rechtsvorstand avancieren soll. Als externer Kandidat wurde auch Markus Diethelm genannt, der eine vergleichbare Position bei der Schweizer UBS innehat. Die Aufgaben Walkers als Chefjustiziar sollen zum Jahreswechsel 2015/2016 von dem Deutschen Christoph von Dryander und dem Engländer Simon Dodds übernommen werden. Zwei Abteilungen, die sich bisher mit überschaubarem Erfolg um die interne Aufarbeitung von »Skandalen« bemüht hatten, die »Incident Management Group« sowie die »Central Investigation Unit«, sollen zusammengelegt und von Niko von Tippelskirch geleitet werden.

Eine zukunftsträchtigere Lösung wäre vielleicht die Berufung von Frau Menke gewesen. Die Deutsche Bank dürfte auch weiterhin einen stetigen Bedarf an guten Beratern haben, zumal das Engagement des einen oder anderen Kollegen aus dem Bundesdienst, etwa des ehemaligen Abteilungsleiters im Bundeskanzleramt und ehemaligen Präsidenten des Bundesnachrichtendiensts Ernst Uhrlau durch Ackermann, das in der Deutschen Bank vorhandene kriminogene Potenzial immer noch nicht erkennbar verringert zu haben scheint. Das ist schade, war doch der Wechsel aus den Diensten der Bundesrepublik Deutschland in die Dienste der Deutschen Bank mit Zustimmung des damaligen Chefs des Bundeskanzleramtes Ronald Pofalla ziemlich kurzfristig nach der Verabschiedung Uhrlaus in den Ruhestand erfolgt, also in einer Zeit, in der allerdings auch Pofalla selbst sehr beschäftigt war, musste er doch schon damals einen Teil seiner Lebenszeit (oder Arbeitszeit?) für die Vorbereitung seiner eigenen Berufung zur Deutschen Bahn als eine Art »Oberschaffner« einsetzen, allerdings zu Bezügen, welche die Vergütung seiner vorherigen Position merklich übersteigen.

Die Deutsche Bank sollte sich jedenfalls durch die Alltagserkenntnis »Guter Rat ist teuer« auch weiterhin nicht davon abschrecken lassen, wirklich fachlich qualifizierten und charakterlich zuverlässigen Menschen Angebote zu machen. Sie konnte sich in der Vergangenheit zwar Mitarbeiter leisten, die jenseits konventioneller Kosten-Nutzen-Überlegungen stehen, also auf gut Deutsch mehr Schaden angerichtet als Gewinn erzielt haben. Aber vielleicht wird sie ein wenig dazulernen – oder auch nicht.

Wenn du nicht mehr weiter weißt, gründe einen Arbeitskreis

In Deutschland hatte sich die Debatte über die Verbandsstrafe schon vor vielen Jahren (wieder einmal) belebt, als die Strafbarkeit juristischer Personen auch Gegenstand der Verhandlungen der »Kommission zur Reform des strafrechtlichen Sanktionensystems« war. Zur Vorbereitung ihrer Beratungen, die am 29. und 30. November 1999 stattfanden, hatte sie eine Arbeitsgruppe »Unternehmensstrafbarkeit« eingesetzt, die sich sowohl mit dem gesetzgeberischen Handlungsbedarf als auch mit möglichen Sanktionsmodellen beziehungsweise Sanktionen beschäftigte.[2]

Die Arbeitsgruppe gab nach äußerst kontroversen Debatten kein Votum ab. Gleichwohl war man sich darüber einig, dass internationale und supranationale Regelungen die Einführung einer strafrechtlichen Unternehmenssanktionierung in Deutschland nicht zwingend gebieten. Mit ihrer Einführung eröffne man den »Weg in ein anderes Strafrecht«, der vielschichtige Probleme verfassungsrechtlicher, strafrechtlicher und strafverfahrensrechtlicher Art aufwerfe.

Die Arbeitsgruppe unterschied zwischen einem Zurechnungsmodell, mit dem die nach herkömmlichen Kriterien bemessene Individualschuld dem Unternehmen zugeschrieben wird, dem Modell einer originären Verbandshaftung, das auf eine unmittelbare Betriebsführungsschuld abstellt, und einem Maßnahmenmodell, welches auf eine Bestrafung auf der Grundlage einer Schuldzumessung verzichtet und nur die Verhängung von neu zu schaffenden Maßregeln vorsieht. Nach einer Diskussion über mögliche Unternehmenssanktionen anhand der Empfehlungen des Ministerkomitees des Europarats war man schon viele Jahren zuvor zu dem Ergebnis gekommen, dass der überwiegende Teil der dort genannten Sanktionen in Deutschland zwar nicht im Strafrecht, wohl aber im Ordnungswidrigkeitenrecht und vor allem im Verwaltungsrecht zu finden sei.

In der Auseinandersetzung über den gesetzgeberischen Handlungsbedarf auf strafrechtlichem Gebiet erlangten mehrere Argumente eine besondere Bedeutung:

- Die Verantwortung von Unternehmen ist größer als die von Einzelpersonen, ein Umstand, den die Strafgerichte nicht reflektieren, sodass dem Individuum nicht mehr erfüllbare Pflichten auferlegt werden, um zu einer Sanktionierung gelangen zu können.
- Nachweisprobleme hinsichtlich der Pflichtverletzung führen zu Absprachen.
- Die Ahndung von Pflichtverletzungen sollte dort erfolgen, wo die Pflicht angesiedelt ist, nämlich bei den Unternehmen.
- Das Individualstrafrecht leidet an Überforderung, weil es nicht mehr Bestrafung, sondern Problemlösung intendiert.
- Erforderlich ist eine stärkere präventive Ausrichtung des Unternehmensstrafrechts, verbunden mit einer Verbesserung der Unternehmensstruktur.

- Zivilrechtliche Sanktionen reichen für den Schutz kollektiver Rechtsgüter nicht aus.

Die Mehrheit der Kommission ließ sich dagegen von folgenden Positionen überzeugen:

- Mangelnder Nachweis von Sanktionslücken und mangelnde Verallgemeinerungsfähigkeit beziehungsweise Praxisrelevanz »organisierter Unverantwortlichkeit«.
- Ausreichende Sanktionierungsmöglichkeiten durch § 30 und § 130 OWiG, im Wettbewerbsrecht und im Verwaltungsrecht (zum Beispiel § 35 GewO, § 20 und § 21 BImSchG, § 35 ff. KWG et cetera).
- Weitere Überfrachtung des ohnehin überlasteten Strafrechts durch Einführung der Unternehmensstrafbarkeit.
- Notwendigkeit eines anderen, neuen Strafprozessrechts.
- Unwirksamkeit des Strafrechts im Hinblick auf Unternehmen, die von vorneherein auf kriminelles Handeln angelegt sind, da sich selbige nach Tatbegehung auflösen und deshalb der Zugriff auf die dahinterstehenden Individualtäter doch erforderlich ist.
- Unzuständigkeit der Strafjustiz für die Steuerung gesellschaftlicher Entwicklungen.
- Unterkritische Ausstattung der Strafjustiz im Hinblick auf den Nachvollzug von Betriebsabläufen, der Überwachung und Liquidierung von Wirtschaftsunternehmen.
- Bedenken hinsichtlich der Durchsetzbarkeit des Schuldprinzips (Schuldfähigkeit von Personenvereinigungen und Bestrafung von unschuldigen Anteilseignern).
- Mangelnde Relevanz des internationalen Trends wegen unterschiedlicher Strukturen (zum Beispiel »Lückenfüllerfunktion« des Strafrechts im angloamerikanischen Rechtskreis wegen der »Unterentwicklung« des dortigen Verwaltungsrechts und mangelnde Unterscheidung zwischen Strafrecht und Ordnungswidrigkeitenrecht).

Nach dieser Diskussion lehnte die Kommission die Einführung einer Unternehmenssanktionierung ab, definierte ihren Arbeitsauftrag aber so, dass über die Grenzen des klassischen Strafrechts hinaus geprüft werden soll, ob eine Unternehmenssanktionierung in anderen Rechtsgebieten sinnvoll und angezeigt ist. Wegen der Nähe zum Strafrecht wollte sie sich dabei nahezu ausschließlich auf eine Erweiterung des ordnungswidrigkeitsrechtlichen Instrumentariums beschränken.

Ein Entwurf bleibt trotz Kabinettreife stecken

Bereits im November 2013 legte Thomas Kutschaty, Justizminister von Nordrhein-Westfalen, der Justizministerkonferenz der Länder den Entwurf eines Gesetzes zur Einführung der strafrechtlichen Verantwortung von Unternehmen und sonstigen Verbänden vor (VerbStrG-E).[3] Er hat den Entwurf in Düsseldorf zwar zur Kabinettreife geführt, aber dieser wurde bis zur Drucklegung dieses Buchs nicht in den Bundesrat eingebracht. Immerhin löste sein Vorschlag in der rechtspolitischen und strafrechtlichen Literatur schon ein lebhaftes Echo aus.[4]

Über die Einführung strafrechtlicher Sanktionen zur Verhinderung und Verfolgung von Straftaten, die von juristischen Personen und Personenvereinigungen begangen werden, gibt es in Deutschland seit Jahrzehnten einen Streit, der durch seine dogmatische Monotonie (»Schuldtheologie«) immer wieder Langeweile, wenn nicht Überdruss erzeugt hat. Das ist erstaunlich und bedauerlich zugleich, wenn es denn richtig ist, dass die moderne Industrie- und Wissensgesellschaft mittlerweile eine »Organisationsgesellschaft« geworden ist, hinter der als Triebkraft vor allem die Wirtschaftsunternehmen stehen. Große Konzerne und Unternehmensgruppen haben nicht nur einen erheblichen Einfluss auf wirtschaftliche Strukturen, sie sind auch für das soziale

Gefüge von Bedeutung, wenn etwa Umwelt- und Korruptionsdelikte im Unternehmensumfeld begangen werden.

Immerhin entfällt etwa die Hälfte des in der polizeilichen Kriminalstatistik ausgewiesenen Gesamtschadens Jahr für Jahr auf Wirtschaftsstraftaten. Vor diesem Hintergrund ist ein Nachdenken über die Aufgaben des Strafrechts unabdingbar. Tatsächlich sind kollektive Interessen und Funktionszusammenhänge immer mehr in den Fokus der Strafgesetzgebung geraten. Die Justiz wird immer häufiger gezwungen, sich mit kollektiven Verhaltensmustern zu beschäftigen, die sich zu einer »Verbandsattitüde« verdichtet haben, auf die deutsche Behörden immer noch nicht mit einer Verbandsstrafe reagieren können. In diesem Milieu geraten Einzelne, die sich im Unternehmensinteresse strafbar gemacht haben, in die Position eines »Bauernopfers«, während die Verantwortlichkeit der Organisation und ihrer Führer durch »Freizeichnung« verschleiert wird.

Diese Überlegungen haben Herrn Kutschaty zu einem Vorschlag veranlasst, mit der das Unternehmen selbst in das Zentrum der Strafverfolgung rückt.[5] Er geht davon aus, dass die einschlägigen Bestimmungen des Ordnungswidrigkeitenrechts (§30 und §130 OWiG) aus mehreren Gründen keine hinreichende Präventivwirkung haben und in Fällen »organisierter Unverantwortlichkeit« Verbandsstraftaten überhaupt nicht sanktionierbar sind. Nach seinen Erkenntnissen konnte es bislang auch nicht zur effektiven Entwicklung von »Unternehmenscompliance« kommen.

Diese Rechtslage ist für einen internationalen Wirtschaftsstandort nicht zeitgemäß. Auch in der EU geht man seit geraumer Zeit davon aus, dass durch unterschiedliche Regelungen zur strafrechtlichen Verantwortlichkeit juristischer Personen in den Mitgliedstaaten die finanziellen Interessen der Union nicht ausreichend geschützt sind. Angesichts dieser Verhältnisse soll nach den Vorstellungen von Herrn Kutschaty Abhilfe geschaffen werden. Der VerbStrG-E sieht in fünf Artikeln die Einführung einer

Verbandsstrafe, Änderungen im Bundeszentralregistergesetz, im Gesetz über die Entschädigung für Strafverfolgungsmaßnahmen und im Einkommensteuergesetz sowie über das Inkrafttreten vor. Es handelt sich um einen ungewöhnlich ausführlichen und detaillierten Entwurf, der auch deshalb eine angemessene Darstellung und Kommentierung verdient, weil sich insbesondere in der Finanzwelt eine kriminelle Energie entfaltet hat, die mit dem individualistischen Zurechnungskonzept des Strafrechts überhaupt nicht mehr zu bändigen ist.[6] Wenn Institute wie die Deutsche Bank in den Ruch einer Räuberbande geraten oder vermeintlich honorige Wirtschaftsunternehmen in ihrem Verhalten eher einer Mafia-Organisation ähneln, dann stellt sich die Frage, ob diese Verbände nicht auch als solche behandelt werden müssen und nicht mit einer Buße für »ordnungswidriges« Verhalten davonkommen dürfen.

Der VerbStrG-E geht davon aus, dass nicht zuletzt die (anhaltende) Finanzkrise gezeigt hat, welch ein großes Machtpotenzial Wirtschaftsunternehmen sowohl in ökonomischer als auch in gesellschaftlicher Hinsicht haben und erwähnt in diesem Zusammenhang unter anderem besonders die Korruptionsdelikte, die von und innerhalb von Personenverbänden begangen werden. Die Bekämpfung dieser und anderer Kriminalitätsformen gilt als dringendes rechtspolitisches Anliegen. Ein »echtes Verbandsstrafrecht« hält man für erforderlich, um den damit verbundenen »systemischen Risiken« umfassend entgegenzutreten. Handlungsbedarf wird auch im Hinblick auf die kontinuierlich steigende Zahl von am Markt tätigen juristischen Personen oder Personengesellschaften geltend gemacht – ein Wachstum von 868 437 im Jahr 2000 auf 980 722 im Jahr 2010 bei einem Mindestumsatz von 17 500 Euro.

Schätzungen zufolge stammt die Hälfte der mutmaßlichen Täter im Bereich der Wirtschaftskriminalität aus dem Unternehmen selbst; ein Drittel von ihnen gehört zum Management. Untersuchungen deuten an, dass praktische Erfahrungen in

Unternehmen weniger effektiv zur Prävention von Wirtschaftskriminalität motivieren als rechtliche Anreize. Das deutsche Präventionsdefizit ist im Übrigen umso bedenklicher, als eine präventionsorientierte Unternehmenskultur das Kriminalitätsrisiko nachweislich senkt. Ein Grund für dieses Defizit liegt womöglich auch bei den Implementationsmängeln des in Deutschland geltenden Unternehmens- und Verbandssanktionsrechts mit hohen Einstellungsraten und überdurchschnittlich hoher Tendenz zu verfahrensbeendenden Absprachen.[7] Zu der geringen Anzahl mag auch die Tatsache beitragen, dass bei der Sanktionierung von Unternehmen gemäß § 30 OWiG das »Opportunitätsprinzip« gilt, das einer Ermessensausübung unterliegt, anders als bei der Verfolgung einzelner Unternehmensmitarbeiter, für die das »Legalitätsprinzip« gilt.[8] Auch die rechtliche Ausgestaltung des derzeitigen Ordnungswidrigkeitenrechts könnte ein Grund für dessen mangelnde Präventionseffizienz sein. Im Einzelnen mögen dafür folgende Punkte in Betracht kommen:

- Mangelnde Sanktionsmöglichkeiten für eine Verbandsstraftat (auch nicht als Ordnungswidrigkeit) bei mangelnder Zuordnungsmöglichkeit (Individualtäter) oder mangelnder Belegbarkeit eines schuldhaften Versagens der in § 9 OWiG genannten Aufsichtspersonen im Rahmen komplexer Verbandsstrukturen.
- Mangelnde Möglichkeiten zur zeitlichen, örtlichen und gegenständlichen Bestimmung einer Haftungssituation wegen dezentraler Wissensverteilung und Handlungszuständigkeiten in modernen Organisationen.
- Parallelität informeller Übungen neben formellen Regeln und Zuständigkeiten unter Abweichung vom Organisationsplan (»Pflichtendiffusion«).
- Systemimmanente Fehlentwicklungen, die betriebliche Störfälle nicht mehr einzelnen Entscheidungen zuordnen lassen (»organisierte Unverantwortlichkeit«).

- Ungenügen des Individualstrafrechts zum Auffangen derartiger Defizite.
- Aushebelung des mit einer Rechtsnorm verbundenen Unwerturteils durch abweichende Werthaltungen innerhalb des Verbands.
- Geringfügigkeit der Schuld von Einzelpersonen, die bei einem Verbandsdelikt zusammenwirken wegen ihrer persönlichen Verhältnisse oder ihrer konkreten Arbeitsbedingungen trotz gravierender Tatfolgen für einzelne Geschädigte oder für die Allgemeinheit.
- Unverhältnismäßigkeit der Höhe eines Tagessatzes (§ 40 Absatz 2 StGB) bei einer Verbandsstraftat gegenüber dem Unternehmensvermögen oder im Verhältnis zu den wirtschaftlichen Vorteilen, die die Tat für den Verband mit sich gebracht hat.
- Mangelnde Eignung zivilrechtlicher Haftung für den Schutz von kollektiven Rechtsgütern und bei Gefährdungsdelikten, zum Beispiel Großrisiken im Umweltbereich.
- Fragmentarischer Charakter, Unübersichtlichkeit und Unrechtsabstinenz von in Einzelgesetzen verstreuten verwaltungsrechtlichen Sanktionen.

Der VerbStrG-E beruht auf der Annahme, dass die Verhängung einer Kriminalstrafe den genannten Eigenheiten und Defiziten entgegenwirken kann. Nur mit der Durchführung eines Strafverfahrens sei ein »autoritatives, sozialethisches Unwerturteil« über die Verbandsorganisation und das ihr anzulastende Verhalten verbunden, während die an eine Ordnungswidrigkeit geknüpfte Geldbuße nach wie vor eher als »Ermahnung« angesehen und empfunden werde, die keine ins Gewicht fallende Beeinträchtigung des Ansehens und des Leumunds des Betroffenen zur Folge habe.

Die nicht mehr nur rein fiskalisch orientierte Bestrafung eines Unternehmens oder Verbands würde den Umstand aufgreifen, dass die mittlerweile höchstrichterlich anerkannte Existenz eines

»Unternehmenspersönlichkeitsrechts« nicht mit dem primär fiskalisch definierten »Recht am eingerichteten und ausgeübten Gewerbebetrieb« gleichgesetzt werden kann, sondern sich als selbstständiges Recht auf die Grundrechte der Artikel 2 Absatz 1 und 12 Absatz 1 GG gründet. Mit diesem Verständnis würde man dem primären Ziel einer Unternehmens- und Verbandssanktionierung und dem Interesse an der Entwicklung und Einrichtung moderner Formen von »Unternehmenscompliance« am ehesten Rechnung tragen. Die Normtreue von Unternehmen könnte steigen, wenn sie damit reputationsschädliche Folgen durch strafrechtliche Ahndung vermeiden könnten.

Die meisten europäischen Staaten kennen eine strafrechtliche Verantwortlichkeit juristischer Personen bereits seit vielen Jahren. Insbesondere der österreichische Gesetzgeber hat bei der Schaffung des Verbandsverantwortlichkeitsgesetzes (VBVG) im Jahre 2006 starke Anreize gesetzt, Gefährdungspotenziale im betrieblichen Rahmen zu minimieren und die Verwirklichung von Straftaten zu vermeiden. An der präventiven Wirksamkeit dieses Gesetzes gibt es nach neueren empirischen Untersuchungen keinen Zweifel.

Nun soll also auch in Deutschland in materiell-rechtlicher wie in prozessualer Hinsicht ein Verbandsstrafgesetzbuch in Kraft treten, das die strafrechtliche Haftung von Verbänden für Zuwiderhandlungen ihrer Mitarbeiter oder Mitglieder gegen die Strafgesetze begründet, wenn dadurch Pflichten verletzt wurden, die den Verband treffen, oder wenn durch sie der Verband bereichert wurde oder bereichert werden sollte.

Der VerbStrG-E lehnt sich an das »Zweite Protokoll zum Übereinkommen über den Schutz der finanziellen Interessen der Europäischen Gemeinschaften«[9] an. Er enthält zwei selbstständige Tatbestände einer Verbandsstrafbarkeit. Die Zuschreibung einer möglichen Verantwortlichkeit des Verbands beruht darauf, dass dieser eine Organisation eingerichtet hat, in der kriminelles Verhalten geduldet, begünstigt oder gar provoziert wird.

Die erste Tatbestandsalternative kann dann erfüllt sein, wenn ein Entscheidungsträger in Wahrnehmung der Angelegenheiten eines Verbands vorsätzlich oder fahrlässig eine verbandsbezogene Zuwiderhandlung begangen hat (§ 2 VerbStrG-E). Dahinter steht der Vorwurf einer mangelhaften Personalauswahl für Schlüsselpositionen. Die zweite Alternative kann dann gegeben sein, wenn in Wahrnehmung der Angelegenheiten eines Verbands eine verbandsbezogene Zuwiderhandlung begangen wurde und der Entscheidungsträger dieses Verbands vorsätzlich oder fahrlässig zumutbare Aufsichtsmaßnahmen, insbesondere technischer, organisatorischer oder personeller Art, unterlassen hat, durch die die Zuwiderhandlung verhindert oder wesentlich erschwert worden wäre (§ 2 Absatz 2 VerbStrG-E). Hier ist also ein Aufsichts- oder Überwachungsverschulden der Entscheidungsträger der Anknüpfungspunkt für die Verbandsverantwortlichkeit.

Große Wirtschaftsunternehmen laufen derzeit ein kalkulierbares Risiko, wenn sie Straftaten ihrer Mitarbeiter dulden oder begünstigen. Auch die Erhöhung des Bußgeldrahmens für juristische Personen und Personenvereinigungen auf zehn Millionen Euro wird daran nichts ändern.[10] Unternehmen, die Milliardengewinne einstreichen sind dadurch nicht präventiv konditionierbar. Kleine Betriebe könnten jedoch in ihrer Existenz vernichtet werden. Eine umsatzorientierte Anwendung des strafrechtlichen Tagessatzsystems erscheint daher angemessener.

Der VerbStrG-E setzt sich ausführlich mit verfassungsrechtlich begründeten möglichen Einwänden gegen seinen Regelungsansatz sowie mit europarechtlichen Aspekten auseinander. Die fundamentalen Bedenken gegen eine strafrechtliche Verantwortlichkeit von Verbänden sind in jeder Hinsicht überschaubar: mangelnde Handlungsfähigkeit juristischer Personen und mangelnde Straffähigkeit wegen des verfassungsrechtlich verankerten Schuldprinzips. In der Tat wäre eine strafrechtliche Ahndung ohne Feststellung eines haftungsbegründenden Verschuldens rechtsstaatswidrig und würde die Betroffenen in ihrem Grundrecht aus Artikel 2 Absatz 1 GG verletzen. Es ist indessen hinreichend klar, dass der Gesetzgeber weder bei der einfachgesetzlichen Ausgestaltung von Handlungs- und Unterlassungsunrecht noch beim Schuldgrundsatz an die Maßstäbe der bisherigen strafrechtlichen Handlungs-, Schuld- und Strafdogmatik gebunden ist, sondern frei darüber entscheiden kann, ob er für Verbände durch funktionsanaloge Übertragung von Zurechnungskategorien des Individualstrafrechts ein Konzept der strafrechtlichen Verantwortlichkeit von Verbänden entwickeln will.

Es ist zwar richtig, dass es bei der Handlungsfähigkeit natürlicher und juristischer Personen Unterschiede gibt. Letztere dürften keinen »natürlichen« Willen haben. Ein entsprechend willensgesteuertes Verhalten kommt daher nicht in Betracht. Damit ist aber keine Freistellung von strafrechtlicher Verantwortlichkeit verbunden. Im Strafrecht finden sich seit Langem Konstruktionen, mit denen die Strafbarkeit an Zurechnungsakte geknüpft wird (zum Beispiel Mittäterschaft, Beihilfe und § 14 StGB). In der Begründung des VerbStrG-E wird zudem richtigerweise daran erinnert, dass Verbände als eigenständige Rechtssubjekte am wirtschaftlichen und sozialen Leben teilnehmen. Durch Vernetzung individueller Entscheidungen entsteht ein Verbandswille, der sich durchaus vom Willen der beteiligten Individuen unterscheiden kann. Sieht man in Verbänden »sinnkonstituierte Gebilde«, darf angenommen werden, dass ihnen gegenüber Strafzwecke erreicht werden können, genauso wie gegenüber natürlichen Personen.

Es sind auch keine verfassungsrechtlichen Gründe gegen die Ausgestaltung eines Sanktionsrechts erkennbar, das Maßnahmen mit Strafcharakter gegen Verbände vorsieht. Erforderlich ist allerdings die Anknüpfung an Vorgänge, die der Verband zu verantworten hat. Zudem müssen die Grundrechte des Verbands und der übrigen Verfahrensbeteiligten ausreichend berücksichtigt werden. Dem Übermaß- und dem Bestimmtheitsgebot ist ebenfalls Rechnung zu tragen. Im Hinblick auf das Schuldprinzip gibt es weitere Einwände gegen die Verbandstrafbarkeit: Vermischung der disparaten Rechtsinstitute der Haftung für Unrecht und der Ahndung von Unrecht, Betroffenheit unbeteiligter Anteilseigner und unschuldiger Mitarbeiter durch eine »Kollektivstrafe« sowie Doppelbestrafung im Hinblick auf den Individualtäter.

Manche behaupten, dass die durch eine Verbandsstrafe veränderte Art der Zuschreibung von Verantwortung mit den »Sinn- und Wesenselementen« der Strafe, so wie sie sich aufgrund einer gefestigten Tradition in unserem Kulturkreis herausgebildet habe, nicht in Einklang zu bringen sei. Zudem werde sich eine Unternehmensstrafe im Rahmen von Aushandlungsprozessen zu einer »Ware« entwickeln, was ihrer angeblichen Fundierung in Artikel 1 Absatz 1 GG unangemessen wäre. Die »soziale Institution« eines Individualstrafrechts werde durch Aufweichung der ihr zugrunde liegenden personalen Unrechts- und Schuldlehre entwertet.

Diese Argumentation verkennt, dass sich das bestehende Sanktionsrecht für Unternehmen und andere Verbände bereits nach bestehendem Recht am Schuldprinzip zu orientieren hat – und bislang war damit keine erkennbare Erosion des Individualstrafrechts verbunden. Außerdem erlaubt § 75 StGB (Einziehung von Gegenständen oder Wertersatz auch bei juristischen Personen) schon gegenwärtig Maßnahmen, die nach höchstrichterlicher Rechtsprechung Strafcharakter haben, als eine spezifische Form strafrechtlicher Verantwortung für juristische Personen zu konstituieren.

Insgesamt gelangt der VerbStrG-E vor diesem Hintergrund zu dem völlig richtigen Ergebnis, dass mit den darin enthaltenen Vorschlägen kein Paradigmenwechsel im Strafrecht verbunden ist. Es wird lediglich das bislang unvollkommen ausgestaltete Sanktionsrecht für Verbände weiterentwickelt und verfahrensrechtlich abgesichert. Im Hinblick auf die im Ordnungswidrigkeitenrecht mangelhaft ausgestalteten Verfahrensgarantien wird damit sogar einem traditionsreichen »Etikettenschwindel« ein Ende bereitet.[11] Soweit eine Verbandsstrafe Folgewirkungen für Anteilseigner und Mitarbeiter hat, resultieren diese aus der »Risikogemeinschaft«, der man nach dem Beitritt zu einem Verband angehört. Mittelbare Nebenfolgen einer Sanktion für Dritte sind allerdings auch dem Individualstrafrecht nicht fremd, sie haben jedoch keinen eigenständigen Strafcharakter. Deshalb verletzten sie weder den Schuldgrundsatz noch den Grundsatz »ne bis in idem« (Doppelbestrafungsverbot) zwangsläufig und immer. Im Übrigen ist in dem Entwurf keine Verletzung des Bestimmtheitsgebots ersichtlich. Der in §1 Absatz 2 und §2 Absatz 1 und 2 VerbStrG-E verwendete unbestimmte Rechtsbegriff »verbandsbezogener Zuwiderhandlung« ist in Anlehnung an die Rechtsprechung zum Ordnungswidrigkeitenrecht hinreichend konkretisierbar.

Der VerbStrG-E ist mit dem Europarecht vereinbar. Er lehnt sich an das bereits erwähnte »Zweite Protokoll« an und enthält den Mindeststandard für das europäische Sanktionsrecht im Hinblick auf juristische Personen. Darunter fällt jedes Rechtssubjekt, das nach innerstaatlichem Recht diesen Status innehat, mit Ausnahmen von Staaten, öffentlich-rechtlichen internationalen Organisationen und öffentlich-rechtlichen Körperschaften in Ausübung hoheitlicher Befugnisse. Der Entwurf erfasst in diesem Sinne alle Verbände und aus Gründen der Gleichbehandlung darüber hinaus alle rechtsfähigen Vereine und Personengesellschaften des privaten und öffentlichen Rechts, soweit sie nicht in Ausübung hoheitlicher Befugnisse handeln

Die Initiative von Herrn Kutschaty verdient eine sehr zeitnahe parlamentarische Behandlung. Die Deutsche Bank ist als Aktiengesellschaft ein Verband, der handlungsfähig und schuldfähig ist. Die Deliktskultur in der Deutschen Bank ist in jüngerer Zeit zu einem der beeindruckendsten Belege für die dringende Erforderlichkeit der Einführung einer Unternehmensstrafe in Deutschland geworden. Es hängt – wie schon mehrfach hervorgehoben – allein vom politischen Willen ab, ob die Allgemeinheit vor Tätercliquen wie sie sich im Konzernverbund der Deutschen Bank breitgemacht haben, zukünftig geschützt werden kann. Geschieht das nicht, wird in der Gesellschaft vielleicht eine Debatte darüber beginnen, ob sich zwischen Politik und mächtigen Teilen der Wirtschaft auch jenseits des harmlosen Rahmens von Geburtstagsfeiern in Diensträumen (Ackermann im Bundeskanzleramt) eine Kumpanei gebildet hat, die alle Maßstäbe konventioneller OK weit hinter sich lassen würde.

Die modernen Entwicklungen in der Wirtschaftskriminalität und die OK haben jedenfalls gleichermaßen deutlich gemacht, dass die idyllischen Zeiten eines individualstrafrechtlichen Zurechnungskonzepts vorüber sind. Juristische Personen und Personenverbände bewirken zunehmend Rechtsgutsverletzungen. Die überkommene Strafrechtsdogmatik hat darauf in Deutschland immer noch keine passenden Antworten gefunden. Fraglich ist also nach wie vor, ob das Strafrecht in seiner gegenwärtigen Verfassung Gefahren für das zukünftige Zusammenleben reduzieren und im Bereich von Wirtschaft, Umwelt und OK kollektive Strukturen steuern kann.

Manche mögen zwar befürchten, dass das Fundament des Strafrechtssystems gesprengt wird, wenn Straftatbestände zum Risiko- und Krisenmanagement eingesetzt werden. Es kann aber nicht mehr bei der klassischen Fixierung auf die Handlungsspielräume einzelner natürlicher Personen bleiben. Das Bedürfnis nach einer effektiven Beeinflussung des Verhaltens von Wirtschaftsunternehmen und kriminellen Organisationen ist zu sehr gestiegen. Immerhin hatte der Europarat bereits am 20. Oktober 1988 eine Empfehlung angenommen, in der grundsätzlich die Strafbarkeit von Unternehmen gefordert wurde.[12]

Am 19. Juni 1997 haben die Mitgliedstaaten der EU das schon mehrfach erwähnte Zweite Protokoll zum Übereinkommen über den Schutz der finanziellen Interessen der europäischen Gemeinschaften unterzeichnet. Danach hat jeder Mitgliedstaat die erforderlichen Maßnahmen zu treffen, um sicherzustellen, dass eine juristische Person für den Betrug, die Bestechung und die Geldwäsche, die zu ihren Gunsten von einer Person begangen werden, die entweder allein oder als Teil eines Organs der juristischen Person gehandelt hat und die eine Führungsposition innerhalb der juristischen Person innehat, verantwortlich gemacht werden kann. Die Mitgliedstaaten sind aufgerufen, die erforderlichen Maßnahmen zu treffen, um sicherzustellen, dass gegen eine verantwortliche juristische Person wirksame, angemessene und abschreckende Sanktionen verhängt werden können, zu denen strafrechtliche oder nichtstrafrechtliche Geldstrafen und andere Sanktionen gehören können (zum Beispiel Ausschluss von öffentlichen Zuwendungen oder Hilfen, Verbot der Ausübung einer Handelstätigkeit, richterliche Aufsicht oder Auflösung).

Gleichwohl sind das Strafrecht und seine Dogmatik immer noch überwiegend auf eine einfache »Mikrokriminalität« zugeschnitten, bei welcher ein einzelner Täter ein individuelles Opfer schädigt. Vor allem auf dem Gebiet der Wirtschafts- und Umweltkriminalität hat sich Unbehagen verbreitet, weil nicht zuletzt die Täterfrage für diese Bereiche im Dunkeln geblieben ist.[13]

Mit Blick auf »Systemtäter«, also Handelnde in komplexen Organisationen, ist hervorzuheben, dass die am Täter als der beherrschenden Zentralfigur entwickelten tradierten Zurechnungsprämissen nur dort funktionieren, wo es um übersichtlich strukturierte Unternehmen geht, in denen sämtliche Informationen bei einer »obersten Person« zusammenlaufen, die alle wesentlichen Entscheidungen trifft, und wo die Anweisungen dieser Schlüsselfigur auf möglichst kurzen und geraden Wegen nach unten weitergegeben und umgesetzt werden. Den meisten Verurteilungen von Verbandsorganen liegen solche Konstellationen zugrunde.

Der Beitrag differenzierter Unternehmensformen zur »neuen Unübersichtlichkeit« wird nicht gebührend berücksichtigt. Das ist auch deshalb bedauerlich, weil damit prinzipielle dogmatische und kriminalpolitische Weichenstellungen verbunden sind. Komplexe Großbetriebe sind durch Dezentralisierung und Kompetenzaufteilung in einem System wechselseitiger Abhängigkeit gekennzeichnet. Die Handlungsmacht von Großorganisationen beruht auf der Koordinierung verschiedener, in Einzelabteilungen mehr oder weniger selbstständig angelegter Aufgaben. Damit verringert sich das Beherrschungspotenzial des Einzelnen. Eigenverantwortliches Handeln reduziert sich auf die betriebliche Innensphäre. Auch wenn sich nicht sämtliche Kompetenzen in der Organisationsstruktur des Gesamtsystems verlieren, wird es zunehmend schwierig, die hinreichende strafrechtliche Verantwortung für die individuelle Fehlentscheidung bei solchen potenziellen »Systemtätern« festzustellen.[14]

Zum einen kann man der Meinung sein, dass die Arbeitsteilung in einem Unternehmen zu einer Vervielfachung der Verantwortung führt.[15] Zum anderen lässt sich behaupten, dass die arbeitsteilige Organisationsstruktur die strafrechtliche Zurechnung in vielfältiger Weise hemmt und letztlich die »organisierte Unverantwortlichkeit« aller bewirkt. Es eröffnet sich also ein Spektrum, das von einem System voller Täter auf der einen bis zu einer organisierten Unverantwortlichkeit ohne Täter auf der anderen Seite reicht.

Aus dem Prinzip der Arbeitsteilung erwachsen dem Strafrecht daher große Schwierigkeiten. Die auf arbeitsteiligen Prozessen beruhenden Entscheidungs- und Handlungsmuster in komplexen Verbänden tragen zu deren Verschärfung bei. Die Dezentralisierung hat sich indessen mikro- und makroökonomisch durchgesetzt. Damit ist eine weitgehende Modifizierung der Handlungsherrschaft verbunden. In Großbetrieben erschweren relativ stabile Strukturen zudem einen direkten Durchgriff auf Entscheidungen vor Ort. Diese objektiven Faktoren werden durch subjektive ergänzt. Aus dezentralisierter Information und verändertem Handlungs- und Normbewusstsein von Verantwortlichen ergeben sich weitreichende Konsequenzen für das Strafrecht, wobei sich ein besonderes Problemfeld eröffnet, wenn es um Kollegialentscheidungen in Großbetrieben geht.[16]

Angesichts der aktuellen Entwicklungen der OK geht es folglich um die Frage, welche Möglichkeiten und Grenzen konventioneller strafrechtlicher Kontrolle von Kriminalität in Verbänden gegeben sind. Dabei ist auch die Haftung von Leitungsorganen und Vertretern im Kernbereich des Strafrechts zu untersuchen.[17]

Auch die OK reflektiert nur moderne Prozesse in Gesellschaft, Wirtschaft und Politik. Das Wirtschaftsleben wird schon lange nicht mehr von einzelnen herausgehobenen Persönlichkeiten maßgeblich bestimmt. Entscheidungsprozesse sind nicht mehr korporatistisch gebunden. Die Interessen anonymen Kapitals, zum Beispiel Fonds, haben die Souveränität von Unternehmensgründern und Eigentümern zumeist abgelöst. Dessen ungeachtet bleiben juristische Personen und Personenvereinigungen machtvoll handelnde Subjekte. Die Leistungskraft des herkömmlichen strafrechtlichen individuellen Zurechnungskonzepts reicht schon lange nicht mehr, um den damit verbundenen Folgen zu begegnen.

Ein modernes Unternehmensstrafrecht bewirkt jedenfalls keine unangemessenen neuen Belastungen. Es kann vielmehr für eine Verbesserung der Wettbewerbsbedingungen sorgen. Unternehmen, die kriminelle Methoden einsetzen, verschaffen sich gegenüber ihren rechtstreuen Konkurrenten einen Wettbewerbsvorteil. Die strafrechtliche Sanktionierung entsprechender Verhaltensweisen kommt daher einem marktwirtschaftskonformen Steuerungsmittel gleich.

Rechtsanwälte wollen auch mitreden

Die Bundesrechtsanwaltskammer, vertreten durch die Mitglieder des Strafrechtsausschusses, sieht für die Umsetzung der erwähnten Vorschläge weder ein kriminalpolitisches noch ein rechtliches Bedürfnis.[18] Sie empfindet Besorgnis angesichts einer vermeintlichen Erosion des Legalitätsprinzips. Die materiellen Vorteile, die dem Staat aus den bereits vorhandenen Sanktionsmöglichkeiten gegen Unternehmen zufließen können, seien im Begriff, sich zunehmend zu verselbstständigen. Deren Höhe werde für die Art und Weise der Strafverfolgung und für den Inhalt einvernehmlicher Verfahrensbeendigungen immer bedeutsamer. Es seien ökonomisch motivierte und dominierte Aushandlungsprozesse auch zulasten der Rechte Einzelner zu befürchten. Ein Prozess der »Amerikanisierung« könne das Institut der Strafe im Ergebnis schwächen. Für Deutschland wird kein Defizit gegenüber anderen Rechtsordnungen erkannt.

Die organisierten Rechtsanwälte halten die vorhandenen rechtlichen Regelungen zur Bekämpfung von Wirtschaftskriminalität für ausreichend. Die bestehenden Sanktionsmöglichkeiten gegen ein Unternehmen gingen sogar weit über den Bereich »eigentlicher« Wirtschaftskriminalität hinaus. Sie wollen beobachtet haben, dass dadurch eine vergleichsweise »freihändige« Sanktionspraxis »auf Verdacht« gegen Unternehmen entstanden sei, bei der die finanziellen Vorteile für das jeweilige Bundesland in den Vordergrund, die Belange von Individuen dagegen in den Hintergrund treten. Bei der Verfolgung von Wirtschaftsstraftaten in Unternehmen würden die rechtsstaatlichen Konturen des Strafrechts abgeschliffen. Durch »Ökonomisierung« und »Privatisierung« der Strafverfolgung werden die strafprozessualen Ziele (Wahrheit und Gerechtigkeit) von materiellen Interessen angeblich überlagert.

Die Frage nach dem möglichen Mehrwert einer Unternehmensstrafe wird als »rhetorisch« diskreditiert, denn es bestehe derzeit kein Vollzugsdefizit im Bereich der Strafverfolgung in und von Unternehmen. Finanzielle Sanktionen gegen Unternehmen bewegten sich ausschließlich im Zielbereich der Prävention »kraft ökonomischer Rationalität«. Die angebliche Reduzierung auf Prävention erfülle nicht die »personalen« Voraussetzungen von Strafe. Es gehe also um »Haftung«, die für das Strafrecht als ungeeignet gilt, weil ihm grundsätzlich der Gedanke fremd sei, dass eine Person für eine andere strafrechtlich haftet. Die Damen und Herren des Strafrechtsausschusses befürchten, dass die Einführung einer »echten« Unternehmensstrafe die Zunahme der von ihnen erkannten Ökonomisierungs- und Privatisierungstendenzen bei der Strafverfolgung bewirken könnte.[19]

Richter und Staatsanwälte grüßen

Der Bund der Richterinnen und Richter, Staatsanwältinnen und Staatsanwälte (Deutscher Richterbund)[20] begrüßt zwar die Diskussion zur Einführung eines Unternehmensstrafrechts und hofft auf eine umfassende und ernsthafte Diskussion zu diesem »Kernbereich des Wirtschaftsstrafrechts«. Doch man übersehe wohl, dass es in Deutschland über § 30 und § 130 OWiG bereits heute Sanktionsmöglichkeiten gegen Unternehmen gebe. Deren geringe Bedeutung sei nur teilweise auf die unzureichende gesetzliche Ausgestaltung dieser Sanktionen zurückzuführen. Im Wesentlichen beruhe sie auf unzureichender Ausstattung von Staatsanwaltschaften und Gerichten in diesem Bereich. Für Bußgeldverfahren gegen Unternehmen habe man der Justiz bisher keine Kapazitäten bereitgestellt. Aufwändige, rechtlich und sachlich komplexe Bußgeldverfahren können angeblich mangels Personal kaum durchgeführt werden.

Der Richterbund ist davon überzeugt, dass es ohne erheblichen Personalausbau bei Staatsanwaltschaften und Gerichten kein in der Praxis wirksames Sanktionsrecht gegen Unternehmen geben kann. Die Frage, ob ein Unternehmens*strafrecht* eingeführt oder das bestehende Sanktionssystem gegen Unternehmen im OWiG ausgebaut werden soll, sei eine rechtspolitische Entscheidung, die der Gesetzgeber zu treffen habe. Der Deutsche

Richterbund sieht weder verfassungsrechtliche noch europarechtliche Vorgaben, welche eine Entscheidung in die eine oder andere Richtung erzwingen.

Sollte es bei Sanktionen gegen Unternehmen in Form von Bußgeldern bleiben, sei sicherzustellen, dass die Staatsanwaltschaften als Bußgeldbehörde tätig werden können, um eine angemessene und gleichmäßige Ahndungspraxis zu gewährleisten. Insbesondere die Schwerpunktabteilungen für Wirtschaftskriminalität müssten die hierfür notwendige Zuständigkeit durch klare gesetzliche Vorgaben erhalten und dementsprechend ausgebaut werden. Für diesen Fall sollte eine Zuständigkeit der Wirtschaftsstrafkammern für Bußgeldverfahren geschaffen werden. Gegen deren Urteile wäre der Weg zur Rechtsbeschwerde beim Bundesgerichtshof zu eröffnen.

Klärungsbedürftig sei das Verhältnis der Unternehmensstrafe zur Strafe der verantwortlich handelnden Leitungspersonen. Es müssten die zivil- und arbeitsrechtlichen Rahmenbedingungen für Compliance sichergestellt werden. Die Anwendung deutschen Strafrechts bei grenzüberschreitenden Sachverhalten sei eindeutig und teilweise durch unionsrechtliche Vorgaben zu regeln. Abschöpfungsmaßnahmen dürften nicht der Staatsfinanzierung dienen oder abgaben- und sozialrechtliche Verfahren ersetzen.

Der Deutsche Richterbund hält die Einführung eines Strafrechts, in welchem Unternehmen und »Verbände« mit einer Kriminalstrafe belegt werden können, für verfassungsrechtlich zulässig. Das auf der Menschenwürde basierende Schuldprinzip als Grundlage strafrechtlicher Sanktionen spreche nicht dagegen, da Unternehmen keine Menschenwürde für sich in Anspruch nehmen könnten. Es handele sich also um eine kriminalpolitische Frage, über die ausschließlich der Gesetzgeber zu entscheiden habe. In Deutschland könne sich der Gesetzgeber aber nicht auf Vorgaben der Europäischen Union zurückziehen. Das »Europäische Strafrecht« unterscheide aufgrund der unterschiedlichen

Situation in den Mitgliedstaaten nicht zwischen einem Straf- und einem Ordnungswidrigkeitenrecht. Auf europäischer Ebene habe eine vertiefte Debatte zur Harmonisierung dieser Unterscheidung noch nicht stattgefunden. Diejenigen Rechtsinstrumente, die Sanktionen gegen Unternehmen fordern, stellten es daher den Mitgliedstaaten frei, ob sie diese durch Kriminalstrafe oder Bußgelder als Sanktionen des Verwaltungsunrechts herbeiführen, solange die Sanktionen wirksam, angemessen und abschreckend sind. Dies sei bisher in Deutschland über entsprechende Sanktionen im OWiG erreicht worden. Die Vorgabe der europäischen Rechtsinstrumente sei daher offen, da nur »strafrechtliche und nichtstrafrechtliche Geldsanktionen« gefordert werden, etwa im Zweiten Protokoll über den Schutz der finanziellen Interessen der Gemeinschaft.

Der Deutsche Richterbund sieht in Straftaten, die im Unternehmen begangen werden, die Grundlage eines Unternehmensstrafrechts. Für diese Straftaten seien diejenigen Personen strafrechtlich verantwortlich, die sie begangen oder nicht verhindert hätten. Das Unternehmensstrafrecht könne deren Strafbarkeit nicht ersetzen, sondern allenfalls diejenige Zuordnungslücke nach »organisierter Unverantwortlichkeit« schließen, die bliebe, wenn Verantwortung verschleiert werde oder nicht mehr aufgeklärt werden könne. Sanktionen gegen Unternehmen sollten sicherstellen, dass diese »Pflichtendiffusion« zu keiner Strafbarkeitslücke führe. Sie könnten die Strafbarkeit natürlicher Personen nicht ersetzen.

Man erkennt die Gefahr, dass Unternehmensstrafen mit hohen Zahlungen an den Staat die Ermittlungen gegen die handelnden Personen in den Hintergrund drängen: Insbesondere könnte eine ungenügende Personalausstattung der Justiz dazu führen, dass Leitungspersonen versuchen, sich über Unternehmensstrafen von den aufwändigen Verfahren gegen sich selbst »freizukaufen«. Diese Konsequenz eines Unternehmensstrafrechts, welches die Strafbarkeit des Unternehmens gegenüber der Einzelverantwortung der Leitungspersonen in den Vordergrund rückt, würde nicht nur dem Schuldprinzip des Strafrechts widersprechen, sondern auch die organisierte Unverantwortlichkeit in den Unternehmen stärken.

In einer Vielzahl von Ermittlungsverfahren ist unterdessen schon deutlich geworden, dass es auch bei überschaubaren Tatvorwürfen oftmals nur mit sehr großem Aufwand und unter erheblichen Eingriffen in die Rechte der betroffenen Unternehmen und Beteiligten möglich ist, die Entscheidungsstrukturen von Unternehmen aufzuklären und Verantwortung zuzuordnen. Es gilt daher als entscheidend für den Erfolg eines Unternehmensstrafrechts, wieweit die Zuordnung von Verantwortung aus dem Gesetzesverstoß selbst abgeleitet werden kann. Grundlage eines Unternehmenssanktionsrechts müsste daher die zu widerlegende Annahme sein, dass bei Straftaten oder schwerwiegenden Ordnungswidrigkeiten aus dem Unternehmen heraus ein dortiges Organisationsverschulden vorliegt. Die Prüfung der Möglichkeit einer solchen Zuordnungsregel im Strafrecht ist Aufgabe des Gesetzgebers.

Ein Unternehmensstrafrecht würde vorwiegend Unternehmen treffen, die sich legal am Markt betätigen. Ein präventiv wirksames Strafrecht würde wohl nur wirken können, wenn die Verantwortlichen auf allen Ebenen die rechtlichen Möglichkeiten besäßen, straffreies Verhalten der Aufsichts- und Leitungspersonen ihres Unternehmens beziehungsweise dessen Mitarbeiter zu erzwingen und wenn die rechtlichen Handlungspflichten auf allen Ebenen hierzu eindeutig seien. Das sei bei der gegenwärtigen Rechtslage nicht sicher. Es bedürfe deshalb rechtstatsächlicher Untersuchungen, ob der Durchgriff der Eigentümer beziehungsweise der Verantwortlichen von Unternehmen auf die Entscheidungsträger und Mitarbeiter von Verbänden ausreichend gesichert ist, um diese von Straftaten abzuhalten.

Zudem müsste die Zuständigkeit des deutschen Strafrechts für die Ahndung von Straftaten aus einem Unternehmen sowohl für die Fälle, in denen bei einem Unternehmenssitz in Deutschland

Straftaten im Ausland begangen wurden, wie auch für Fälle, in denen bei ausländischem Unternehmenssitz die Straftaten in Deutschland erfolgen, eindeutig geregelt werden. Diese Regelungen könnten wegen der Auswirkungen nationaler Strafverfolgung von Verbänden auf dem Binnenmarkt und den freien Kapitalverkehr sowie im Hinblick auf das europarechtliche Doppelbestrafungsverbot nur über eine unionsrechtliche Regelung erfolgen.

Unternehmensstrafe und Gewinnabschöpfung sollten nicht dazu dienen, die Festsetzung und die Einziehung von Steuern, Abgaben oder Zahlungen an Sozialversicherungsträger zu erleichtern oder zu ersetzen. Maßnahmen der Strafverfolgungsbehörden dürften in diesem Bereich daher nur dazu dienen, Vermögensgegenstände, auf welche Behörden oder Sozialversicherungsträger zurückgreifen könnten, im Rahmen von Ermittlungsmaßnahmen zu sichern. Der endgültige Zugriff müsse im Rahmen des dafür vorgesehenen Verfahrens durch die zuständigen Behörden und Sozialversicherungsträger und unter Eröffnung der dafür vorgesehenen Rechtsbehelfe erfolgen. Straf- oder bußgeldrechtliche Abschöpfungsmaßnahmen vermögen Vollzugsdefizite in diesem Bereich nicht zu ersetzen und dürften nur dann als letztes Mittel zur Verfügung stehen, wenn eine Rückgabe von Vermögensgegenständen an den Verband nicht zu vertreten wäre.

Aus der Sicht des Deutschen Richterbundes sind effektive Sanktionen gegen Unternehmen nicht nur über ein Unternehmensstrafrecht, sondern auch durch den Ausbau des bestehenden Sanktionensystems gegen Leitungspersonen und Unternehmen im OWiG zu erreichen. Als wesentlich gilt jedoch bei einer Neugestaltung der Unternehmenssanktionen im OWiG, die Staatsanwaltschaften mit einem umfassenden Evokationsrecht (das heißt die Befugnis, Verfahren an sich zu ziehen oder abzugeben) auszustatten und Zuständigkeiten für »Wirtschafts-OWis« bei den Wirtschaftsstrafkammern der Landgerichte zu schaffen und Rechtsbeschwerden zum Bundesgerichtshof zuzulassen –

was keinen allzu großen gesetzgeberischen Aufwand erfordern würde.

Der Deutsche Richterbund stellte einen interessanten Vorschlag an das Ende seiner Überlegungen: Sofern der Gesetzgeber auf das Unwerturteil der Kriminalsanktion nicht verzichten will und das Legalitätsprinzip in diesem Bereich für unabdingbar hält, sollte geprüft werden, ob das Verbandsstrafrecht nicht auch auf Behörden und Ministerien anzuwenden ist. Eine Geldstrafe des Staats gegen den Staat erscheint zwar wenig sinnvoll. Liegt der Mehrwert eines Unternehmensstrafrechts gegenüber Sanktionen nach dem OWiG wesentlich im Unwerturteil, wäre aber zu fragen, warum Behörden und Ministerien, aus denen heraus Straftaten begangen werden, nicht auch von einem solchen Unwerturteil getroffen werden können.[21]

Die deutsche Industrie hat auch eine Meinung

Die deutsche Industrie, vertreten durch Herrn Heiko Willems, Leiter der Abteilung Recht und Versicherung des Bundesverbandes der Deutschen Industrie e. V. (BDI) lehnt ein Unternehmensstrafrecht »nachdrücklich« ab. Dieser Vertreter bemüht sich darzulegen, dass das bestehende Sanktionsinstrumentarium des Ordnungswidrigkeitenrechts zur Ahndung rechtswidrigen Verhaltens ausreicht.[22]

Wer meint, dass das Thema Unternehmensstrafrecht aus der Sicht eines Wirtschaftsverbands eine eher abstrakte Frage ist, an deren Erörterung sich nur einige rechtsdogmatische Kollegen beteiligen und deren konkreten Folgen für Unternehmen auf den ersten Blick überschaubar wirken, da man Firmen nicht zu einer Haftstrafe verurteilen kann und es Unternehmensjuristen relativ egal sein dürfte, ob man eine Geldsanktion als »Buße« oder »Strafe« bezeichnet, der irrt. Zumindest Herr Willems hält dies für eine Fehleinschätzung. Für ihn macht es aus der Sicht der Unternehmenspraxis sehr wohl einen Unterschied, ob ein Unternehmen wegen einer Ordnungswidrigkeit oder wegen einer Straftat sanktioniert wird. Denn mit einer Strafe sei auch in der Außenwirkung ein erheblich negativeres Werturteil verbunden als mit der Verhängung einer Verwaltungssanktion. Die öffentliche Aufmerksamkeit sei bei Rechtsverstößen mit Unternehmensbezug zwar jetzt schon groß und die Schlagzeilen entsprechend negativ, das Instrument »Strafrecht« würde diesen Eindruck aber noch verschärfen. Es erfolge eine »Kriminalisierung« von Unternehmen, die bei Mitarbeitern, von denen zumeist nur wenige in die jeweiligen Vorfälle verwickelt seien, zu großen Belastungen führe und ein Gefühl der Ungerechtigkeit hervorrufe. Man fühle sich in »Sippenhaft« genommen.

Der BDI stimmt angeblich grundsätzlich mit Herrn Kutschaty überein: Kriminelles Verhalten aus Unternehmen oder aus anderen Organisationen heraus muss effektiv geahndet werden, zumal dies im Interesse der rechtstreuen Akteure, des fairen Wettbewerbs und der Glaubwürdigkeit des Rechtsstaats liege. Der BDI verstehe sich daher nicht als »Pflichtverteidiger« rechtswidrig handelnder Unternehmen. Gleichwohl ist er nicht davon überzeugt, dass Deutschland ein Unternehmensstrafrecht braucht. Aus der Sicht der Wirtschaft sind die bisherigen Sanktionsmöglichkeiten des Ordnungswidrigkeitenrechts ausreichend, können doch in der Praxis heute hohe dreistellige Millionen-Sanktionen gegen Unternehmen verhängt werden, wie die Fälle Siemens, MAN und Ferrostaal zeigen. In den vergangenen Jahren hat alleine die Staatsanwaltschaft in München Sanktionen von mehr als einer Milliarde Euro gegen Unternehmen verhängt.

Herr Willems mag daher keinen »echten« praktischen Bedarf für ein gesondertes Unternehmens- beziehungsweise Verbandsstrafrecht erkennen und verweist auf das Kartellrecht, das regelmäßig zu hohen Bußen führe, und zahlreiche andere Spezialgesetze, in denen Unternehmenssanktionen vorgesehen sind. Unternehmen können verwaltungsrechtlich bestimmte Aktivitäten untersagt werden: Betrieben können bei Rechtsverstößen geschlossen werden, Gewerbeerlaubnisse lassen sich entziehen, bei einer Aktiengesellschaften oder GmbH kann eine Löschung im Handelsregister erfolgen. Herr Willems ist der Auffassung, dass die von der Politik angeblich bisweilen suggerierte Vorstellung, Unternehmen agierten im rechtsfreien Raum und könnten für etwaige Verstöße nicht belangt werden, jeglicher Grundlage entbehre. Es werde ein Szenario skizziert, das mit der Rechtslage und der Praxis in Deutschland nichts zu tun habe.

Auch im internationalen Vergleich habe Deutschland keinen Nachholbedarf. Weder die EU noch die OECD noch irgendeine andere internationale Organisation hätten explizit eine strafrechtliche Sanktionierung von Unternehmen gefordert. Herr Willmes meint anscheinend, dass das Ordnungswidrigkeitenrecht ein Verwaltungs*strafrecht* sei und daher auch etwaigen Forderungen nach »strafrechtlichen« Sanktionen im internationalen Sprachgebrauch genügt, und erkennt auch im Hinblick auf die häufig genannten Beispiele Frankreich und Österreich keine Rechtsverfolgungsdefizite.

Herr Willems verweist dabei auch auf die Tätigkeit der steuerlichen Betriebsprüfung in Deutschland, deren Erkenntnisse automatisch an die Staatsanwaltschaften weitergeleitet werden, sobald man Unregelmäßigkeiten erkennt. Die Ermittlungen der Staatsanwaltschaft bezögen sich dann eben nicht nur auf Steuerstraftaten, sondern auch auf andere Delikte, bei denen es um unrechtmäßige Geldflüsse gehe, beispielsweise Korruption, Ausschreibungsbetrug oder Veruntreuung. Die Praxis der steuerlichen Betriebsprüfung führe im Ergebnis dazu, dass die Verfolgungsintensität in Deutschland höher sei als in vielen anderen Staaten.

Herr Willems hat erhebliche Vorbehalte gegen den Vorwurf der »organisierten Unverantwortlichkeit«. Spätestens seit dem Fall Siemens gebe es in jedem deutschen Unternehmen ein hohes

Bewusstsein für die Strafbarkeit von Auslandskorruption und anderen kriminellen Verhaltensweisen. Die Unternehmen wollten nicht mit schwerwiegenden Rechtsverstößen in Verbindung gebracht werden, und investierten daher schon aus Eigeninteresse erhebliche finanzielle und personelle Ressourcen in Compliance-Maßnahmen. Dies habe in den letzten Jahren stark zugenommen und sei mittlerweile auch im Mittelstand verbreitet. Das Rechtsbewusstsein in der Wirtschaft sei also erheblich angestiegen. Deshalb sei das Ordnungswidrigkeitenrecht das richtige Mittel, gegen etwaige Defizite im Sinne einer »organisierten Unverantwortlichkeit« anzugehen, da in dessen Rahmen Unternehmen sanktioniert werden könnten, die sorgfaltswidrig, also fahrlässig, Aufsichtsmaßnahmen unterlassen hätten. Dies wäre im strafrechtlichen Rahmen angeblich deutlich schwieriger.

Die deutsche Industrie lehnt ein Unternehmens- oder Verbandsstrafrecht mangels Bedarfs ab. Die in Deutschland bestehenden Sanktionsmöglichkeiten seien ausreichend, zumal in der Praxis kein Verfolgungs- oder Sanktionsdefizit bestehe. Herr Willems bezichtigt Herrn Kutschaty unklarer Begrifflichkeiten mit einem weiten Anwendungsbereich. Sein Gesetzentwurf enthalte einen »Automatismus des Legalitätsprinzips« und (zu) harte Sanktionsmöglichkeiten. Etwaige Defizite, die bei der Verfolgung von unternehmensbezogenen Straftaten gesehen werden, könnten auch anders gelöst werden. Gleiches gelte für die Anerkennung von Compliance-Maßnahmen.

Herr Willems versteigt sich sogar zu der Behauptung, dass auch »alle anderen Praktiker« – einschließlich der potenziellen »Gegenseite« der Unternehmen – zurückhaltend bis ablehnend seien. Richter und Staatsanwälte hätten in der Vergangenheit kein Unternehmensstrafrecht gefordert und gegenüber dem Vorschlag von Herrn Kutschaty »eher« Bedenken geäußert. Die Kritik der Anwaltsverbände, die sich ja durchaus über mehr Mandate für ihre Mitglieder freuen könnten, lasse an Deutlichkeit nichts zu wünschen übrig. Angesichts dieser »einhelligen

Skepsis aus der Praxis« sei die Politik gut beraten, Abstand von dem Projekt Unternehmensstrafrecht zu nehmen. Die Ablehnung eines Unternehmensstrafrechts durch den BDI dürfte niemanden überraschen, denn als Wirtschaftsverband tritt der BDI in der Regel nicht für eine Risikoerhöhung der Aktivitäten seiner Mitglieder ein.

Schlussbemerkungen

Die Deutsche Bank ist nach wie vor die größte deutsche Bank.[1] Sie ist mit ihren rund hunderttausend Mitarbeiterinnen und Mitarbeitern aus »aller Herren Länder« auch ein wichtiger Teil der internationalen Finanzwelt. Das war ihr quasi in die Wiege gelegt, sollte sie doch von Anfang an der Außenhandelsfinanzierung und einer Stärkung der deutschen Exportwirtschaft dienen, in der »Gründerzeit« nicht nur ein legitimes, sondern notwendiges Anliegen. Die deutsche Wirtschaft und die deutsche Gesellschaft insgesamt haben der qualifizierten und erfolgreichen Arbeit der Mitarbeiter der Deutschen Bank sehr viel zu verdanken. Die Deutsche Bank hat sich von Anfang auch gesamtwirtschaftlichen Aufgaben gestellt, wie sich unter anderem in der frühzeitigen Begebung von Kommunalobligationen und Staatsanleihen zeigte.

Kluge Führer der Deutschen Bank wussten immer, dass sie auch Macht haben, es aber entscheidend ist, wie man damit umgeht: ob man sie verantwortungsvoll einsetzt oder nicht. Einer der Vorgänger von Jain, Fitschen und Cryan hat zu Recht betont, dass auch die Deutsche Bank Macht haben müsse, nicht weil ihre Angestellten ehrgeizig seien, sondern weil man sich in Deutschland nach dem Zweiten Weltkrieg für ein Gesellschaftssystem entschieden habe, in dem es plurale Machtpotenziale gebe, die sich jedoch in einer labilen Balance halten müssten. In diesem System könne, dürfe und müsse natürlich auch die Deutsche Bank ein Machtpotenzial haben.[2] Bei dessen Nutzung sollte aber unter anderem gesichert sein, dass die Deutsche Bank bei Fusionen nicht auf beiden Seiten maßgeblich im Aufsichtsrat vertreten ist. Der Begriff »Interessenkonflikt« ist nur ein schwacher Euphemismus zur Beschreibung der Risiken, die damit verbunden sind. Das kann zu einer Art »mafiosem Setting« führen, weil es dabei immer wieder zu Angeboten kommt, die man »einfach nicht ablehnen kann«, und weil Verhandlungen dadurch grundlegend korrumpiert werden können.

Ein besonders risikoträchtiges Feld hat sich infolge der zunehmenden Internationalisierung der Bankenwelt geöffnet. Dadurch ist das Konzept der »Hausbank« auch und gerade bei größeren Industrieunternehmen ins Hintertreffen geraten. Denn bei Fusionen und Übernahme von Firmen, aber auch bei Geschäften mit Anleihen und Schuldscheindarlehen treten amerikanische Firmen wie Morgan Stanley oder Goldmann Sachs als immer stärkere Konkurrenten der Deutschen Bank auf.

Zudem werden die Finanzabteilungen der Großkunden immer besser. So kam das Prinzip der »Kernbanken« auf, mit denen die Großunternehmen zwar weiter eng zusammenarbeiten, aber bei der Vergabe von bedeutenden Aufträgen hingegen stets Wettbewerb erzeugen, sodass die Margen der Banken deutlich schmaler geworden sind. In der Folge sind Industriebeteiligungen auch für die Deutsche Bank weniger lukrativ geworden, sodass sie sich zu einem verstärkten Abverkauf ihrer Beteiligungen veranlasst gesehen hat.

Die Deutsche Bank hat herausgefunden, dass in beratungsintensiven Geschäften, in der Vermögensverwaltung oder beim Verkauf von Kapitalanlagen deutlich höhere Erträge zu erzielen sind. In genau diesen Geschäftsfeldern ist das Engagement der Deutschen Bank gewachsen. Sie hat sich dadurch immer mehr in einen undurchsichtigen und schwer kontrollierbaren Finanzgiganten verwandelt. Ihre konzentrierten Investitionen in das »Investmentbanking« haben an dieser Entwicklung einen ganz erheblichen Anteil.[3] Eine zu hohe Ertragserwartung (»Shareholder-Value«) wurde wichtiger und gefährlicher als die vermeintliche und tatsächliche »Bankenmacht«.

Vor allem mit den Händlern zog das Misstrauen in die Deutsche Bank ein. Sie sind am heftigsten angefeindet, da ihre Tätigkeit keinen direkten Nutzen für die Gesellschaft erkennen lässt.[4] Es ist schon vor längerer Zeit der Eindruck entstanden, dass mit der Kultur der Deutschen Bank etwas nicht stimmt und bei den Investmentbankern grundsätzlich etwas schiefläuft. Der Aufsichtsratsvorsitzende Achleitner hat deshalb den Mitarbeitern der Bank mitgeteilt, dass es sogar eines »fundamentalen« Kulturwandels bedürfe, um das Ansehen als Eckpfeiler einer modernen Gesellschaft widerherzustellen. Offenbar waren die Investmentbanker zu aggressiv ans Werk gegangen, bisweilen »hart am Rand der Legalität« oder gar darüber hinaus, ohne jegliches Unrechtsbewusstsein.

Alleine die abnorm hohe Anzahl der Rechtstreitigkeiten, in welche die Deutsche Bank verstrickt ist und die Höhe der Streitwerte in vielen Fällen sind Indikatoren für das mindestens skrupellose Auftreten der Deutschen Bank. Beim Umbau vom deutschen Kreditgeber zur globalen Investmentbank hat man offensichtlich immer weniger auf nachhaltige Wertschöpfung und Reputation geachtet. Der Ruf ist beschädigt und wird sich nicht so ohne weiteres reparieren lassen. Der Konzern ist auch nach dem Empfinden seriöser Kritiker in den öfter zitierten »Ruch einer Räuberbande« geraten.[5]

Schon fünf Wochen nach seinem Amtsantritt im Sommer 2015 hat John Cryan klargemacht, dass er mit der Ära seines Vorgängers Jain brechen will. Die Mitarbeiter der Deutschen Bank ließ er wissen, dass der Status quo keine Option ist. Zu hohe Kosten, diffuse Entscheidungswege und gewaltige Rechtsrisiken zählt Cryan zu den Grundübeln der Deutschen Bank. Der neue Ko-Vorstandsvorsitzende und zukünftige alleinige Chef präsentiert das Bild einer außer Kontrolle geratenen Bank. Damit setzt er sich von Anfang an in einen deutlichen Kontrast zu seinem Vorgänger

Jain, der bis zum Schluss behauptet hatte, dass die Aktionäre hinter ihm stünden. Immerhin hat es Cryan geschafft, dass in kurzer Zeit nach seinem Amtsantritt die Aktie der Deutschen Bank um fast 10 Prozent zulegte. Ein Grund dafür mag darin liegen, dass er anscheinend an der Universalbankstrategie festhalten will. Das klassische Bankgeschäft wird weiter mit dem Investmentbanking verbunden bleiben, allerdings mit drastischen Sparanstrengungen.

Cryan übernimmt zunächst auch die Verantwortung für das Rechtsressort, um die »Altlasten« aus der Ära Jain abzubauen. Dazu gehören die verbrieften Immobilienkredite, aber auch die Geldwäscheverdachtsgründe im Umgang mit russischen Geschäftspartnern. Er muss überdies mit der Tatsache umgehen, dass seine Bank bislang für Rechtsstreitigkeiten fast zehn Milliarden Euro zahlen musste und schon weitere 3,8 Milliarden Euro an Rückstellungen gebildet hat. So teuer wäre es wohl nicht gekommen, wenn einige Manager in der Deutschen Bank auf die Idee gekommen wären, besser mit den Aufsichtsbehörden zu kooperieren. Cryan gilt bis dato als nicht so belastet wie der Investmentbanker Jain, der sich wegen seiner eigenen Vergangenheit nicht, so wie Cryan dies jetzt versucht, an die Spitze der juristischen Aufarbeitung setzen wollte oder konnte und stattdessen lieber das weiche Thema des Kulturwandels zum Leitmotiv seiner Regentschaft machte. Und anders als Jain scheint Cryan nicht gewillt, Verantwortung abzuwälzen, um sich selbst schadlos zu halten.

Für die Deutsche Bank, deren Manager zuletzt gerne die Verantwortung an teure Berater auslagerten, dürfte das neu sein. Der Konzern erweckt den Eindruck, in einem »Klima der Angst« zu fürchten, etwas falsch zu machen. Er schien auch aus lauter Bequemlichkeit nichts selbst entscheiden zu wollen. Die Entmachtung des langjährigen Chefjustiziars Richard Walker ist nicht nur deshalb ein gutes Zeichen, war er doch als Vertrauter von Jain schon im Amt, als sich Händler der Deutschen Bank an der Manipulation des Libor-Zinssatzes beteiligten. Cryan wird unterstellt, dass es für ihn nicht entscheidend sei, Spitzenmanagern in einem Strafprozess konkrete Schuld nachzuweisen. Vielmehr dürfte es ihm darum gehen, jene auszumachen, die verantwortlich für eine Organisation sind, in der solche Manipulationen möglich waren: die Vorstände. Die Rückgewinnung von Vertrauen wird daher ohne weitere personelle Konsequenzen auf den in den letzten Jahren mit Versagern überbevölkerten Führungsetagen und in etlichen mit krimineller Energie verseuchten Geschäftsbereichen der Deutschen Bank nicht möglich sein.[6]

Man mag auch die Frage stellen, ob die Entwicklung der Deutschen Bank unter dem Rubrum »Pleiten, Pech und Pannen« nicht endlich einfach abzuhaken ist, ob sie Opfer schicksalhaft übermächtiger Kräfte auf den internationalen Finanzmärkten geworden ist, ob sie von mehreren konspirativ organisierten und kooperierenden Cliquen auf unterschiedlichen Hierarchieebenen als Geisel krimineller Umtriebe und pathologischer Raffgier genommen wurde oder ob sie von inkompetenten Führungsfiguren in gefährliche Hochrisikozonen gesteuert wurde. Unfähigkeit und Geldgier sind jedoch an sich nicht strafbar – Staatsanwälte müssen vor der Macht der Dummheit und manchmal auch vor den Anmaßungen der Politik immer wieder kapitulieren.

Alle Hoffnung muss sich daher vor allem auf ein effizientes Aufsichtssystem richten. Es geht insgesamt nicht nur um die Frage, ob sich inmitten der Deutschen Bank ein kriminogenes Potenzial aufgebaut hat, das mit den bestehenden rechtlichen Instrumentarien offensichtlich weder verhindert noch sanktioniert werden konnte. Die Deutsche Bank ist Teil eines größeren Zusammenhangs, dessen Gefährlichkeit noch nicht genügend in das Bewusstsein gedrungen zu sein scheint. Die gegenwärtigen Erschütterungen der Weltwirtschaftsordnung sind keine Folgen eines Erdbebens, die überall zu besichtigenden Verwüstungen traten nicht plötzlich und unerwartet auf – alles ist Werk von

Menschenhand. Die Verheerungen sind das Ergebnis des Einsatzes von »Massenvernichtungswaffen« (Warren Buffett), also Derivaten und anderen »innovativen« strukturierten und unstrukturierten Finanzprodukten.

Dies entsprach selbstverständlich keiner naturgesetzlichen Zwangsläufigkeit, wie man angesichts der Erfolglosigkeit hektischer politischer Gegensteuerungsversuche vielleicht annehmen könnte. Gemeinsam mit Notenbanken bemühen sich Regierungen immer noch darum, das havarierte Weltfinanzsystem mit billigem Geld zu fluten und auf diese Weise wieder flottzumachen. Banken, die für »systemrelevant« erklärt werden, erhalten unter anderem durch Zuführung von Steuergeldern Geleitschutz, damit sie wieder aus den schweren Wettern herausfinden, in die sie mit Volldampf absichtlich hineingefahren waren.

Den vielfältig und mehrfach geschädigten Bürgern wurden im Hinblick auf ihre Sparguthaben von der immer noch amtierenden Bundeskanzlerin Merkel und dem nicht mehr amtierenden Bundesminister der Finanzen Steinbrück tatsächlich unhaltbare und rechtlich bedeutungslose Garantien gegeben: »Ihre Sparguthaben sind sicher.« Nichts (auch nicht die Rente) ist sicher, schon gar nicht, wenn ein Politiker das behauptet! Solche Erklärungen sind vielmehr ein Alarmzeichen dafür, dass eher das Gegenteil zu erwarten ist. Die Politik versucht unverschämterweise, mit Beschwichtigungsritualen eine Trümmerlandschaft schönzureden, welche die Hinterlassenschaft gewissenloser Cliquen der Finanzwirtschaft ist, die unbeeindruckt von wirtschaftlicher Vernunft und hilflosen Regulierungsversuchen des Gesetzgebers einen Krieg gegen die Interessen der Menschen führen, die ihren Lebensunterhalt noch auf Qualifikation, Arbeit, Fleiß und Rechtstreue gründen.

Es geht jedenfalls nicht um die Bewältigung einer Naturkatastrophe. Das Thema ist auch nicht auf den Begriff »Krisenmanagement« zu reduzieren, die Aufgabe ist sehr viel umfassender. Natürlich gehört auch die Vorsorge gegen allfällige Risiken dazu. Vor allem wird man sich mit der Frage auseinandersetzen müssen, ob es sich bei der gegenwärtigen Entwicklung um einen bedauerlichen Unfall, eine unglückliche Entgleisung, ein unabwendbares Schicksal oder um eine systematische Fehlentwicklung handelt, für die natürliche und juristische Personen beziehungsweise Kollektive und Strukturen verantwortlich sind.

Der etablierte Gebrauch des Begriffs »Finanzkrise« verniedlicht die gesellschaftliche, wirtschaftliche und politische Dramatik, die mit dieser Frage verbunden ist. Er steht für eine Augenwischerei, die den Blick auf die politisch gewollten und mit asozialer Energie nicht nur in der Deutschen Bank genutzten exklusiven und exquisiten Bereicherungsmöglichkeiten auf Kosten der Allgemeinheit nicht trüben darf. Dennoch wäre es sinnlos und unangemessen, die Deutsche Bank oder andere etablierte Geldhäuser als »Mafia« oder »kriminelle Vereinigung« oder als »Zitadelle der OK« zu diffamieren.

Aber eines ist klar: Die gegen die Deutsche Bank gerichteten Vorwürfe sind nicht angemessen zu verarbeiten, indem man mehr oder minder schuldhaft handelnde Mitarbeiter willkürlich herausgreift und sie strafrechtlich belangt. Hier ist die gesamte Bank als Institution, als soziale Entität, als Rechtspersönlichkeit, als Verband zur Verantwortung zu ziehen. Dafür ist eine strafrechtliche Sanktionsmöglichkeit unabdingbar. Hochkriminelle Einzeltäter oder Gruppen dürfen nicht das Gefühl haben, dass sie in hohen Türmen aus Beton, Stahl und Glas unauffindbar bleiben. Die Gebäude der Deutschen Bank sind übrigens nicht nur Fassaden, hinter denen natürliche Personen sich verstecken können, um ihr Unwesen zu treiben. Sie repräsentieren anschaulich die Existenz einer juristischen Person, die sich nicht zum Mittäter einiger Gangster machen lassen darf. Andernfalls muss auch die »Rechtspersönlichkeit Deutsche Bank« mit dem schärfsten Instrumentarium behandelt werden, über das ein Staat verfügt, also als Täter strafrechtlich zur Verantwortung gezogen werden, sobald die hierfür erforderlichen gesetzlichen Voraussetzungen geschaffen worden sind.

Die Deutsche Bank konnte nur erfolgreich sein, weil sie die Vorzüge eines funktionierenden Rechtsstaats genießt. Sie wird lernen müssen, dass es einen unauflösbaren Zusammenhang von Schutz und Gehorsam gibt. Schafft es die Deutsche Bank als Institution nicht, die auch für sie geltenden Gesetze zu beachten, muss sie lernen, dass dies schmerzhafte Folgen nach sich ziehen kann, im schlimmsten Fall die Untersagung der Fortführung ihrer Geschäfte als Sanktion im Rahmen eines modernen Unternehmensstrafrechts.

Im Juni 2015 wurden die Mitarbeiter der Deutschen Bank befragt, wie sie ihr Unternehmen derzeit sehen und wo es ihrer Meinung nach Verbesserungspotenzial gibt. Solche Befragungen werden seit fünfzehn Jahren durchgeführt, da die Deutsche Bank das »Feedback« der Bediensteten angeblich schätzt und nutzt, um die Dienstleistungen für Kunden und die eigene Arbeitsweise zu verbessern. Über die Ergebnisse der Befragung wollte ein Sprecher der Deutschen Bank nach Presseberichten keine Auskunft geben. Natürlich wird man die Auswertung abwarten müssen.

Im Vorjahr 2014 nahmen sechzigtausend Beschäftigte an einer Befragung zum »Kulturwandel« teil. Nur etwa ein Drittel der Befragten hatte Verhaltensänderungen bei ihren Vorgesetzten festgestellt. Mittlerweile steht der Begriff »Kulturwandel« auf dem Index, ist er doch verknüpft mit der »Ära Fitschen/Jain«, die wohl kaum zu den ruhmreichsten Kapiteln in der langen Geschichte dieser ehemals »deutschen« Bank gehören dürfte. Es bleibt abzuwarten, ob mit John Cryan jetzt wirklich ein neues Zeitalter angebrochen ist, in dem der Chef die Probleme selbst benennt und nicht um den heißen Brei herumredet. In den sprichwörtlich hohen Türmen in Frankfurt am Main will man schon im August 2015 große Nervosität beobachtet haben, weil »der Neue« womöglich gar keinen Rat von Mitarbeitern braucht, weiß er doch selbst nur zu gut, was jetzt alles zu tun ist. Wie er die »Strategie 2020« gestalten wird, ist noch nicht klar, aber konkrete personalwirtschaftliche Maßnahmen sollen folgen. Befürchtet wird, dass etwa zehn Prozent der Stellen gefährdet sein könnten.

Zum Zeitpunkt der Drucklegung dieses Manuskripts war nicht mehr ausgeschlossen, dass schon im September 2015 einige »Top-Manager« von Personalentscheidungen betroffen sein könnten. Im gleichen Monat, so eine damalige Spekulation, könnte auch der Aufsichtsrat in eine Zwickmühle geraten, weil seinerzeit noch der Bericht der BaFin erwartet wurde. Er könnte gegenüber den Personen einen Handlungszwang auslösen, denen die BaFin massive Vorwürfe macht. Dann müsste der Aufsichtsrat womöglich auf Schadenersatz klagen – schon um möglichen Klagen von Aktionären vorzugreifen. Damit würde er sich allerdings auch gegen einen Teil der Mitarbeiter wenden, die zu den angeblich noch zahlreichen »Jain-Getreuen« gerechnet werden.[7]

Daher ist hier nur ein unvollständiges Resümee zu ziehen:

- Die Deutsche Bank hat Mitarbeiterinnen und Mitarbeiter, die fast alle in untadeliger Weise hochqualifizierte Arbeit leisten.
- Die Deutsche Bank hat aufgrund von Führungsversagen als Unternehmen Vertrauen verloren.
- Die Deutsche Bank ist ihrer gesellschaftlichen Verantwortung nicht gerecht geworden.
- Die Deutsche Bank hat einen großen Reputationsschaden erlitten.
- Die Deutsche Bank stand viele Jahre unter einer Führung, die ein äußerst schadensträchtiges organisiertes kriminelles Verhalten auf verschiedenen Hierarchieebenen und in unterschiedlichen Geschäftsbereichen nicht verhindert hat.
- Die Deutsche Bank hat mindestens fahrlässig unabsehbar große wirtschaftliche Schäden verursacht, für die ihre Kunden und Aktionäre und letztlich auch die Allgemeinheit einstehen müssen.

- Die Deutsche Bank hat über viele Jahre Manipulationen wichtiger Zinssätze zugelassen.
- Die Deutsche Bank ist verdächtig, an Geldwäsche, dem »Herzstück der OK«, in einer beunruhigenden Größenordnung beteiligt (gewesen?) zu sein.
- Die Deutsche Bank hat in den vergangenen Jahren zirka zehn Milliarden Euro zahlen müssen, weil im Konzern rechtswidrige Handlungen in organisierter Weise begangen wurden.
- Die Deutsche Bank muss angesichts schwerwiegender Vorwürfe wegen Fehlverhaltens und wegen weiterer Rechtsrisiken Rückstellungen in Höhe von mehreren Milliarden Euro bilden.
- Die Deutsche Bank hat Anlass gegeben, ihre Fähigkeit und ihre Bereitschaft zur angemessenen Beachtung der Legalitätserfordernisse eines ordentlichen Geschäftsverkehrs in Zweifel zu ziehen.
- Die Deutsche Bank hat mit ihrem Geschäftsgebaren in den zuständigen Aufsichtsbehörden massive Bedenken hinsichtlich der Zuverlässigkeit ihres Spitzenpersonals ausgelöst.
- Die Deutsche Bank hat bewiesen, dass jenseits und neben einer individuellen strafrechtlichen Zurechenbarkeit bei natürlichen Personen die Einführung eines Unternehmensstrafrechts in Deutschland überfällig ist.
- Eine kriminelle Vereinigung ist kriminell.
- Die Deutsche Bank ist keine kriminelle Vereinigung.
- Die OK ist organisiert.
- Die Deutsche Bank ist kein Teil der OK.
- Die Deutsche Bank ist eine Bank ist eine Bank ist eine Bank.

Literatur

Abs, Hermann J.: *Entscheidungen 1949–1953. Die Entstehung des Londoner Schuldenabkommens*, Mainz/München, 1991.

Adamek, Sascha; Otto, Kim: *Schön reich Steuern zahlen die anderen. Wie eine ungerechte Politik den Vermögenden das Leben versüßt*, München, 2009.

Arlacchi, Pino: *Mafiose Ethik und der Geist des Kapitalismus*, Frankfurt am Main, 1989.

Arlacchi, Pino: *Mafia von Innen. Das Leben des Don Antonio Calderone*, Frankfurt am Main, 1993.

Battaglia, Pippo; Orlando, Leoluca: *Die Mafia*, Freiburg im Breisgau, 2008.

Baron, Stefan: *Späte Reue Josef Ackermann. Eine Nahaufnahme*, Berlin, 2013.

Bauer, Christina: *Fragen der Verbandsstrafbarkeit. Überlegungen zur strafrechtlichen Verantwortlichkeit von juristischen Personen und Personengesellschaften als Unternehmensträger unter besonderer Berücksichtigung der betrieblichen Umweltkriminalität*, Linz, 2003.

Blok, Anton: *Die Mafia in einem sizilianischen Dorf 1860–1960*, Frankfurt am Main, 1981.

Bolaffi, Angelo: *Deutsches Herz. Das Modell Deutschland und die europäische Krise*, Stuttgart, 2014.

Bülles, Egbert: *Deutschland Verbrecherland. Mein Einsatz gegen die Organisierte Kriminalität*, Berlin, 2015.

Camilleri, Andrea: *M wie Mafia*, Reinbek, 2009.

Caponnetto, Antonino: *Die Antimafia. Wie dem organisierten Verbrechen der Prozeß gemacht werden kann*, München, 1993.

Dickie, John: *Cosa Nostra. Die Geschichte der Mafia*, Frankfurt am Main, 7. Auflage 2006.

Dörmann, Uwe; Koch, Karl-Friedrich; Risch, Hedwig; Vahlenkamp, Werner: »Organisierte Kriminalität – wie groß ist die Gefahr?«,

Forschungsreihe des Bundeskriminalamts, Sonderband, Wiesbaden, 1990.

Droste, Bernadette: *Nachrichtendienste und Sicherheitsbehörden im Kampf gegen Organisierte Kriminalität. Versuch einer Bestandsaufnahme mit Blick auf das Ausland*, Köln/Berlin/Bon/München, 2002.

Eidam, Gerd: *Unternehmen und Strafe. Vorsorge und Krisenmanagement*, Köln/Berlin/Bonn/München, 1993.

Eglau, Otto: *Wie Gott in Frankfurt. Die Deutsche Bank und die deutsche Industrie*, München, 1993.

Enke, Julia: *Charisma und Politik. Warum unsere Demokratie mehr Leidenschaft braucht*, München, 2014.

Enzensberger, Hans Magnus (Hg.): *Office of the Military Government for Germany United States Finance Division. Financial Investigation Section (Militärregierung der Vereinigten Staaten für Deutschland Finanzabteilung – Sektion für finanzielle Nachforschungen), Ermittlungen gegen die Deutsche Bank – 1946/1947*, Nördlingen, 1985.

Erhardt, Anne: *Unternehmensdelinquenz und Unternehmensstrafe – Sanktionen gegen juristische Personen nach deutschem und US-amerikanischem Recht*, Berlin, 1994.

Falcone, Giovanni: *Inside Mafia*, München, 2. Auflage 1992.

Feraru, Peter: *Muskel-Adolf & Co. ›Die Ringvereine‹ und das organisierte Verbrechen in Berlin*, Berlin, 1995.

Fischer, Thomas: *Strafgesetzbuch mit Nebengesetzen*, München, 61. Auflage, 2014.

Fischer, Thomas; Elisa Hoven: »Unternehmen vor Gericht?«, *ZIS* 1/2015, S. 32–38.

Fisman, Raymond; Miguel, Edward, *Economic Gangsters. Korruption und Kriminalität in der Weltwirtschaft*, Frankfurt am Main, 2009.

Freeland, Chrystia: *Die Superreichen. Aufstieg und Herrschaft einer neuen globalen Geldelite*, Frankfurt am Main, 2013.

Freemantle, Brian: *Importeure des Verbrechens. Europa im Griff der organisierten Kriminalität*, München, 1996.

Friedrich-Ebert-Stiftung (Hg.): *Strategien und Gegenstrategien. Organisierte Kriminalität in Deutschland und Italien*, Berlin, 1993.

Friedrichs, Julia: *Ideale. Auf der Suche nach dem, was zählt*, Hamburg, 2011.

Friedrichs, Julia: *Gestatten: Elite. Auf den Spuren der Mächtigen von morgen*, Hamburg, 3. Auflage 2008.

Fricke, Thomas: *Wieviel Bank braucht der Mensch? Raus aus der verrückten Finanzwelt*, Frankfurt am Main, 2013.

Gall, Lothar: *Der Banker Hermann Josef Abs. Eine Biographie*, München, 2004.

Gammelin, Cerstin; Hamann, Götz: *Die Strippenzieher. Manager, Minister, Medien. Wie Deutschland regiert wird*, Berlin, 4. Auflage 2005.

Gehl, Günter (Hg.): *Bedroht die organisierte Kriminalität die Demokratien in Europa?*, Weimar, 1997.

Gehl, Günter (Hg.): *Das Mafiose in unserer Gesellschaft und seine Bekämpfung*, Weimar, 1999.

Gehl, Günter (Hg.): *Europa im Griff der organisierten Kriminalität?*, Weimar, 2006.

Gersemann, Olaf: *Die Deutschland-Blase. Das letzte Hurra einer großen Wirtschaftsnation*, München, 2014.

Glenny, Misha: *McMafia. Die grenzenlose Welt des Organisierten Verbrechens, München*, 2008.

Handon, Volker: *Die Psychotrader. Aus dem Innenleben unseres kranken Finanzsystems. Ein Insider erzählt*, Frankfurt am Main, 2015.

Heine, Günter: *Die strafrechtliche Verantwortlichkeit von Unternehmen. Von individuellem Fehlverhalten zu kollektiven Fehlentwicklungen, insbesondere bei Großrisiken*, Baden-Baden, 1995.

Herrmann, Ulrike: *Der Sieg des Kapitals. Wie der Reichtum in die Welt kam. Die Geschichte von Wachstum, Geld und Krisen*, Frankfurt am Main. 2013.

Hess, Henner: *Mafia*, Tübingen, 3. Auflage 1988.

Hetzer, Wolfgang: »Geldwäsche im Schnittpunkt von Wirtschaft und Kriminalität«, *Zeitschrift für Zölle und Verbrauchsteuern* 1993, S. 258–268.

Hetzer, Wolfgang: »Bekämpfung der Organisierten Kriminalität durch Unterbindung der Geldwäsche«, *Zeitschrift für Wirtschaft Steuer Strafrecht* 1993, S. 286–293.

Hetzer, Wolfgang: »Der Geruch des Geldes. Ziel, Inhalt und Wirkung der Gesetze gegen Geldwäsche«, *Neue Juristische Wochenschrift* 1993, S. 3298–3301.

Hetzer, Wolfgang: »Vermögenseinziehung, Geldwäsche, Wohnraumüberwachung. Neue Ansätze zur Prävention und Repression der Mafia«, *Zeitschrift für Wirtschaft Steuer Strafrecht* 1994, S. 176–184.

Hetzer, Wolfgang: »Schulterschluss gegen Organisierte Kriminalität«, *Kriminalistik* 1997, S. 694–698.

Hetzer, Wolfgang: »Polizei, Justiz und Finanzbehörden im Interventionsverbund gegen Organisierte Kriminalität«, *der Kriminalist* 1997, S. 548–553.

Hetzer, Wolfgang: »Neue Gesetze gegen die Organisierte Kriminalität, Geldwäschebekämpfung, Gewinnabschöpfung und Einsatz technischer Mittel zur akustischen Überwachung von Wohnungen für Beweiszwecke im Bereich der Strafverfolgung«, *Neue Juristische Wochenschrift* 1998, S. 1017–1029.

Hetzer, Wolfgang: »Wirtschaftsform Organisierte Kriminalität«, *Zeitschrift für Wirtschafts- und Steuerstrafrecht* 1999, S. 126–138.

Hetzer, Wolfgang: »Geldwäschebekämpfung oder Staatsbankrott? Der Gesetzgeber zwischen Geiselnehmern und Steuerhinterziehern«, *Kriminalistik* 1999, S. 218–224.

Hetzer, Wolfgang: »Finanzbehörden im Kampf gegen Geldwäsche und organisierte Kriminalität«, *Juristische Rundschau* 1999, S. 141–148.

Hetzer, Wolfgang: Systemgrenzen der Geldwäschebekämpfung?, *Zeitschrift für Rechtspolitik* 1999, S. 245–253.

Hetzer, Wolfgang: »Geldwäsche und Mitteilungspflichten«, *Zeitschrift für Zölle und Verbrauchsteuern* 1999, S. 193–197 (Teil I), S. 230–236 (Teil II).

Hetzer, Wolfgang: »Geldwäsche und Steuerhinterziehung«, *Wertpapier-Mitteilungen* 1999, S. 1306–1318.

Hetzer, Wolfgang: »Wirtschaft und Kriminalität, Kriminalpolitische Betrachtungen zu Unternehmerschaft und Täterschaft«, *Kriminalistik* 1999, S. 570–578.

Hetzer, Wolfgang: »Schuldlose Sanktionssubjekte? Unternehmenskriminalität und Verbandsstrafe«, *Zeitschrift für Wirtschaft Steuer Strafrecht* 1999, S. 361–367.

Hetzer, Wolfgang: »Magna Charta der Mafia? Unschuldsvermutung, Gewinnabschöpfung und Geldwäschebekämpfung«, *Zeitschrift für Rechtspolitik* 1999, S. 471–480.

Hetzer, Wolfgang: »Strafrecht für Verbände!«, *Zeitschrift für Rechtspolitik* 1999, S. 529–530.

Hetzer, Wolfgang: »Verbandsstrafe: Dogma und Defizit«, *Zeitschrift für Innere Sicherheit* 1999, S. 212–229.

Hetzer, Wolfgang: »Europäische Impulse zur Geldwäsche. Eine Kampfansage an Steuerhinterzieher und Geldwäscher«, *Kriminalistik* 1999, S. 788–793.

Hetzer, Wolfgang: »Geldwäsche und Unschuldsvermutung«, *Zeitschrift für Zölle und Verbrauchsteuern* 2000, S. 38–50.

Hetzer, Wolfgang: »Beweisprobleme bei Geldwäschebekämpfung und Gewinnabschöpfung«, *Zeitschrift für Zölle und Verbrauchsteuern* 2001, S. 7–12.

Hetzer, Wolfgang: »Organisierte Kriminalität, Geldwäsche und Steuerhinterziehung«, *der Kriminalist* 2001, S. 23–27.
Hetzer, Wolfgang: »Organisierte Kriminalität und Geldwäsche, Die Rolle des Bundeskriminalamtes bei der Bekämpfung dieser Phänomene«, *Kriminalistik* 2001, S. 154–164.
Hetzer, Wolfgang: »Vortat Steuerhinterziehung. Planwidrige Regelungslücke im Straftatbestand der Geldwäsche (§ 261 StGB)?«, *Die Kriminalpolizei* 2001, S. 14–18.
Hetzer, Wolfgang: »Geldwäschebekämpfung und Gewinnabschöpfung in Europa«, *Zeitschrift für Zölle und Verbrauchsteuern* 2001, S. 152–158.
Hetzer, Wolfgang: »Mafia – Markt – Mandat. Variationen über Organisierte Kriminalität, Wirtschaft und Politik«, *der Kriminalist* 2001, S. 256–261.
Hetzer, Wolfgang: »Gesetzgebung zur Gewinnabschöpfung und Geldwäschebekämpfung. Kriminalpolitik zwischen Konsequenz und Kapriole«, *Zeitschrift für Rechtspolitik* 2001, S. 266–272.
Hetzer, Wolfgang: Geldwäschebekämpfung zwischen Verdacht und Beweis – Kriminalpolitische Erfolge und Defizite, *Kriminalistik* 2001, S. 489–494.
Hetzer, Wolfgang: Gesetzgebungsstrategien – Wirtschaftskriminalität und Geldwäsche, *Kriminalistik* 2001, S. 391–401.
Hetzer, Wolfgang: »Organisierte Kriminalität und Korruption. Schattenseiten der Globalisierung«, *Aus Politik und Zeitgeschichte*, 3. August 2001, B 32–33/2001, S. 30–38.
Hetzer, Wolfgang: »Organisierte Kriminalität. Definitionen und Befunde«, *Kriminalistik* 2001, S. 762–767.
Hetzer, Wolfgang: »Wirtschaftskriminalität. Tatsachen und Spekulationen im Ersten Periodischen Sicherheitsbericht«, *Kriminalistik* 2001, S. 767–770.
Hetzer, Wolfgang: »Elektronische Geldwäsche?«, *Kriminalistik* 2002, S. 123–126.
Hetzer, Wolfgang: »Quantensprung in der Geldwäschebekämpfung«, *Deutsche Steuer-Zeitung* 2002, S. 175–179.
Hetzer, Wolfgang: »Karussell und Katalog. Verbesserte Bekämpfung des Umsatzsteuerbetruges und der Geldwäsche«, *Die Kriminalpolizei* 2002, S. 28–33.
Hetzer, Wolfgang: »Neue Geldwäscherichtlinie für die Europäische Union«, *Zeitschrift für Zölle und Verbrauchsteuern* 2002, S. 121–124.

Hetzer, Wolfgang: »Europäische Geldwäschebekämpfung«, *Die neue Polizei* 1/2002, S. 17–19.

Hetzer, Wolfgang: »Neue Dimension der Geldwäschebekämpfung – Steuerhinterziehung (§370 a AO) als Vortat der Geldwäsche (§ 261 StGB)«, *Kriminalistik* 2002, S. 642–654.

Hetzer, Wolfgang: *Tatort Finanzmarkt. Geldwäsche zwischen Kriminalität, Wirtschaft und Politik*, Hamburg, 2003.

Hetzer, Wolfgang: »Finanzmärkte und Tatorte. Globalisierung und Geldwäsche«, *Monatsschrift für Kriminologie und Strafrechtsreform* 2003, S. 353–363.

Hetzer, Wolfgang: »Geldwäscher und Gesetzgeber. Risikofaktor Investmentmodernisierungsgesetz?«, in: Eberhard Kühne; Karlhans Liebl (Hg.), *Bekämpfung der Wirtschaftskriminalität. Aktuelle Aufgaben für Ausbildung und Strafverfolgung. Rothenburger Beiträge, Polizeiwissenschaftliche Schriftenreihe der Fachhochschule für Polizei Sachsen* 21, Rothenburg/OL. 2004, S. 25–42.

Hetzer, Wolfgang: »Europäische Strategien gegen Geldwäsche und Terror«, *Kriminalistik* 2004, S. 596–602.

Hetzer, Wolfgang: »Neue Initiativen gegen Geldwäsche und Terrorfinanzierung in Europa«, *Zeitschrift für Zölle und Verbrauchsteuern* 2004, S. 362–368.

Hetzer, Wolfgang: »Neue Europäische Initiative gegen Geldwäsche«, *Europa Blätter* 2005, S. 84–89.

Hetzer, Wolfgang: »Finanzmärkte: Globale Tatorte?«, in: Günter Gehl; Georg Schlichting (Hg.), *Globalisierung – Fluch oder Segen?*, Weimar, 2006, S. 73–100.

Hetzer, Wolfgang: »Globalisierte Kriminalität auf internationalen Finanzmärkten? Risikoerhöhung durch Gesetzgebung«, *Kriminalistik* 2006, S. 579–587.

Hetzer, Wolfgang: »Verbandsstrafe in Europa. Wettbewerbsverzerrung durch Korruption«, *Europäische Zeitschrift für Wirtschaftsrecht* 2007, S. 75–80.

Hetzer, Wolfgang: »Probleme und Perspektiven für das Unternehmensstrafrecht in Deutschland«, in: Friedrich-Ebert-Stiftung (Hg.), *Justizelle Ressourcen der Korruptionsbekämpfung in Deutschland*, Berlin, 2007, S. 99–121.

Hetzer, Wolfgang: »Organisierte Kriminalität in Europa zwischen Theorie und Empirie«, *Kriminalistik* 2007, S. 251–255.

Hetzer, Wolfgang: »Markt oder Mafia?«, *Risiko Manager* 5/2008, S. 21–27.

Hetzer, Wolfgang: »Organisierte Kriminalität und Wirtschaftskriminalität zwischen Quantität und Qualität«, *Die Kriminalpolizei* 2008, S. 15–21.
Hetzer, Wolfgang: »Geldwäsche und Terrorismusfinanzierung. Neue Gesetzesvorschläge zwischen Verspätung und Vollzug«, *Kriminalistik* 2008, S. 468–475.
Hetzer, Wolfgang: »Deutsche Umsetzung neuer europäischer Vorgaben zur Bekämpfung der Geldwäsche und der Terrorismusfinanzierung«, *Europäische Zeitschrift für Wirtschaftsrecht* 2008, S. 560–565.
Hetzer, Wolfgang: »Risikoerhöhung durch Gesetzgebung? – Investmentmodernisierung und Hedgefonds«, *Zeitschrift für Risk, Fraud & Compliance* 2/2009, S. 78–83 (Teil 1), und 3/2009, S. 122–129 (Teil 2).
Hetzer, Wolfgang: Finanzkrise: »Mitverantwortung des Gesetzgebers – Das Investmentmodernisierungsgesetz als Einladung an die ›Heuschrecken‹«- *Kriminalistik* 2009, S. 387–395.
Hetzer, Wolfgang: »Markt und Macht und Mafia. Finanzkrise: Versagen oder Verschwörung?«, *Die Kriminalpolizei* 2009, S. 10–15.
Hetzer, Wolfgang: »Finanzkrise zwischen Risikomanagement und Strafverfolgung«, *BIG Business Crime* 1/2010, S. 30–33.
Hetzer, Wolfgang: »Organisierte Kriminalität. Wirtschaftsordnung und Kapitalverbrechen«, *der Kriminalist* 2010, S. 15–18.
Hetzer, Wolfgang: »Organisierte Kriminalität als Wirtschaftsform und Krisenfaktor«, *BIG Business Crime* 3/2010, S. 10–15.
Hetzer, Wolfgang: »Kriminalpolitische Herausforderungen der Finanzkrise. Organisierte Kriminalität oder Systemversagen?«, *Die Kriminalpolizei* 4/2010, S. 11–15.
Hetzer, Wolfgang: »Bürger, Banker, Banditen, Bonzen. Kommerz und Korruption«, *Vereinigung Kriminaldienst Österreich (Dokumente)*, Wien, 2011.
Hetzer, Wolfgang: *Finanzmafia. Wieso Banker und Banditen ohne Strafe davonkommen*, Frankfurt am Main, 2011.
Hetzer, Wolfgang: »Banker oder Banditen?«, *Die Kriminalpolizei* 1/2011, S. 17–22.
Hetzer, Wolfgang: »Finanzkrise oder Kapitalverbrechen«, *der Kriminalist* 2011, S. 22–25.
Hetzer, Wolfgang: »Demokratie in Europa zwischen Euro-Manie und Re-Nationalisierung«, in: Institut für Rechtspolitik an der Universität Trier (Hg.): *Rechtspolitisches Forum* 59, Trier, 2012.
Hetzer, Wolfgang: »Kapitalisten oder Kapitalverbrecher?«, *Die Kriminalpolizei* 1/2012, S. 12–16.

Hetzer, Wolfgang: »Altes und Neues von der Mafia. Geldmentalität oder Rechtstreue«, *Die Kriminalpolizei* 4/2012, S. 22–27.

Hetzer, Wolfgang: »Die Deutsche Bank und andere Verdächtige: Plädoyer für ein Unternehmensstrafrecht«, in: Peter Zudeick (Hg.), *Das alles und noch viel mehr würden wir machen, wenn wir Kanzler von Deutschland wär'n*, Frankfurt am Main, 2013, S. 165–180.

Hetzer, Wolfgang: »Geldgauner zwischen Systemkriminalität und Kriegsführung«, in: Robert Esser; Christian Jäger; Christos Mylonopoulos; Bahri Öztürk (Hg.), *Festschrift für Hans-Heiner Kühne zum 70. Geburtstag am 21. August 2013*, Heidelberg, 2013, S. 413–435.

Hetzer, Wolfgang: »Finanzindustrie oder Organisierte Kriminalität?«, *Archiv für Politik und Zeitgeschichte* 38–39/2013, S. 22–27.

Hetzer, Wolfgang: »Kriegserklärung der Finanzmafia?«, *Kriminalistik* 2013, S. 558–564.

Hetzer, Wolfgang: »Banker oder Geldräuber. Strafbare Bereicherung oder riskante Geschäftsführung?«, *Die Kriminalpolizei* 4/2013, S. 25–29.

Hetzer, Wolfgang: *Finanzkrieg. Angriff auf den sozialen Frieden in Europa*, Frankfurt am Main, 2013.

Hetzer, Wolfgang: *Die Euro-Party ist vorbei. Wer bezahlt die Rechnung?*, Frankfurt am Main, 2014.

Hetzer, Wolfgang: »Gesetzesvorschlag zum Unternehmensstrafrecht aus NRW. Endlich eine Unternehmensstrafbarkeit?«, *Zeitschrift für Risk Fraud und Compliance* 1/2014, S. 18–25.

Hetzer, Wolfgang: »Ist die Deutsche Bank eine kriminelle Vereinigung?«, *Die Kriminalpolizei* 1/2014, S. 26–33.

Hetzer, Wolfgang: »Finanzwirtschaft, Politik und Organisierte Kriminalität«, *Berliner Republik* 1/2014, S. 43–46.

Hetzer, Wolfgang: »Gefahrenabwehr zwischen Geldsystem und Gangsterwirtschaft«, *Die Kriminalpolizei* 4/2014, S. 4–13.

Hetzer, Wolfgang: *Politiker Patrioten Profiteure. Wer führt uns Europäer an den Abgrund?*, Frankfurt am Main, 2015.

Hetzer, Wolfgang: »Finanzen und organisierte Kriminalität in Russland«, in: Institut für Rechtspolitik an der Universität Trier (Hg.): *Rechtspolitisches Forum* 72, Trier, 2015.

Hetzer, Wolfgang: »Mafia und Staatsmacht. Russische Perspektiven«, *Die Kriminalpolizei* 1/2015, S. 25–30.

Hetzer, Wolfgang: »Sinn und Unsinn der Geldwäschebekämpfung«, *Kriminalistik* 2015, S. 436–443.

Hetzer, Wolfgang: »Banker zwischen Bestrafung und Bewährung«, *Die Kriminalpolizei* 3/2015, S. 17–27.

Hobsbawm, Eric: *Die Banditen. Räuber als Sozialrebellen*, München, 2007.

Jahn, Mathias; Franziska Pietsch: »Der NRW-Entwurf für ein Verbandsstrafgesetzbuch«, *Zeitschrift für Internationale Strafrechtsdogmatik* 1/2015, S. 1–4.

Kempf, Eberhard; Lüderssen, Klaus; Volk, Klaus (Hg.): *Unternehmensstrafrecht*, Berlin/Boston 2012.

Kempf, Eberhard; Lüderssen, Klaus; Volk, Klaus (Hg.): *Ökonomie versus Recht im Finanzmarkt?*, Berlin/Boston, 2011.

Kempf, Eberhard; Lüderssen, Klaus; Volk, Klaus: *Gemeinwohl im Wirtschaftsstrafrecht*, Berlin/Boston, 2013.

Kempf, Eberhard; Lüderssen, Klaus; Volk, Klaus: *Unternehmenskultur und Wirtschaftsstrafrecht*, Berlin/Boston, 2014.

Kinzig, Jörg: *Die rechtliche Bewältigung von Erscheinungsformen organisierter Kriminalität*, Berlin, 2004.

Kirchhof, Paul: *Deutschland im Schuldensog. Der Weg vom Bürgen zurück zum Bürger*, München, 2012.

Klüver, Hennig: *Der Pate letzter Akt. Eine Reise ins Land der Cosa Nostra*, München, 2007.

Köhler, Annette; Henning, Peter; Wirt, Tatjana: *Die Regulierung des Bankensektors*, *Zeitschrift für Corporate Governance* 2/2015, S. 69–74.

Krems, Heinz: »Der NRW-Entwurf für ein Verbandsstrafgesetzbuch«, *Zeitschrift für Internationale Strafrechtsdogmatik* 1/2015, S. 5–10.

Krüger, Malte: *Die Vermessung der Elite. Warum Deutschlands Vorzeigedenker die Kapitalismuskrise nicht erklären können*, Kiel, 2013.

Kumpfert, Olaf, *Zinsklau. Wie Banken uns ausrauben*, Berlin, 2013.

Kutschaty, Thomas; Krings, Günter: »Strafen für Unternehmen?«, *Deutsche Richterzeitung* 2013, S. 16–17.

Le Bret, Hugues: *Die Woche, in der Jérôme Kerviel beinahe das Weltfinanzsystem gesprengt hätte*, München, 2011.

Lenhard, Karl-Heinz: »Das organisierte Verbrechen. Eine wieder einmal nötige Standortbestimmung«, *Kriminalistik* 1989, S. 223 ff.

Lewis, Norman: *Die ehrenwerte Gesellschaft*, Frankfurt, 1967.

Lindlau, Dagobert: *Der Mob. Recherchen zum organisierten Verbrechen*, Hamburg, 4. Auflage 1991.

Löer, Wigbert; Schröm, Oliver, *Geld Macht Politik. Das Beziehungskonto von Carsten Maschmeyer, Gerhard Schröder und Christian Wulff*, München, 2014.

Lupo, Salvatore: *Die Geschichte der Mafia*, Düsseldorf, 2002.

Luyendijk, Joris: *Unter Bankern. Eine Spezies wird besichtigt*, Stuttgart, 2015.

Mancini, Claudio M.: *Mala Vita*, München, 2009.

Mansdörfer, Marco: »›Zuwiderhandlungen‹ der ›Entscheidungsträger‹ und ›Verletzung‹ von Verbandspflichten‹«, *Zeitschrift für Internationale Strafrechtsdogmatik* 1/2015, S. 23–31.

Mappes-Niedick, Norbert: *Balkan-Mafia. Staaten in der Hand des Verbrechens. Eine Gefahr für Europa*, Berlin, 2003.

Meck, Georg: *The Deutsche. Investmentbanker an der Macht*, Frankfurt am Main, 2012.

Meyer-Goßner, Lutz: *Strafprozessordnung*, München, 56. Auflage 2013.

Möhn, Heinz-Josef: *Organisierte Kriminalität. Terminologische Klarstellung und Begriffsbestimmung*, Hamburg, 2008.

Müller, Henrik: *Wirtschaftsfaktor Patriotismus. Vaterlandsliebe in Zeiten der Globalisierung*, Frankfurt am Main, 2006.

Müller, Leo: *Bankräuber. Wie kriminelle Manager und unfähige Politiker uns in den Ruin treiben*, Berlin, 2010.

Müller, Leo: *Tatort Zürich. Einblicke in die Schattenwelt der internationalen Finanzkriminalität*, Berlin, 2006.

Parma, Viktor; Vontobel, Werner: *Schweiz Schurkenstaat? Steuerflucht: Wie sich der größte Bankenstaat der Welt korrumpiert und andere Länder destabilisiert*, München, 2009.

Peglau, Jens: »Unbeantwortete Fragen der Strafbarkeit von Personenverbänden«, *Zeitschrift für Rechtspolitik* 2001, S. 406–409.

Perkins, John: *Bekenntnisse eines Economic Hit Man. Unterwegs im Dienst der Wirtschaftsmafia*, München, 2005.

von Pierer, Heinrich; Homann, Karl; Lübbe-Wolff, Gertrude: *Zwischen Profit und Moral. Für eine menschliche Wirtschaft*, München/Wien, 2003.

Prittwitz, Cornelius, u. a. (Hg.): *Kriminalität der Mächtigen*, Baden-Baden, 2008.

Pütter, Norbert: *Organisierte Kriminalität und ihre Folgen für die Polizei in Deutschland*, Münster, 1998.

Ransiek, Andreas: *Unternehmensstrafrecht. Strafrecht, Verfassungsrecht, Regelungsalternativen*, Heidelberg, 1996.

Rebscher, Erich; Vahlenkamp, Werner: »Organisierte Kriminalität in der Bundesrepublik Deutschland«, *Forschungsreihe des Bundeskriminalamts*, Sonderband, Wiesbaden, 1988.

Reski, Petra: *Rita Atria. Eine Frau gegen die Mafia*, Hamburg, 11. Auflage 1994.

Reski, Petra: *Mafia. Von Paten, Pizzerien und falschen Priestern*, München, 2008.

Reski, Petra: *Von Kamen nach Corleone. Die Mafia in Deutschland*, Hamburg, 2010.

Riedel, Frank: *Die Schuld der Ökonomen –Was passiert, wenn theoretische Modelle auf Gier treffen*, Berlin, 2013.

Rietzschel, Thomas: *Geplünderte Demokratie. Die Geschäfte des politischen Kartells*, Wien, 2014.

Roth, Jürgen; *Ermitteln verboten. Warum die Polizei den Kampf gegen die Kriminalität aufgegeben hat*, Frankfurt am Main, 2004.

Roth, Jürgen: *Der Deutschland Clan. Das skrupellose Netzwerk aus Politikern, Top-Managern und Justiz*, Frankfurt am Main, 2006, aktualisierte Taschenbuchausgabe 2007.

Roth, Jürgen; Nübel, Rainer; Fromm, Rainer: *Anklage unerwünscht. Korruption und Willkür in der deutschen Justiz*, Frankfurt am Main, 2007.

Roth, Jürgen: *Mafialand Deutschland*, Frankfurt am Main, 2009.

Roth, Jürgen: *Gangster Wirtschaft. Wie uns die organisierte Kriminalität aufkauft*, Frankfurt am Main, 2010.

Roth, Jürgen: *Spinnennetz der Macht. Wie die politische und wirtschaftliche Elite unser Land zerstört*, Berlin, 2013.

Roth, Jürgen: *Der stille Putsch. Wie eine geheime Elite aus Wirtschaft und Politik sich Europa und unser Land unter den Nagel reißt*, München, 2014.

Rotsch, Thomas (Hg.): *Criminal Compliance. Handbuch*, Baden-Baden, 2015.

Saviano, Robert: *Gomorrha. Reise in das Reich der Camorra*, München, 2007.

Saviano, Robert: *Das Gegenteil von Tod*, München, 2009.

Scheuch, Erwin K.; Scheuch, Ute: *Deutsche Pleiten. Manager im Größen-Wahn oder der internationale Faktor*, Berlin, 2001.

Scheuch, Erwin K.; Scheuch, Ute: *Manager im Größenwahn*, Reinbek, 2003.

Schick, Gerhard: *Machtwirtschaft Nein Danke! Für eine Wirtschaft, die uns allen dient*, Frankfurt am Main, 2014.

Schilling, Akatshi; Dolata, Uwe (Hg.): *Korruption im Wirtschaftssystem Deutschland. Jeder Mensch hat seinen Preis …*, Murnau, 2. Auflage 2004.

Schmitt-Leonardy, Charlotte: *Unternehmenskriminalität ohne Strafrecht?*, Heidelberg, 2013.
Schmitt-Leonardy, Charlotte: »Zurück in die Zukunft?«, *Zeitschrift für Internationale Strafrechtsdogmatik* 1/2015, S. 11–22.
Schroth, Hans-Jürgen: *Unternehmen als Normadressaten und Sanktionssubjekte –Eine Studie zum Unternehmensstrafrecht*, Gießen, 1993.
Schwarz, Friedhelm: *Die Deutsche Bank. Riese auf tönernen Füßen*, Frankfurt am Main, 2003.
Sieber, Ulrich; Bögel, Marion: »Logistik der organisierten Kriminalität«, *Forschungsreihe des Bundeskriminalamtes* 28, Wiesbaden, 1993.
Sinn, Hans-Werner: *Ist Deutschland noch zu retten?*, München, 2003.
Shiller, Robert J.: *Märkte für Menschen. So schaffen wir ein besseres Finanzsystem*, Frankfurt am Main, 2012.
Soros, George: *Die Alchemie der Finanzen*, Kulmbach, 3. Auflage 2007.
Southwell, David: *Geschichte des organisierten Verbrechens*, Köln, 2007.
Stille, Alexander: *Die Richter. Der Tod, die Mafia und die italienische Republik*, Frankfurt am Main, 1999.
Stolpe, Oliver: *Strategien gegen das Organisierte Verbrechen. Geldwäschebekämpfung und Gewinnabschöpfung im Kampf gegen die Mafia. Fallstudie: Italien*, Köln, 2004.
Thamm, Berndt Georg; Freiberg, Konrad: *Mafia Global Organisiertes Verbrechen auf dem Sprung in das 20. Jahrhundert*, Hilden, 1998.
Trabold, Harald: *Kapital Macht Politik. Die Zerstörung der Demokratie*, Marburg, 2014.
Teresa, Vincent: *Mein Leben in der Mafia*, Hamburg, 1973.
Vassalli, Sebastiano: *Der Schwan*, München, 2. Auflage 1999.
Verfürth, Heinz: *Die Arroganz der Eliten*, Gütersloh, 2008.
Weik, Matthias; Friedrich, Marc: *Der größte Raubzug der Geschichte. Warum die Fleißigen immer ärmer und die Reichen immer reicher werden*, Marburg, 2012.
Wesley, Jacques: *Das kleine Buch der Mafia-Weisheiten*, Köln, 2013.
Zucman, Gabriel: *Steueroasen. Wo der Wohlstand der Nationen versteckt wird*, Berlin, 2014.

Anmerkungen

Vorwort

1 Vgl. http://www.zeit.de/wirtschaft/2015-08/libor-zins-manipulation-banken-grossbritannien-tom-hayes, 3. August 2015 (15. August 2015).

Vorgeschichte

1 Enzensberger, S. 11.

2 Enzensberger, S. 473.

3 Henning Köhler: »Längst widerlegte Beschuldigungen«, *Die Zeit*, 28. Februar 1986, S. 24.

4 Vgl. http://www.welt.de/politik/article2928731/Huber-fordert-von-Ackermann-mehr-Bescheidenheit.html, 22. September 2009.

5 Vgl. http://www.welt.de/wirtschaft/article3042161/Bischof-Huber-entschuldigt-sich-bei-Ackermann.html, 22. September 2009.

Schuld und Schande

1 Vgl. Financial Crisis Inquiry Commission, United States of America (Hg.): *Der FCIC Report. Das Wichtigste aus dem offiziellen Untersuchungsbericht der US-Untersuchungskommission zur weltweiten Finanzkrise*, 2011 (FCIC Report).

2 Obschon die Deutsche Bank die Vorwürfe zurückwies, einigte sie sich mit der amerikanischen Energieaufsichtsbehörde auf eine Strafzahlung in Höhe von 1, 5 Millionen US-Dollar und vereinbarte, dass sie Verstöße weder zugibt noch bestreitet: »Strafe gegen Deutsche Bank«, *Frankfurter Allgemeine Zeitung*, 23. Januar 2013, S. 17.

3 Vgl. Klaus Ott: »Odins Sammlung«, *Süddeutsche Zeitung*, 13. August 2015, S. 12.

4 Vgl. »Devisenskandal kostet Banken 2 Milliarden Dollar«, *Frankfurter Allgemeine Zeitung*, 15. August 2015, S. 24.

5 Marcus Theurer: »Betrogene Bankkunden«, *Frankfurter Allgemeine Zeitung*, 15. August 2015, S. 28.
6 So zutreffend bei Martin Hesse: »Quälende Neulast«, *Spiegel* 34/2015.
7 Vgl. dazu im Einzelnen Annette Köhler, Peter Henning, Tatjana Wirt: »Die Regulierung des Bankensektors«, *Zeitschrift für Corporate Governance* 2/2015, S. 69 ff.

Versager und Verbrecher

1 Vgl. Soros, passim.

Gesetz und Gebot

1 So insgesamt Fischer, StGB, § 129, Rdnrn. 2–20.

Marktmacht und Mafiamitglied

1 Vgl. statt vieler anderer: Kinzig, 2004.
2 Feraru, 1995, S. 25 und 28.
3 Vgl. Anlage E der Richtlinien für das Strafverfahren und das Bußgeldverfahren (RiStBV), abgedruckt in: Meyer-Goßner, StPO, S. 2290–2301.
4 Karl-Heinz Lenhard, Das organisierte Verbrechen – Eine wieder einmal nötige Standortbestimmung-, *Kriminalistik* 1989, S. 223 ff.
5 Möhn, passim.
6 Kinzig, 2004, S. 50–63, mit weiteren Nachweisen.
7 Vgl. die Nachweise bei Kinzig, 2004, S. 71 ff.
8 KOM 2005, S. 6 endg.
9 2000/C 124/01.
10 Ausführlich Wolfgang Hetzer: »Wirtschaftsform Organisierte Kriminalität«, *wistra* 1999, S. 126 ff.
11 Zu den bisherigen Schwächen der Darstellungen von Organisierter Kriminalität und Wirtschaftskriminalität etwa im Ersten Periodischen Sicherheitsbericht der Bundesregierung: Wolfgang Hetzer, *Kriminalistik* 2001, S. 762 ff.
12 Ausführlich: Schilling/Dolata: Korruption im Wirtschaftssystem Deutschland. Jeder Mensch hat seinen Preis …, 2. Auflage 2004.

Geldwäsche und Gangster

1 Die Sachverhalte und die nachfolgenden rechtlichen Erwägungen waren bereits Gegenstände einer jüngeren Untersuchung, siehe Wolf-

gang Hetzer: »Sinn und Unsinn der Geldwäschebekämpfung«, *Kriminalistik* 2015, S. 436 ff.

2 Zitiert nach »Banken zahlen 60 Milliarden Dollar Strafen«, *Frankfurter Allgemeine Zeitung*, 3. Dezember 2014, S. 23.

3 Zitiert nach »99,5 Millionen Dollar Strafe für JP Morgan«, *Frankfurter Allgemeine Zeitung*, 2. Februar 2015, S. 19.

4 Vgl. »Bank als Schwarzgeld-Hort«, *Süddeutsche Zeitung*, 9. Februar 2015, S. 1.

5 Marcus Theurer, Markus Frühauf: »Der Devisenskandal kostet Banken 10 Milliarden Dollar«, *Frankfurter Allgemeine Zeitung*, 21. Mai 2015, S. 26.

6 Dazu schon Wolfgang Hetzer: »Ist die Deutsche Bank eine kriminelle Vereinigung?«, *Die Kriminalpolizei* 1/2014, S. 26 ff.

7 Vgl. »Commerzbank droht Milliardenstrafe in Amerika«, *Frankfurter Allgemeine Zeitung*, 13. Dezember 2014, S. 30.

8 Vgl. »Strafen könnten Banken 300 Milliarden Dollar kosten«, *Frankfurter Allgemeine Zeitung*, 14. Januar 2015, S. 25.

9 Zu den Mängeln der Gewinnabschöpfung siehe Wolfgang Hetzer: »Verbrechen lohnen!«, *Kriminalistik* 2015, S. 26 ff.

10 Fischer, § 261, Rdnrn. 2, 3, 4, 4a, 4b, 4c.

11 Siehe www.wiwo.de/politik/deutschland/geldwaesche-oecd-deutschland-versagt-im-kampf-gegen-geldwaesche/9804692.html.

12 Siehe www.spiegel.de/wirtschaft/soziales/ermittler-warnen-vor-geldwaesche-in-deutschland-a-863950.html.

13 Deutscher Bundestag: *Drucksache* 18/1763, 17. Juni 2014.

14 Vgl. dazu Wolfgang Hetzer: »Gefahrenabwehr zwischen Geldsystem und Gangsterwirtschaft«, *Die Kriminalpolizei* 4/2014, S. 4 ff.

Bestrafung und Bewährung

1 Zu den folgenden Hinweisen bereits Wolfgang Hetzer: »Banker zwischen Bestrafung und Bewährung«, *Die Kriminalpolizei* 3/2015, S. 17 ff.

2 So die Bewertung von Martin Hesse: »Die falsche Deutsche Bank«, *Spiegel*, 2. Mai 2015.

3 Vgl. dazu schon Wolfgang Hetzer: »Ist die Deutsche Bank eine kriminelle Vereinigung?«, *Die Kriminalpolizei* 1/2014, S. 26 ff.

4 »Deutsche Bank gibt Entwarnung in Affäre um Emissionszertifikate«, *Frankfurter Allgemeine Zeitung*, 21. Mai 2015, S. 25.

5 Zitiert nach Claus Hulverscheidt, Klaus Ott, Ulrich Schäfer: »Die Anklagebank«, *Süddeutsche Zeitung*, 28. April 2015, S. 3.

6 Zitiert nach Klaus Ott: »Schmutzige Geschäfte«, *Süddeutsche Zeitung*, 4. Mai 2015, S. 12.
7 Zitiert nach Harald Freiberger: »Prügel von der Aufsicht«, *Süddeutsche Zeitung*, 24. April 2015, S. 12.
8 So zutreffend auch Markus Frühauf: »Deutsche Bank im Soll«, *Frankfurter Allgemeine Zeitung*, 24. April 2015, S. 17.
9 Zitiert nach »Rekordstrafe für die Deutsche Bank in der Zinsaffäre«, *Frankfurter Allgemeine Zeitung*, 24. April 2015, S. 17.
10 Vgl. Markus Frühauf: »Aufsicht wirft Jain Falschaussage vor«, *Frankfurter Allgemeine Zeitung*, 29. Juni 2015, S. 22.
11 Harald Freiberger: »Ende eines Irrwegs«, *Süddeutsche Zeitung*, 29. Juni 2015, S. 12.
12 Vgl. dazu »Überzeugter Investmentbanker«, *Frankfurter Allgemeine Zeitung*, 24. April 2015, S. 22.
13 Vgl. Harald Freiberger, Stephan Radomsky, Meike Schreiber: »Radikaler Schnitt«, *Süddeutsche Zeitung*, 27. April 2015, S. 12.
14 Zutreffend: Steltzner, ebd.
15 Nikolaus Piper: »Gesundschrumpfen«, *Süddeutsche Zeitung*, 27. April 2015, S. 12.
16 Anshu Jain, Jürgen Fitschen: »Was nun, Deutsche Bank?«, *Frankfurter Allgemeine Sonntagszeitung*, 17. Mai 2015, S. 22.
17 »Zur Person: Markus Frühauf. Das Eigengewächs der Deutschen Bank«, *Frankfurter Allgemeine Zeitung*, 12. Juni 2015, S. 20.
18 So empfindet das Ulrich Schäfer: »Jain, der Mächtige«, *Süddeutsche Zeitung*, 22. Mai 2015, S. 4.
19 Vgl. dazu Harald Freiberger, Meike Schreiber: »Ein paar Opfer für die Zukunft«, *Süddeutsche Zeitung*, 21. Mai 2015, S. 12.
20 Helga Einecke: »Seltener Aufstand«, *Süddeutsche Zeitung*, 23. Mai 2015, S. 12.
21 So Harald Freiberger, Meike Schreiber: »Nicht mehr kreditwürdig«, *Süddeutsche Zeitung*, 23. Mai 2015, S. 12.
22 Vgl. dazu »Anshu Jain gerät unter Beschuss«, *Frankfurter Allgemeine Zeitung*, 30. Mai 2015, S. 21.
23 Zitiert nach Markus Frühauf, Tim Kanning: »Die Aktionäre rechnen mit Jain und Fitschen ab«, *Frankfurter Allgemeine Zeitung*, 22. Mai 2015, S. 26.
24 Vgl. Gerald Braunberger: »Die Entfremdung«, *Frankfurter Allgemeine Zeitung*, 22. Mai 2015, S. 17.
25 Harald Freiberger, Ulrich Schäfer: »Das Beben«, *Süddeutsche Zeitung*, 8. Juni 2015, S. 12.

26 Zitiert nach »An der Wall Street bedeutet Scheitern nicht das Ende«, *Frankfurter Allgemeine Zeitung*, 9. Juni 2015, S. 19.
27 »Das Ende eines Führungsduos«, *Frankfurter Allgemeine Zeitung*, 8. Juni 2015, S. 19.
28 Zu weiteren Stationen der beruflichen Entwicklung dieses Aspiranten siehe »Der Hoffnungsträger der Deutschen Bank«, *Frankfurter Allgemeine Zeitung*, 8. Juni 2015, S. 15.
29 Ulrich Schäfer, Meike Schreiber, Charlotte Theile: »Der Neue«, *Süddeutsche Zeitung*, 9. Juni 2015, S. 11.
30 Hanno Mussler, Johannes Ritter: »Achleitners Joker«, *Frankfurter Allgemeine Zeitung*, 9. Juni 2015, S. 20.
31 Holger Steltzner: »Aufseher, *Frankfurter Allgemeine Zeitung*, 8. Juni 2015, S. 8.
32 So Gerald Braunberger: »Model UBS?«, *Frankfurter Allgemeine Zeitung*, 9. Juni 2015, S. 15.
33 Vgl. Marc Beise: »Wechsel auf Raten«, *Süddeutsche Zeitung*, 8. Juni 2015, S. 4.
34 Ulrich Schäfer: »Das D im Namen«, *Süddeutsche Zeitung*, 9. Juni 2015, S. 4.
35 Vgl. »Börse feiert Wechsel in der Deutschen Bank«, *Frankfurter Allgemeine Zeitung*, 9. Juni 2015, S. 15.
36 Arne Storn: »Kreditwürdig?«, *Zeit*, 11. Juni 2015.
37 Zitiert nach Uwe Jean Heuser: »Es wurde nur schlimmer«, *Die Zeit*, 11. Juni 2015.
38 So sieht das Uwe Jean Heuser: »Abschied vom Idyll«, *Die Zeit*, 28. Mai 2015.

Dogma und Defizit

1 http://www.spiegel.de/wirtschaft/unternehmen/deutsche-Bank-bafin-entlastet-anshu-jain-in-libor-affaere-a-1045446.html, 14. August 2015.
2 Zur Würdigung des Abschlussberichtes: Peglau, *ZRP* 2001, 406 ff.
3 http://www.justiz.nrw.de/JM/justizpolitik/jumiko/beschluess/2013/herbstkonferenz13zw3/TOP_II_5_gesetzentwurf.pdf, 15. Januar 2015.
4 Mathias Jahn, Franziska Pietsch: »Der NRW-Entwurf für ein Verbandsstrafgesetzbuch«, *Zeitschrift für Internationale Strafrechtsdogmatik (ZIS)* 1/2015, 1 ff. Thomas Fischer, Elisa Hoven: »Unternehmen vor Gericht?›, *ZIS* 1/2015, 32 ff. Heinz Krems: »Der NRW-Entwurf für ein Verbandsstrafgesetzbuch«, *ZIS* 1/2915, 5 ff. Marco Mansdör-

fer, »›Zuwiderhandlungen‹ der ›Entscheidungsträger‹ und ‹Verletzung« von Verbandspflichten«‹, *ZIS* 1/2015, 23 ff. Charlotte Schmitt-Leonardy: »Zurück in die Zukunft?, *ZIS* 1/2015, S. 11 ff.

5 Zu den Leitvorstellungen: Thomas Kutschaty, *DRiZ* 2013, S. 16 ff.

6 Ausführlich: Wolfgang Hetzer, 2011, passim.

7 Zwischen 2006 und 2011 gab es in Nordrhein-Westfalen insgesamt nur 27 Verfahren, in denen es tatsächlich zur Verhängung einer Unternehmensgeldbuße nach §§ 30, 130 OWiG gekommen ist. Deutschlandweit wurde die Anwendungshäufigkeit des § 130 OWiG auf zirka 5 bis 8 Prozent geschätzt.

8 Nach einer Erhebung bei 80 Staatsanwaltschaften im Jahre 2007 waren immerhin 45 Prozent der Befragten der Auffassung, dass § 30 OWiG bei grundsätzlicher Geltung des Legalitätsprinzips wesentlich häufiger angewendet werden würde.

9 ABl. 1997 C 221/11.

10 Deutscher Bundestag: *Drucksache* 17/11053, S. 8.

11 So schon Wolfgang Hetzer, *EuZW* 2007, S. 75 und 78.

12 Appendix to Recommendation No. R (88) 18.

13 Heine, S. 27 f.

14 Heine, S. 31.

15 Eidam, S. 159.

16 Heine, S. 35.

17 Heine, S. 95 ff.

18 Vgl. aber: Wolfgang Hetzer, *Die Kriminalpolizei* 4/2013, S. 25 ff.

19 Bundesrechtsanwaltskammer, Strafrechtsausschuss: »Einführung einer Unternehmensstrafe«, Stellungnahme 9/2013, Mai 2013.

20 Der Deutsche Richterbund ist mit rund 15 500 Mitgliedern in 25 Landes- und Fachverbänden (bei bundesweit 25 000 Richtern und Staatsanwälten) insgesamt der mit Abstand größte Berufsverband der Richter, Staatsanwälte in Deutschland.

21 Vgl. Deutscher Richterbund: Stellungnahme 16/14, November 2014.

22 Heiko Willems: »Der NRW-Entwurf für ein Verbandsstrafgesetzbuch. Die Perspektive der Wirtschaft«, *Zeitschrift für Internationale Strafrechtsdogmatik* 1/2015, S. 40–45.

Schlussbemerkungen

1 Etliche der folgenden Angaben sind der Datenbank https://de.wikipedia.org/wiki/Deutsche_Bank, 9. August 2015, entnommen, ohne dass dies im Einzelnen jeweils gesondert nachgewiesen wird.

2 Eglau, S. 157.

3 Zum Einstieg in das internationale Investmentgeschäft: Schwarz, S. 110 ff.

4 Meck, 58, unter Berufung auf den Ökonomen Robert Shiller.

5 Meck, S. 62 f.

6 Vgl. auch: Meike Schreiber: »Der Chef geht voran«, *Süddeutsche Zeitung*, 11. August 2015, S. 11.

7 Harald Freiberger: »Ein Schnappschuss aus einer anderen Zeit«, *Süddeutsche Zeitung*, 25. August 2015, S. 11.